François Bernard, August Ferdinand Lüder

Über den gegenwärtigen Zustand der Kolonie am Vorgebirge der

guten Hoffnung

verglichen mit ihrem ursprünglichen

François Bernard, August Ferdinand Lüder

Über den gegenwärtigen Zustand der Kolonie am Vorgebirge der guten Hoffnung
verglichen mit ihrem ursprünglichen

ISBN/EAN: 9783743661028

Hergestellt in Europa, USA, Kanada, Australien, Japan

Cover: Foto ©Suzi / pixelio.de

Weitere Bücher finden Sie auf **www.hansebooks.com**

Ueber

den gegenwärtigen Zustand

der

Kolonie

am

Vorgebürge der guten Hoffnung

verglichen mit ihrem ursprünglichen.

Aus dem Französischen frey übersetzt

und

mit Anmerkungen begleitet

von

August Ferdinand Lüder.

Göttingen,

im Verlag der Wittwe Vandenhoek

1 7 8 6.

Vorrede.

Um nicht ein kleines Werk durch eine lange Vorrede zu verunstalten, sehe ich mich gezwungen, nur das wichtigste, was hier gesagt werden muß, als Vorbericht vorauszuschicken. Der Titel des Originals ist: *L'Afrique Hollandaise*; ou Tableau historique et politique de l'etat originaire de la Colonie du *Cap de Bonne - Espérance*, comparé avec l'etat actuel de cette *Colonie*. Publié sur le manuscrit d'un Observateur instruit. — Sic vos non vobis mellificatis apes. Virgil. — En Hollande 1783. 322 Seiten in gr. 8. Ohne Nennung des Verlegers; nur auf einer dem Titelblatte vorgebundenen Seite findet man ein langes Verzeichniß holländischer Buchhändler, die das Werk verkaufen. Größtentheils aus der Schreibart vermuthe ich, denn nähere Nachrichten besitze ich nicht, daß der Hr. Verfasser kein Franzose sey, eine Vermuthung, die ich mit grösserer Zuversicht würde aufstellen können, wenn nicht der Herausgeber, wie er auf der zweyhundert und funfzigsten Seite versichert, den Styl in vielen Stellen verbessert hätte.

*

Wenn

Vorrede.

Wenn Neuheit verbunden mit wahrem innern Werthe ein historisches oder statistisches Buch einer Uebersetzung vorzüglich würdig macht, so hoffe ich, daß man meine Wahl nicht ganz tadeln werde. Die Briefe des Hrn. Eschels-Kron und einige wenige andere ausgenommen, enthält dies Werk die neuesten Nachrichten, die wir von der Kolonie am Vorgebürge der guten Hoffnung besitzen, und zwar Nachrichten, die jeden Europäer, der gegen das Loos fast von funfzig Tausenden seiner Brüder und Mitmenschen nicht ganz gleichgültig ist, im höchsten Grade interessant und wichtig seyn müssen, Nachrichten, welche aus den sichersten Quellen geflossen sind, aus denen der Geschichtsforscher nur selten schöpfen kann *). Hr. Mentzel sagt uns größtentheils nur das, was er selbst bemerkte — und schon im Jahr 1750 war er nicht mehr am Cap **), — oder was er aus Werken entlehnte, die alle älter als das Werk unsers Hrn. Verfassers sind. Auch sagt uns Hr. Mentzel mehr, wie es am Cap seyn sollte, als wie es würklich ist; er macht sogar Kolben einen Vorwurf, weil er in seine Beschreibung einen Auszug aus den Akten eingerückt hat, welche die Klagen der damaligen Kolonisten gegen das Gouvernement enthielten; vielleicht das für unser Zeitalter wichtigste und schätzbarste, was wir in

Kol-

---

*) Diese Quellen sind im Werke selbst, S. 45 und 46, umständlicher angegeben.

**) M. f. Mentzels Beschreibung S. 98.

Kolbens Beschreibung finden. Allenfalls, sagt Hr. M.)
gehörte dies in eine Geschichte des Landes *).

Meine Uebersetzung ist theils Auszug, theils wörtliche
Uebersetzung: Auszug da, wo ich auf zu weitläuftige und
lange Raisonnements stieß; wörtliche Uebersetzung, wo der
Hr. Verfasser Fakta erzählte. Vielleicht hat das Ganze
durch das Näherzusammenrücken einzelner zerstreueter Züge
und Beweise und durch eine etwas veränderte Ordnung derselben an Lebhaftigkeit und Nachdruck gewonnen, aber gewiß
nicht in einem Grade gewonnen, der untreue Darstellung des
Originals befürchten liesse.

Einige Anmerkungen habe ich dem Text nur zur Bestätigung und als Beweise beygefügt, andere, um aus den verschiedenen Nachrichten und Faktis ein in gewissen Rücksichten
vollständiges Ganze zu machen; mein Wunsch ist, mit beyden weder zu sparsam noch zu verschwenderisch gewesen zu
seyn; die Erstern könnten überflüssig seyn, wenn der durch
die Erfahrung bestätigte Satz, daß keine Kolonie unter einer
Handlungsgesellschaft blühe, allgemein bekannter wäre, wie
er mir es in der That zu seyn scheint. Ich glaube die besten
Quellen genutzt und Kolben nicht mehr Glauben und Gewicht
beygelegt zu haben, als ich, ohne ungerecht gegen ihn zu seyn,
ihm beylegen mußte. Hätte man auf das Zeitalter, in welchem Kolbe schrieb, mehr Rücksicht genommen und die Grösse
und

*) Ebendas. S. 36. in der Vorrede.

und Mannigfaltigkeit der Gegenstände erwogen, über welche sich seine Beschreibung verbreitet, so würde man ihn minder ungerecht beurtheilt haben. Dem Herausgeber des be la Caille *) verzeiht man es, wenn er, um seinen Freund zu erheben, Kolben so tief als möglich erniedrigt, und dem be la Caille selbst, wenn er Kolben oft da tadelt, wo er ihn nicht verstand. Beyde kannten Kolbens Beschreibung nur aus dem Französischen Auszuge und beyde —, wenigstens der Erstere —, waren bey der Beurtheilung Kolbens nur zu sichtbar Franzosen. Aber es ist ärgerlich, daß selbst Hr. Menzel da oft Kolbens ungerechter Tadler ist, wo er sein Lobredner und sein Nachfolger hätte seyn sollen.

*) Er nennet Kolbens Beschreibung unter andern einen Roman tissu de Fables (S. 316) und versichert, daß Kolbe am Cap nichts weiter gethan als boire & fumer (S. 317).

Göttingen im May 1786.

A. F. Lüder.

——————

Ein

Einleitung.

Faſt ſind jetzt alle Banden des Despotismus in Europa zer-
brochen, weil faſt alle Bewohner dieſes Welttheils die
Rechte der Natur und der Menſchheit kennen, aber dieſer
fürchterliche Dämon, den die Philoſophie aus Europa verjagte,
wüthet noch in entfernten Ländern und ſcheint ſich hier gleichſam
für ſeine Verjagung aus unſerm Welttheile rächen zu wollen.
Hier ſteht noch der Thron des ſchrecklichſten Despotismus un-
erſchüttert; hier iſt die Menſchheit, ganz ihrer Würde beraubt,
tief in den Staub gedrückt; hier ſind alle Gefühle und Regungen der Natur erſtickt; hier trabt der Menſch gleich einem
vernunftloſen Thier, ohne laut auf jammern zu dürfen, in
den Ketten einher, welche Despotismus und Unmenſchlichkeit
ihm ſchmiedeten. Schreckliche Scenen! — aber noch ſchreck-
licher iſt's, wenn ſelbſt Europäiſche Souverains, taub gegen
alle Klagen, ihre vom Mutterlande entfernte Koloniſten der
Raubſucht und Tyranney unmenſchlicher Gouverneurs überlaſſen. Vorurtheile, ſchlechte Erziehung, Gebräuche und
Gewohnheiten können zum Theil den Despoten des Orients
entſchuldigen, deſſen roher Geiſt ihn von jeher die Unterthа-
nen nur als Sklaven betrachten lehrte, und in deſſen Herz
jedes Gefühl von Wohlwollen und Mitleiden und jede Regung
der Natur ſchon in der zarteſten Jugend erſtickt wurde; aber
womit ſoll man den europäiſchen Despoten entſchuldigen, ihn,

A 2   der

der die Rechte der Menschheit kennt oder sie doch kennen sollte und dessen Despotie noch unendlich fürchterlicher ist, weil sie Menschen erdrückt; die an europäische Regierung, die süße Frucht der Aufklärung und Philosophie, gewöhnt waren. Und doch ist es leider nur zu wahr, daß fast alle Kolonisten, die man nach Asien, Afrika und Amerika schickte, unterdrückt, gequält und thierisch behandelt wurden, und vergebens gegen ihre Unterdrücker schrieen.

Nicht nur europäische Monarchen trift der Vorwurf, daß sie ihre Kolonisten mit unerhörter Ungerechtigkeit und Härte regieren lassen, sondern, was noch viel empörender ist, selbst Republiken, selbst die Republik Holland, die so laut, so unaufhörlich auf ihre Freyheit pocht, erlaubt sich der beyspiellosesten Eingriffe in die geheiligtsten Rechte, welche Natur und Gesetze ihren Kolonisten gaben, und unter diesem Druck seufzte und seufzt noch jetzt eine Kolonie, welche mehr als irgend eine andere die gerechtesten Ansprüche auf die Liebe, die Achtung und den Schutz des Mutterlandes macht — seufzt die **Kolonie am Vorgebürge der guten Hoffnung.** Ihre Klagen, ihren Druck und ihr Elend zu schildern, ist der Gegenstand dieser Schrift, zu der sich leider nur zu viel Stoff und zu viele Beweise finden.

Aber ein Blick, blos auf das gegenwärtige Elend dieser Kolonie geworfen, würde bey weitem diesem Endzweck nicht entsprechen. Wir müssen bis zur Gründung der Kolonie, bis zu ihrem ersten Zustand, bis zu ihrer ursprünglichen Verfassung zurückgehen; kurz wir müssen den ersten gesellschaftlichen Vertrag entwickeln, der zwischen der Kompagnie und den Kolonisten errichtet wurde. Dann er läßt sich die schreckliche und alles zerstöhrende Regierung dieser Kolonie richtig und lebhaft schildern, und zu diesem traurigen Gemählde wollen wir dann noch die vorzüglichsten Mittel hinzu setzen, welche die Kompagnie oder eigentlich der Souverain anwenden muß, um die unglückliche Kolonie aus ihrem Elend herauszureissen und

sie

sie wieder in ihren ursprünglichen glücklichen Zustand zu versehen. Alles vereint wird uns die traurige Wahrheit lehren,
daß eine ursprünglich menschliche, sanfte und vortrefliche Regierung sehr bald in eine gewaltthätige, grausame und tyrannische ausarten könne.

Es ist die höchste Zeit dies öffentlich zu zeigen, höchste
Zeit, daß die Kompagnie oder vielmehr der Souverain endlich den Unterdrückungen, Räuberehen und Gewaltthätigkeiten
Einhalt thue, welche die Kolonisten erdrücken. Geschieht dies
nicht, so ist die Kolonie für die Kompagnie und den Staat
verlohren, und unausbleibliche Folge dieses Verlustes wird
dann der gänzliche Verfall der holländisch-ostindischen Handlung seyn *. Wagen es die Kolonisten ihre Ketten selbst zu
zerbrechen, so wird das Land, das seine Fruchtbarkeit nur dem
Schweiße seiner Bewohner verdanken sollte, von dem Blute
derselben gedüngt werden und alsdann wird die Kolonie einer
ehrgeitzigen Nation zur Beute werden, die schon lange auf den
Augenblick lauert, die Holländer zu vertreiben, so wie diese
ehemals die Portugiesen vertrieben. Kein Opfer darf der Kompagnie zu theuer seyn, durch welches sie die Liebe und die Hochachtung ihrer Kolonisten wieder erlangen kann, und die Kolonisten müssen sich ihrer Seits willig zu einer Wiederverei-
gung finden lassen; zu einer Wiedervereinigung, welche in
gleichem Grade für den einen wie für den andern Theil nothi-
wendig ist. Das Opfer, welches die Kompagnie bringen
muß, kann ihr um so weniger schwer werden, da es im eigentlichsten Verstande unbeträchtlich ist. Niederträchtige Schurken,
Blutigel, welche die Gewalt mißbrauchen, die ihnen die Kompagnie anvertrauet hat, und im Namen der Kompagnie Ko-

A 3 loni-

---

* Offenbar zu viel gesagt. Verlust des Caps und Schwä-
chung der holländisch-ostindischen Handlung ist wohl alles,
was die Kompagnie im ärgsten Fall zu befürchten hätte. L.

lonisten quälen und plündern, deren einziges Verbrechen darin besteht, daß sie mitten im Schoos des Ueberflusses und unter dem schönsten Himmel nicht im Elend schmachten wollen; schwarze Seelen aus der niedrigsten Klasse sind es, welche die Kolonisten zum Opfer für das allgemeine Wohl fordern. Denn alles Elend rührt daher, weil die Agenten der Kompagnie alles von den Kolonisten erpressen wollen, um stolz nach Europa zurückkehren und dort von den Früchten ihrer Räubereyen und Ungerechtigkeiten leben zu können, und weil die Kolonisten sich weigern, alles herzugeben, und behaupten zu können glauben, daß das, was sie von ihrer Erndte nach Entrichtung ihrer gesetzmißigen Abgaben übrig behalten, ihnen gehöre. Der Sklave hat kein Eigenthum, selbst die Kinder, welche die Natur ihm giebt, sind nicht sein; nicht die Vernunft, nicht die Natur, die Barbarey unersättlicher und unmenschlich grausamer Menschen hat ihm alles entrissen, denn Natur und Vernunft mißbilligen es im gleich hohen Grade. Aber sind die Kolonisten Sklaven? Sind sie nicht frey? Und wenn sie es sind, warum behandelt man sie als Sklaven?

Erster

Erſter Abſchnitt.

Von dem urſprünglichen Zuſtand der politiſchen Ver‐ faſſung der Koloniſten am Vorgebürge der guten Hoffnung.

Es war gegen das Ende des funfzehnten Jahrhunderts, als die Portugieſen durch ihre Entdeckungen dem europäiſchen Handel mit Oſtindien eine durchaus veränderte Richtung ga‐ ben *. Aber ihr Handel wie ihre Beſitzungen in dieſem Welt‐ theil, die ihnen Quellen von unermeßlichen Reichthümern zu eröfnen ſchienen, wurden bald der Raub anderer Nationen. Ein unpolitiſches Verboth **, die Handelseiferſucht der Holländer und Cornelius Houtmanns Aufenthalt in Portu‐ gall waren die nächſten und wichtigſten, wenn gleich nicht die einzigen, Urſachen des Verluſtes dieſer ergiebigen Quellen. Holland war es, das mitten unter den Stürmen des blutig‐ ſten Krieges ſeinem Unterdrücker ſeinen Handel und ſeine Be‐ ſitzungen in Oſtindien faſt ganz zu entreiſſen wußte. Die In‐ duſtrie und die vereinigten Kräfte einer Handlungsgeſellſchaft, die Unterſtützung dieſer Geſellſchaft von den Staaten, welche damals die Weisheit Oldenbarnevelds und der thätige Geiſt Moritzens beſeelte, und eine Reihe glücklicher Zufälle hoben

A 4 den

---

* Vor den Portugieſen waren bekanntlich die Venetianer in dem Beſitz der Handlung mit oſtindiſchen Waaren. Umſtänd‐ lichere Nachrichten von der veränderten Richtung, welche die‐ ſer Handel durch die Portugieſen erhielt, findet man in unzäh‐ lichen Werken über die oſtindiſche Handlung; eines der brauch‐ barſten und neueſten iſt Hollands Rykdom &c. door Mr. Elias Luzac Leyden 1780‐1783. 4 Theile in gr. 8, deſſen erſter Theil von S. 235 bis 308 hieher gehört. L.

** Im Jahr 1584 wurde der Handel zwiſchen Portugall und Holland verbothen. L.

den Handel dieser Gesellschaft nach Ostindien in sehr kurzer
Zeit bis zu einer unerwarteten Höhe empor. Nur fehlte der
Gesellschaft noch ein Ort, wo die Schiffe auf ihrer langen Reise mit frischen Lebensmitteln versehen werden konnten *. Riebeek ** fand diesen Ort am Vorgebürge der guten Hoffnung
und war glücklich genug, die Kompagnie von der Wichtigkeit
desselben zu überzeugen. Man beschloß, die Portugiesen, welche den Werth des Orts nicht kannten und nutzten, daraus zu
vertreiben, und Riebeek erschien schon im Jahr 1652, von einer
ansehnlichen Menge Kolonisten — Deutschen, Franzosen und
Holländern — begleitet, dies Vorhaben auszuführen. Die
Portugiesen waren durchaus nicht im Stande zu wiederste-
hen ***, und die Hottentotten, noch ganz Kinder der wilden
Na-

Hr. Mentzel giebt diesen Weg auf 3600 Meilen an.
S. dessen Beschreibung des afrikanischen Vorgebürgs der guten Hoffnung Th. 1. S. 34. L.

** Johann van Riebeek war von Geburth ein Holländer, anfangs Unterchirurgus und nachher Oberchirurgus auf einem
holländischen Kompagnieschiffe, er unternahm mehrere Reisen
nach Ostindien und seine Neugierde und Liebe zur Kreuterkun-
de führte ihn zur Untersuchung des Caps, der Kräuter und
des Bodens desselben. S. Kolben und Mentzel, Th. 1. S.
34. 35. L.

*** Ob die Portugiesen von den Holländern bey der Besitz-
nehmung des Caps wirklich vertrieben worden sind, kann ich
nicht gewiß behaupten, aber ausgemacht ist es, daß die Portugiesen niemals förmlich vom Cap Besitz genommen haben.
Ehe sich die Holländer in den Besitz des Caps setzten, nahmen sie daselbst auf ihren Farthen nach Ostindien frisches
Wasser und einige von den Einwohnern eingetauschte Lebensmittel ein, sahen sich aber genöthigt, jedesmal eine Schanze
aufzuwerfen, um sich gegen den Ueberfall der Eingebohrnen
zu sichern. M. f. kurzgefaßte Beschreibung des Vorgeb. der
guten Hoffnung S. 5 u. 6. und Hr. Mentzel a. a. O. Theil 1.
S. 34-35. L.

Natur, welche das Land durch das göttlichste aber von gierigen
Eroberern nur zu oft verachtete Recht, durch Erbschaftsrecht
besaßen, wurden durch Drohungen und Geschenke, die in
Nürnberger Waaren und Branntwein bestanden, zurückgetrie-
ben, und Riebeek nahm so ruhig im Namen der ostindischen
Kompagnie Besitz von dem Lande *). Seine erste Sorge nach
Erbauung einer Vestung, einiger Wohnungen innerhalb derselben und eines Krankenhauses, war auf die Bebauung des
Landes gerichtet. Die ersten unvollkommenen Versuche dieser
Art geriethen so glücklich, und der Ruf von der Vortreflichkeit des
Bodens und des Klimas des Landes wurde in Europa so laut
und allgemein, daß sich ganze Schaaren als Kolonisten nach
den Vorgebürge einschiffen ließen. Durch die Ankunft dieser
und noch mehr durch die Ankunft der Mädchen aus den Waisenhäusern der berühmtesten Städte Hollands, welche freywil-
lig ihr Vaterland verließen, um am Vorgebürge ein neues
Vaterland und einen Gatten zu suchen, und dann durch die
Vertheilung der Sklaven, welche die Kompagnie aus Mada-
gascar holen ließ, vermehrte sich die Kolonie in diesem der Be-
völkerung so äußerst günstigen Lande unglaublich und schon
A 5 nach)

---

*) Die Behauptung, daß die Holländer das Land von dem
Hottentotten gekauft, findet man nicht nur bey Kolben, sondern auch beym Hrn. Abt Raynal. Jener versichert S 52 seiner
Beschreibung 2c. die Holländer hätten den Hottentotten 80,000
Gulden in Kaufmannswaaren dafür gegeben; der Hr. Abt giebt
in seiner Hist. phil. et pol. du Com. des Euop. dans les deux Indes T. I. p. 198 diese Summe gar auf 90,000 Gulden, gleichfalls in Waaren bezahlt, an. Aber schon Tachart in seiner ersten siamschen Reiseb. B. 2. S. 75 sagt, daß man die Eingebohrnen nur mit einer eben nicht gar grossen Quantität Toback
und Branntwein zurückgetrieben habe, und der Abt de la Caille, (S. 321. 322) der Hr. Verfasser des Afrique Holl. (S.
20-21) und Hr. Menßel (Th. 1. S. 38.) zeigen unwidersprech-
lich, daß ein solcher Kauf schlechterdings unmöglich war. L.

nach den erſten Jahren ihrer Gründung ſah man dies Land, das kurz vorher nur von wenigen Horden viehiſcher Menſchen durchzogen wurde, von einem geſitteten und zahlreichen Volke bewohnt und angebauet.

Riebeek hatte von der Kompagnie uneingeſchränkte Gewalt zur Einrichtung der Kolonie bekommen und er nutzte ſie. Er both alle ſeine Kräfte auf, um ſolche Geſetze und eine ſolche Regierungsform einzuführen, die in gleichen Graben zum Wohl der Koloniſten und der Kompagnie abzweckte. Nur ſchade, daß wir nicht alle ſeine Anordnungen ganz genau kennen. Er unterwarf die Koloniſten der Souverainität der Kompagnie, doch ſo, daß keines der Rechte des Souverains der ſieben vereinigten Provinzen dadurch gekränkt wurde, denn die Kompagnie hat nur den Niesbrauch von allen ihren Beſitzungen, die Beſitzungen ſelbſt gehören von Rechtswegen der Republik * und mithin ſind die Koloniſten in jedem Fall berechtigt ihre Zuflucht zum Souverain der Republik zu nehmen, wenn ihnen die Agenten der Kompagnie und die Kompagnie ſelbſt Gerechtigkeit verſagt. — Nach dieſer Huldigung, wenn man ſie ſo nennen will, vertheilte der weiſe Gouverneur das Land im Namen der Kompagnie. Jeder Koloniſt erhielt ein Stück Landes von ſechzig Morgen, den Morgen zu 600 rheinländiſchen Quadratruthen gerechnet, und dieſes Land erhielt er als ein völliges

Ei-

---

*) Der Verfaſſer der Nouvelle deſcription du Cap de bonne Eſperance. (überſetzt, Neue kurzgefaßte Beſchreibung des Vorgebürgs der guten Hoffnung.) ein, wie Hr. Sparmann mit Recht behauptet, ohne Wahl und Beurtheilung zuſammengeſtoppeltes Werk, verſichert irgendwo, daß der Staat der Kompagnie das Cap als völliges Eigenthum durch eine förmliche Akte übergeben habe. Ich habe nie etwas von einer ſolchen Schenkung gefunden und glaube, da auch der Hr. Prof. Peſtel nichts von einer ſolchen Akte erwähnt, als ausgemacht annehmen zu dürfen, daß der Staat auch über das Cap die Oberherrſchaft führe. M. ſ. Peſtel Commentarii de Republica Batava. §. 161 ſqq. L.

Eigenthum *). Allein bloßes Land war für den unbegüter-
ten Kolonisten ein unbrauchbarer Schatz; er bedurfte eines
Vorschusses, um sein Land anbauen zu können; die Kompagnie gewährte ihm diesen auf Riebeeks Vorstellungen und that
darinn nichts mehr, als was alle Souverains in dem Falle gethan haben, denn die Kolonisten mußten versprechen, diesen
Vorschuß allmählig, wenn sie in bessere Vermögensumstände
gekommen seyn würden, zu ersetzen, und diese Verpflichtung
haben sie auch so reblich erfüllt, daß schon im Jahr 1727 **)
von der ungeheueren Summe von 46,000,000 Gulden, welche die Anlage der Kolonie gekostet haben soll ***), nur noch
40,000 Gulden zu bezahlen waren.

Schon die Uebertragung des Landes, welches jeder Kolonist als ein völliges **Eigenthum** erhielt, ist ein unwieder-
sprechlicher Beweis, daß die Kompagnie ihre Kolonisten für
freye Leute und nicht für Sklaven erklärte, und dies wird noch
mehr durch die Bedingungen sichtbar, unter welchen die Mädchen aus den Waisenhäusern von dem Souverain und ihren
Anverwandten der Kompagnie übergeben wurden, indem man
fest-

---

*) Nach Kolbens Versicherung gab die Kompagnie nicht nur
bey der Gründung der Kolonie, sondern auch noch zu seiner
Zeit jedem Kolonisten, dem sie Ländereyen einräumte, einen
so genannten freyen Erbbrief, kraft dessen er mit dem geschenk-
ten Lande nach Belieben machen konnte was er wollte, und auch
Hr. Mentzel sagt an mehreren Stellen, daß die Ländereyen der
Kolonisten ihr völliges Eigenthum wären. Kolbe Beschreibung des Vorgeb. der guten Hoffnung S. 630. L.
**) 1727 ist ein Druckfehler wie schon die Erscheinung des
Kolbeschen Werks im J. 1719 lehrt. Kolbe giebt die rück-
ständige Schuld der Kolonisten im J. 1712 auf 50,000 Gulden
und im J. 1713 auf 40,000 Gl. an, allein er druckt sich in beyden Stellen nicht bestimmt genug aus. Aus einer andern Stelle aber erhellet deutlich, daß 1712 nur noch 45000 Gulden rück-
ständig waren, auf deren Bezahlung damals nachdrücklich ge-
drungen wurde. L
***) Hist. pol. &c. des deux Indes T. I. p. 198.

festsetzte, daß keine von ihnen durch die Auswanderung das Geringste ihrer Rechte und Privilegien als Töchter von Bürgern der Republik verliehren sollte, — und was heißt dies anders, als daß weder sie, noch ihre Männer, noch ihre Nachkommen, Sklaven der ostindischen Kompagnie werden sollten. Auch hat die Kompagnie selbst zu wiederholten Mahlen und unter andern in einer am 30 October 1706 gegebenen Verordnung die Kolonisten ausdrücklich für freye Leute erklärt.

Unter Riebeeks übrige Einrichtungen gehören noch die, daß er die Kolonie in vier Distrikte vertheilte und über jeden derselben einen Oberaufseher mit dem Titel eines Landdrosten setzte, welcher auf alles sehen, alles untersuchen und von allem Bericht abstatten mußte; eigene Entscheidung war ihnen allen durchaus verbothen. Fehlte ja einmal einer dieser Landdrosten, so war die erste Strafe eine weise ernsthafte Ermahnung; wurde der Fehltritt wiederholt, so schickte ihn Riebeek auf eine entehrende Art nach Europa zurück und erklärte ihn für unwürdig und unfähig der Kompagnie länger zu dienen. — Und außer dieser Vertheilung und Ernennung der Landdrosten errichtete Riebeek sechs Kollegia, den Polizeyrath, den Justizrath, den kleinen Rath, das Kollegium über die Ehesachen, die Waisenkammer und den Kirchenrath. Freylich trugen sie alle noch das Gepräge der ersten Einrichtung, aber auch alle das Gepräge der Weisheit und der Gerechtigkeit *). Auch war es Riebeek, der den reformirten Gottesdienst zum herrschenden erklärte, und dies war sehr natürlich, denn dies war gerade der Gottesdienst des größten Theils der Kolonisten und des Mutterlandes **).

Die

---

*) S. Kolben S. 596 und 597. L.
**) Riebeek hatte alle Gründe den reformirten Gottesdienst für den herrschenden zu erklären, aber unerlaubt und hart war es, daß die Kompagnie den Lutheranern, der dringendsten und gerechten Bitten ungeachtet, so lang einen eigenen Predi-

Die der Kolonie auferlegte Abgaben waren mäßig und ganz dem Vermögen der Kolonisten angemessen und wurden ohne Gewaltthätigkeit und Betrug gehoben. Wenn die Schiffe der Kompagnie ankamen, so lieferte jeder Kolonist seinen Antheil zur Verproviantirung derselben und verkaufte seine übrigen entbehrlichen Produkte ungehindert jedem Schiffer ohne Unterschied so gut er konnte. Damals verboth noch kein unsinniges Monopol der Agenten den Kolonisten ihre Lebensmittel zu verkaufen; damals wurden die Kolonisten noch nicht gezwungen, den Ueberfluß ihres Getraides, das sie im Schweiß ihrer Arbeit

_____

diger verweigerte, da doch die Lutheraner nach Hrn. Menzel Behauptung drey Viertheil aller Einwohner ausmachen. Die Kompagnie, welche endlich doch wenigstens einen Grund zu ihrer Weigerung anführen wollte, gab vor, es fehle an einem sichern Fond; diesem Uebel halfen nun zwar die Lutheraner ab, indem sie in einigen Tagen nicht weniger als 90,000 Gulden zusammenbrachten, und eine Kirche war nicht nur schon von einem gewesenen alten Heerrathe, dem Hrn. Martin Melck, auf eigene Kosten erbauet worden, sondern dieser warme Verehrer seines Gottesdienstes hatte überdem noch von seinem eigenen Lande einen Theil für den Kirchhof und einen andern für die Erbauung einer Predigerwohnung hergegeben, — ein Geschenk von 20,000 Gulden, — und sich als Mitglied des Kirchenkollegii zu 1500 Gulden verbunden. Jetzt war keine weitere Ausflucht möglich und die Kompagnie sah sich genöthigt, den Lutheranern einen eigenen Priester zu geben, den sie vor einigen Jahren in der Person des Hrn. Körber erhielten. — Die oben angeführte Anzahl der Lutheraner halte ich übrigens für übertrieben, denn Hr. Tachart versichert, daß es auch sehr viele Katholiken am Cap gäbe, und da so viele Portugiesen, Spanier und Franzosen sich zu verschiedenen Zeiten dort niedergelassen haben, so ist diese Versicherung nicht unglaublich. S. Tachart 2te Reiseb. B. 2. S. 72. Menzel a. a. O. S. 224 u. f. f. und Hrn. Eschels-Kroon Reise-Journal, im politischen Journal 2 B. 1783. S. 743. *L.*

beit geerndtet, entweder dem Vieh vorzuwerfen oder es auf dem
Boden verfaulen zu laſſen, wie ſie es jetzt zu thun gezwungen
ſind, weil es der Kompagnie nicht gefällt, es ihnen für einen
billigen Preis abzukaufen oder ihnen den Verkauf deſſelben an
Fremde zu erlauben; damals zwang man ſie nicht, ihre Fäſſer einzuſchlagen und den koſtbaren Wein zu verſchütten, um
Fäſſer für die nächſte Weinleſe zu erhalten ;   damals ſtieg das
Glück des Koloniſten mit der vergrößerten Erndte, jetzt ſteigt
ſein Elend, wenn die Erndte ergiebiger iſt; damals gewährten
alle Lebensmittel dem Koloniſten einen anſtändigen Gewinn,
weil er keine Konkurrenz, keinen Vorzug der Aegnten der Kompagnie befürchten durfte, die jetzt treulos Handel und Ackerbau
zugleich treiben.

Die Epoche der Regierung Riebeeks oder die Kindheit der
Kolonie war ihr goldenes Zeitalter.   Das Land ſelbſt, voll
der ſchönſten fruchtbarſten Thäler, mitten unter einem heitern
Himmel und mit allem begabt, was die Natur geben kann,
um ein Land zum wollüſtigſchönſten Aufenhalt zu machen, gewährte gleich nach ſeiner erſten Bebauung alles, was ſeine
Bewohner nur wünſchten *) und Riebeek that alles, was
er zum Flor und zum Wohl der Kolonie nur erſinnen konnte.
Er, der Mann, den man nicht glücklicher zum Stifter und
Regenten einer Kolonie hätte wählen können, war mehr güti-
ger Vater und warnender Freund als ſtrenger Richter.   Doch
waren ſeine Ausſprüche heilig wie Orakel und ſeine Verordnungen unverletzlich.   Er unterſuchte ſelbſt alles, ſah mit eigenen Augen und ruhte nicht eher bis jeder Beſchwerde ab-
geholfen war. Mit einem Wort, unter ihm herrſchte Eintracht
und

---

*) Der erſte ausgeſtreute Same und Getraide belohnte die
Mühe hundertfältig.   S. Menzel a. a. O. Th. 1 S. 46. Ueber den Boden und das Klima ſehe man unter andern Tachart
in ſeiner 2ten Reiſeb. Th. 2. S. 45 und 69, Kolbens zehnten
Brief und vorzüglich den Abt de la Caille S. 275 und 276.   L.

und Ordnung und Wohlstand überall. Aber diese glücklichen
Zeiten verschwanden mit ihm ohne alle Spur *), denn alle die
Grundsäulen Gerechtigkeit, Menschlichkeit und gesellschaftliche
Tugenden, auf welche Riebeck das Wohl seiner Kolonie grün=
dete, wurden von seinen Nachfolgern niedergerissen und gänz=
lich zerstöhrt. Die Geschichte der Kolonie von Riebeeks Tode
bis auf den heutigen Tag ist eine Kette von himmelschreienden
Ungerechtigkeiten, von Unterdrückungen und Bubenstücken je=
der Art, ein Gemählde, vor dem jeder Rechtschaffene und jede
mitleidige Seele zurückbebt. Fast alle Gouverneurs nach
Riebeek, Einen oder Zwey ausgenommen, waren die abscheu=
lichsten Bösewichter, Tyrannen im eigentlichsten Verstande
des Worts und Ungeheuer, die barbarisch alle Gesetze selbst
die heiligsten Rechte der Menschheit mit Füssen traten, kurz
Schandflecke nicht nur der Würde, die sie trugen, sondern
selbst Schandflecke der Menschheit; — und nach ihnen bildeten
sich ihre Unterbediente.

Zweyter Abschnitt.

Gegenwärtiger Zustand der politischen Ver= fassung der Kolonie.

Wenn es uns gleich nicht an Beschreibungen des Vorgebürgs
der guten Hoffnung fehlt, so glaube ich doch dem Leser einen
bestimmten Begriff von den verschiedenen Klassen der Bewoh=
ner desselben geben zu müssen.

Ge=

---

*) Riebeek starb entweder im Jahr 1668 oder 1669. Wie
heilig sein Andenken noch jetzt den Bewohnern des Vorgebürgs
der guten Hoffnung ist, sieht man unter andern auch daraus,
daß sie am 8 April 1752 ein feierliches Jubiläum hielten, weil
das gerade der Tag war, an dem Riebeek vor 100 Jahren den
ersten Grund zur Kolonie gelegt hatte. S. Mentzel a. a. O.
S. 63. L.

Gewöhnlich theilt man alles Land, was die Kompagnie hier besitzt in vier grosse Distrikte oder Kolonien ein, in die Capsche Stellenbosche, Drakensteinsche und Waversche. Die Capsche Kolonie könnte man mit allem Recht, die Mutterkolonie nennen, denn sie ist es, aus der man die Kolonisten sandte, welche die übrigen Kolonien bevölkerten; auch liegt in ihr der Hauptort des ganzen Etablissements, nach welchen alle Produkte aus allen Kolonien gebracht werden und in welchem der Handel getrieben wird; mit einem Wort, die Capsche Kolonie ist die Seele der andern, die nur von ihr Thätigkeit, Bewegung und Leben erhalten und ohne sie nicht leben und blühen können. Die zweyte Kolonie, die Stellenbosche, liegt der Capschen gegen Abend hin und ist nach dieser die beträchtlichste. Sie hat ein vortrefliches Dorf, das man ihre Hauptstadt nennen könnte; die übrigen Wohnungen aber in dieser und den andern Kolonien stehen alle in einer grossen Entfernung von einander. Die Lage der Stellenboschen Kolonie und ihre Nähe am Cap giebt ihr in Betreff des Handels Vorzüge vor den beyden übrigen. — Die dritte Kolonie, die Drakensteinsche liegt ostnordost von der Stellenboschen. Sie ist am besten angebauet und liefert viel Korn und vielen Wein; man könnte sie die französische Kolonie nennen, weil ihre Bewohner größtentheils Franzosen sind, deren Vorfahren der Religion wegen aus Frankreich vertrieben wurden und der Republik unendlich viel nutzen, indem sie die Holländer die Verfertigung vieler nützlichen Arbeiten lehrten, welche sie vor der Ankunft derselben nur sehr grob zu machen im Stande waren *). — Die vierte endlich und unbeträchtlichste Kolonie ist die Waversche, sie liegt der Drakensteinschen gegen Norden und ist zwar an Korn reich, aber die Bearbeitung des Bodens kostet viele Mühe wegen seiner Härte. — Doch diese Eintheilung ist für uns bey weitem nicht so wichtig als die der Einwohner in vier grosse weit von ein-

*) Dies gilt nicht blos vom Cap sondern von ganz Holland. L.

einander abstehende Klassen, denn diese wirft ein vielleicht un-
erwartetes Licht über viele der folgenden Auftritte und sie wird
uns auch den wahren Gesichtspunct anzeigen, aus welchem wir
die Gefahr betrachten müssen, welche der Kompagnie den Verlust dieses Etablissements droht, wenn sie sich noch länger weigert, den klagenden Einwohnern des Caps Gerechtigkeit wiederfahren zu lassen.

Die erste dieser Klassen begreift die Agenten der Kompagnie, nebst dem Gouverneur und Fiskal independent
an ihrer Spitze. — Nicht die unterdrückte, sondern die unterdrückende Klasse; sie ist es, welche den beyden letztern Klassen das unerträglichste Joch aufbürdet.

Die zweyte Klasse besteht aus denen, jenen höhern
untergeordneten Dienern der Kompagnie, unter denen man sich
aber nicht blos Schreiber, Einnehmer, Buchhalter und Officiere, sondern auch Soldaten und Handwerker der Kompagnie denken muß. Unterdrücker wie jene der ersten Klasse, nur
ihr Würkungskreis und ihre Macht ist eingeschränkter.

Zur dritten Klasse gehören die Bewohner der Capstadt,
welche man wiederum in drey Unterabtheilungen theilen kann,
nehmlich 1) in Bürger, Ackerleute, Künstler, Kramer u. s.
w. 2) in Bürger, welche zur Bürgermiliz gehören und 3) in
Domestiken und Sklaven. Eine der unterdrückten Klassen wie
die folgende, die Domestiken und Sklaven ausgenommen.

Zur vierten Klasse endlich zählt man alle außerhalb der
Stadt und in den übrigen Distrikten wohnende Kolonisten, die
man insgesammt Bauern nennt.

Die Anzahl aller Einwohner der Kolonie steigt bis auf
25 bis 30,000 Seelen, denn die Weiber sind hier, wie alles, was unter diesem schönen Himmel athmet, äußerst frucht-
bar *.

Ei-

*) Der Hr. Verf. läßt es unbestimmt, worauf sich diese An-
gabe gründet, aber gewiß und natürlich ist es, wie man auch
aus

B

Einige Wenige aus der dritten Klasse abgerechnet, so bestehen alle Mitglieder der verschiedenen Kollegia, welche das Gouvernement der ganzen Kolonie bilden, blos aus Mitgliedern der ersten Klasse; denn die Anzahl jener Erstern ist äußerst gering, und sie selbst sind nur der Form wegen da, und sind entweder schon von selbst so gescheut, daß sie nach dem Willen des Gouverneurs und seines Anhangs stimmen, oder sie werden im entgegengesetzten Fall von der Pluralität überstimmt. Eine trefliche Einrichtung, unvergleichlich in einer republikanischen Kolonie, oder eigentlicher in einer Kolonie, welche unter dem Schutz einer demokratischen Republik errichtet ist und noch fortdauert. Das ist die Idee, die man sich im allgemeinen von der Regirungsform der Kolonie bilden muß; jetzt zu ihren einzelnen Theilen.

In

aus dem Folgenden hinreichend ersehen wird, daß die Volksmenge seit vielen Jahren abgenommen hat, oder eigentlicher, daß sie unendlich größer seyn könnte, als sie würklich ist. Ob man jetzt Geburths und Sterbelisten hält, daran zweifle ich sehr, zur Zeit Kolbens schrieb man blos diejenigen auf, welche im Krankenhause starben. Aus Kolbens Angabe des consumirten Getraides die Anzahl der Einwohner zu bestimmen, halte ich aus mehrern Gründen für unmöglich. Hr. Menzel (S. 382) giebt die Anzahl aller Einwohner der Kolonie, die Sklaven mit gerechnet, auf 49,000 Seelen an. Wie hoch aber hätte die Volksmenge am Cap steigen können, da man, wie Kolbe versichert, in den mehresten Häusern 10 bis 12 gesunde Kinder findet; da die Pocken, wenn sie gleich in neuern Zeiten etwas gefährlicher geworden seyn sollen, doch bey weitem nicht so viel Kinder, wie in den mehrsten Ländern Europens, wegraffen; da es seltner und fast unerhörter Fall ist, daß eine Frau im Kindbette stirbt und die Einwohner überhaupt nur wenigen und kurzdauerenden Krankheiten unterworfen, und ansteckende Seuchen fast ganz unbekannt sind. S. Kolbe a. a. O. S. 54 und den ganzen 22 Brief und Hrn. Hofr. Schlözer über die Unschädlichkeit der Pocken in Rußland 3 St. S. 93. L.

In der Einrichtung der von Riebeek errichteten sieben
Polizey- und Justizkollegia wurde von seinem Nachfolger, dem
Gouv. Bax, wenig geändert; der beschäftigte sich mehr mit
Vollendung und Verbesserung solcher Gebäude, welche Riebeek unvollkommen oder unvollendet gelassen hatte. Aber dem
ungeachtet fanden sich schon unter ihm, einem Manne von rau-
hem Charakter, hart gegen seine Untergebenen und steifköp-
fig und unbiegsam in allem, die ersten Spuren des Despotismus, der in der Folge bis zu einer so fürchterlichen Höhe hinaufstieg *). Nach ihm wurden mehrere Veränderungen
gemacht und gegenwärtig besteht das Gouvernement aus acht
Kollegiis, von denen aber die sieben letztern alle der hohen
Macht des Erstern unterworfen sind, ** in welchem der Gouver-

B 2

neur

---

*) Hr. Menzel, dem zuweilen alles anstößig und fast un-
glaublich ist, was auch nur auf die entferntste Art einem seiner Edlen Herren Gouverneurs nachtheilig seyn könnte, sagt
vom Gouv. Bax, "dieser Herr muß nach Kolbens Bericht ei-
„nen außerordentlich wunderbaren Gemüthscharakter gehabt
„haben, der mit dem Charakter eines Gouverneurs gar nicht
„harmoniret. Denn Kolbe berichtet, daß derselbe sich öfters
„mit einem oder dem andern starken Kerl herumgebalgt, und
„denjenigen der ihn derb ausprägeln können, nicht allein
„vorzüglich ästimiret, sondern auch reichlich beschenkt habe,„
Hr. M. glaubt, Kolbe habe sich hier wieder eins aufbinden lassen, und folgert aus diesem und andern Berichten, daß es wohl
in dem Capite Kolbiano nicht gar zu richtig ausgesehen haben möge! Ohnstreitig wieder eine von den Stellen, wo dem
ehrlichen Kolben Unrecht geschieht. Balgten sich doch einst zwey
königliche Majestäten, der edle Franz I von Frankreich und der
Beschützer des Glaubens Heinrich VIII von England; warum
sollte ein in Diensten einer holländischen Handlungsgesellschaft ste-
hender Gouverneur nicht ein ähnliches thun können? und wollte Gott, alle Gouverneurs hätten nur nichts schlimmeres gethan, als sie je zuweilen herumgebalgt! L.
**) S. Menzel a; a. O. S. 254. u. f. f. L.

neur herrscht, wenn gleich der Fiskal als unabhängig von ihm in gewisser Rücksicht für seinen Rosouverain gehalten werden kann. Ich werde an seinem Orte zeigen, wie unpolitisch es war, diese Macht so zu theilen. Hatten die Kolonisten nicht an Einem Despoten genug, warum gab man ihnen deren Zwey? Ohnstreitig hat die Kompagnie die besten Absichten dabey gehabt, aber sie irrte und schuf nur noch einen Blutigel für sich und die Kolonie mehr.

Die oben erwähnten Kollegia und ihre Einrichtungen sind kurz folgende.

1, Der Staatsrath. Er besteht aus neun Mitgliedern*, den ersten Dienern der Kompagnie. Der Gouverneur präsidiret: und da er zwey fast immer entscheidende Stimmen hat, so sind die übrigen Mitglieder fast nichts mehr als Räthe **. Dieses Kollegium soll Krieg und Frieden gegen die Hottentotten beschliessen, mit den Direkteurs der Kompagnie und mit dem Gouvernement in Batavia und Ceylon korrespondiren, mit einem Wort, die Angelegenheiten der Kompagnie besorgen. Ein Sekretär hält ein Verzeichniß von allem, was in den Versammlungen vorfällt und an jedem Montage werden des Morgens von 9—12 Uhr die Versammlungen gehalten.

II.

---

*) Oder nur aus acht Mitgliedern, wenn man, wie Hr. Menzel den Direktor des Justizsenats, der jedesmal der Versammlung beywohnt, nicht mitrechnet. L.

**) Auch hat der Gouverneur gewissermassen das Vorrecht, einen Machtspruch zu thun, und das Konklusum des Staatsraths wie des grossen Justizsenats zu verwerfen, wenn er nehmlich wider eine durch die Mehrheit der Stimmen genommene Resolution seine gegenseitige Meinung behaupten will. Eben so gefährlich ist die Anmassung des Gouverneurs nach der er alle Bedienungen vergiebt, deren Vergebung eigentlich vom ganzen Kollegio abhängen sollte. Menzel a. a. O. S. 241 u. 255. L.

II. Der grosse Justizsenat. Gerade die Mitglieder des Staatsraths bilden auch den Justizsenat, der alle Civil- wie Kriminalfälle als erste Instanz entscheidet. Der Kommandant des Forts führt das Präsidium. Ist eine von beyden Parteyen ein Bürger der Capstadt und die andere ein Diener der Kompagnie oder sind beyde Parteyen Bürger, so werden drey regierende Burgermeister der Capstadt mit zur Entscheidung der Sache genommen und ihre Stimmen gefordert. Eine lächerliche Einrichtung! Man denke nur, zwey Stimmen gegen neune! zwey furchtsame Burgemeister gegen neun donnernde Despoten! Man kann von diesem Kollegium nach Batavia oder Holland appelliren. Eine trefliche Einrichtung, nur Schade, daß sie mit so vielen Weitläuftigkeiten und tausend Gefahren verknüpft ist *.

III. Der kleine Justizsenat. Er hat acht Mitglieder, einen Präsidenten, der stets ein Mitglied des Statraths ist, drey Bürgerräthe, welche der Staatsrath wählt und von denen einer Vizepräsident ist, und vier Agenten der Kompagnie. Der Sekretair ist stets ein Agent der Kompagnie — Also hat die Kompagnie auch in diesen Kollegium die Majorität! Hier entscheidet man alle Prozesse über Beleidigungen, Zänkereyen, Schlägereyen, bey welchen kein Blut vergossen oder tödtliches Gewehr gebraucht worden ist, und über Schulden, welche nicht über hundert und funfzig Gulden betragen. Das Kollegium ist ganz abhängig von dem grossen Justizsenat, dem der umständlichste Bericht von allem abgestattet werden

muß.

---

*) Jetzt kann man nicht mehr nach Batavia appelliren; da die Antworten und Entscheidungen der wichtigsten Angelegenheiten oft über Jahr und Tag ausblieben, so erklärte die Kompagnie im J. 1735 das Gouvernement für unabhängig, und seitdem, glaubt Hr. Mentzel, sey die Regierung in eine ordentliche Form gegossen, so daß nichts mehr zu ändern, zu flicken und zu verbessern sey. Mentzel a. a. O. Th. I. S. 238. L.

muß. Alle zwey Jahre werden neue Mitglieder gewählt, und die Wahl derſelben hängt vom Statsrathe oder eigentlicher vom Gouverneur ab, welchem die Bürgerräthe ſechs von ihren Mitbürgern und acht Agenten der Kompagnie zur Wahl vorſchlagen. Man ſagt die Regiſter des kleinen Juſtizſenats werden von Zeit zu Zeit den Direkteurs der Kompagnie nach Europa überſandt, das heißt, meiner Meinung nach), die Schiffe mit einer unnützen Laſt beſchweren. Es wäre vernünftiger, man ſchickte pünktlich alle Jahr die Regiſter des Staatsraths und des groſſen Juſtizſenats nach Europa. Man will die Hrn. Direkteurs nicht zu ſehr, nur mit Kleinigkeiten, inkommodiren und die groſſen und wichtigſten Sachen lieber dem Lauf der Dinge überlaſſen.

IV. Das Kollegium über die Eheſachen. Es beſteht aus eben den Mitgliedern, welche den kleinen Juſtizſenat ausmachen. Dieſe Herren beſchäftigen ſich mit allem, was die Heirathen der Koloniſten, Einwohner und Diener der Kompagnie betrifft. Keiner darf hier ſich verheirathen, wenn er nicht von dieſem Kollegium eine ſchriftlich abgefaßte Erlaubniß dazu erhalten hat, und dieſe Erlaubniß erhält er nicht eher, als nach einer genauen und ſtrengen Unterſuchung.

V. Die Waiſenkammer. Sie hat ſieben Mitglieder, den Fiskal, der beſtändiger Präſident iſt, drey Bürger, und drey Diener der Kompagnie. Alſo iſt hier die Pluralität wieder auf Seiten der Kompagnie. Wie ungerecht! Von hundert Waiſen ſind neun und neunzig Bürger oder Koloniſtenkinder. Wahr iſt's, der Vizepräſident iſt einer von den Bürgern, aber dagegen iſt auch der Sekretair ſtets ein Diener der Kompagnie. Alle zwey Jahr werden neue Mitglieder gewählt. Hier entſcheidet man über alles, was auf die Güther, den Unterhalt, die Erziehung und die Heirathen der Waiſen Beziehung hat; will einer von den Waiſen vor dem fünf und zwanzigſten Jahre heirathen, ſo muß noch eine beſondere Erlaubniß dazu von dieſer Kammer ausgewirkt werden.

VI.

VI. Die Kirchenkammer. Ihre Mitglieder sind drey Prediger zwey Aeltesten und vier Diakonen *). Sie wachen über die Kirchendisciplin, empfangen und theilen die Almosen aus, heben die Kirchenrevenüen und sorgen für die Gebäude der Kirchen und Schulen. Ein vom Gouverneur dazu ernann-ter Prediger führt das Präsidium **).

VII. Der Bürgerrath. Schon Riebeek errichtete ein Kollegium der Art am Cap, und Simon van der Stell errich-tete noch ein Zweytes, als die französischen Flüchtlinge schaa-renweis nach dem Cap kamen, für die Kolonie Stellenbosch und Drakenstein. Die Mitglieder des Erstern haben den Na-men Bürgerräthe, und die des letztern Heemräthe. Der Würkungskreis des ältern Kollegii am Cap ist sehr eingeschränkt; es setzt die Vorstellungen der Bürger an den Staatsrath auf, fordert die Steuren ein, welche der Staatsrath auszuschreiben geruht, und führt über die besondern Einkünfte Rechnung, wel-che die Bürger der Capstadt von gewissen ihnen eigenthümli-chen Besitzungen erhalten ***). Das Kollegium der Draken-steinschen und Stellenboschen Kolonie, welches ganz von jenem am Cap getrennt ist, hat ein grösseres Ansehen und ei-ne ausgedehntere Jurisdiktion. Es entscheidet über alles, was nicht die Summe von dreissig Gulden übersteigt. Der Landdrost der Kolonie führt das Präsidium und ist stets ein Diener der Kompagnie.

VIII. Der Kriegsrath. Sim. van der Stell ver-theilte die Bürger und Kolonisten in Regimenter sowohl in Kavalerie als Infanterieregimenter, und darauf war die Er-

B 4   rich-

---

*) Nach Hrn. Mentzel und Kolben besteht das Kollegium aus 3 oder 4 Geistlichen 6 Aeltesten und 12 Diakonen. L.

**) Außer diesem Kirchenkollegium ist noch ein besondrer Kir-chenrath angestellt, der aus 8 Personen besteht, unter denen der Präsident gewöhnlich einer von den Oberkaufmännern ist. S. Mentz. Th. I. 266. und Kolben Th. 3. 26. L.

***) Diese Einkünfte betragen jährlich etwa 50,000 Gl. L.

richtung eines Kriegsraths etwas sehr natürliches. Dieser muß über alles, was militairische Disciplin betrift, wachen, und kurz für alles, was aufs Militair Beziehung hat, sorgen.   Auf die Eintheilung der Bürgermiliz in drey Corps folgte auch eine gleiche Eintheilung des Kriegsrathes.   Der Kriegsrath in der Capschen Kolonie besteht aus neunzehn Mitgliedern, den Präsidenten mitgerechnet;   der Kriegsrath zu Stellenbosch, in welchem der Landdrost präsidiert aus zwanzig, und der von Zwellendam aus neun Mitgliedern.   Der Präsident des Erstern ist stets ein Mitglied des Staatsraths und Kommandant der Garnison, also, wie die Landdrosten, die in den beyden andern Kollegiis präsidiren, ein Agent der Kompagnie.   Die übrigen Mitglieder werden aus den ältesten Offizieren der Bürgermiliz gewählt, deren Vorzug nicht durch ihren Dienst als Kavaleristen oder Infanteristen, sondern blos durch das Alter der erlangten Würden, bestimmt wird.

Das sind nun die acht Kollegia, und ihre Einrichtungen, aus denen die Regierung besteht.   Jetzt wollen wir einen Blick tiefer in ihre Verfassung und auf die Art werfen, mit welcher jedes dieser Kollegia seine Geschäfte besorgt, und wir werden uns bald überzeugen, daß die Kompagnie und die Kolonisten und Bürger alles, was ihnen theuer und schätzbar ist, keinen bessern Händen hätten anvertrauen können; wir werden sehen, daß alle Agenten der Kompagnie, vom Gouverneur an bis zum niedrigsten Diener herab, bey allen nur möglichen Gelegenheiten die Macht auf die empörendste Art mißbrauchen, welche die Kompagnie ihnen anvertrauet hat, sehen, daß alle nur nach einem Ziel — nach Reichthümern hinstreben *)

Das

---

*) Würklich traurig und bejammernswürdig, besonders wenn man den liebenswürdigen Charakter der Eingebohrnen dieses glücklichen und unglücklichen Landes kennet. Vortreflichen natürlichen Verstand, viel Mutterwitz, Gastfreyheit und Herzensgüte im höchsten Grade findet man überall. Kömmt ein Fremder krank nach den Cap und will nicht gern in das Kran-
ken-

Das erste **Kollegium** gewöhnlich der **Polizeyrath** und richtiger der **Staatsrath** genannt, weil es ganz aus Mitgliedern aus der Klasse der **Agenten** der Kompagnie besteht, sollte sich nicht mit Entscheidung häuslicher weder Civil noch Kriminalfälle der Kolonisten und Bürger abgeben, sondern sich nur auf die Direktion der besondern Angelegenheiten der Kompagnie, auf Reglements und allgemeine Polizeyverordnungen, einschränken; und auf keinen Fall sollte weder der Bürger noch der Kolonist vor dieses Tribunal gebracht werden; der Grund davon ist, weil jedes Volk ohne Unterschied, einen Repräsentanten bey dem Souverain, der es beherrscht, haben muß. Und dieses Kollegium besteht überdem nicht nur aus Mitgliedern, die ganz der Kompagnie ergeben sind und deren Privatinteresse stets dem Interesse der Bürger und Kolonisten entgegen ist, sondern aus Mitgliedern, die, weit entfernt das Volk zu repräsentiren, im Ganzen und Einzelnen erklärte Gegner, ja man kann, ohne sich von der Wahrheit zu entfernen, sagen, stets erklärte persönliche Feinde der Bürger und Kolonisten sind, weil sie sich unaufhörlicher Unterdrückungen gegen dieselbe schuldig machen, und in diesen eine ewige unversöhnliche Rache tobt.

Alle Urtheile dieses Tribunals sind verdächtig, denn die Richter selbst sind es wegen der Stellen, die sie bekleiden, und es ist kein einziger von diesen Richtern — Agenten der Kompagnie — welcher nicht in dieser letztern Eigenschaft mit allen und jedem Bürger und Kolonisten in Partikularverbindungen stände. Sie müßten mehr als Menschen seyn, wenn nicht ei-

B 5　　　　　ge-

kenhaus, so findet er bald und leicht eine wohlthätige gutdenkende Seele, die ihn aufnimmt und auf's sorgfältigste wie einen Bruder verpflegt. Das war selbst zu Kolbens Zeit Charakter des Volks, wo, wie ich unten zeigen werde, die Nation fast verwildert war, und das ist noch jetzt zur Ehre der Menschheit Charakter dieser Kolonisten, deren Herzen selbst der unmenschliche Druck der Regierung gegen fremdes Elend nicht hat verhärten können. Man sehe Sparrmann an mehr. Stellen. L.

genes Interesse, und Privathaß bey ihnen würken sollte *).
Als Richter sitzt in dieser Versammlung einer der Ersten im
Range nach dem Gouverneur, der Fiskal independent, ganz
wider alle Regeln der Klugheit. Der gefährlichste Richter,
den die Kolonisten nur haben könnten, weil sein Interesse ihn
unaufhörlich zur Erniedrigung dieser anspornt. Auch sind alle
Verordnungen dieses Tribunals ganz dazu gemacht, das schwere Joch der Kolonisten unter dem Vorwande der guten Ordnung noch drückender zu machen. In allen übrigen Justiz-
höfen berechtigt den Fiskal sein Amt nur als Ankläger (de-
mandeur) für den Souverain gegen die Anklage oder für die
Anklage gegen den Souverain aufzutreten, aber niemals darf
er die Stelle eines Richters mit einer deliberativen Stimme
vertreten; er faßt seine Schlüsse ab, und die Richter treten entweder seinem Ausspruch bey, oder verwerfen oder verbessern ihn
nach ihren Einsichten, aber im Staatsrath am Vorgebürge
der

---

*) Nichts wäre billiger und vernünftiger, als daß auch ei-
nige der vornehmsten Bürger Mitglieder des Staatsrathes wären. Schon Kolbe wünschte dies, und dieser Wunsch wird
noch dringender, wenn man die Herren kennet, welche hier
über das Wohl der Bürger und Kolonisten Schlüsse ab-
fassen. Außer dem Gouverneur und Fiskal sind die übrigen
Mitglieder Kaufleute, und zu Kolbens Zeit waren unter diesen
Drey, die in ihrem ganzen Leben kein Glaubensbekenntniß ab-
gelegt hatten, und Einer, der, wenn ich nicht sehr irre — seines
Handwerks ein Schneider war. Wie redlich diese Herren verfahren, sieht man unter andern aus den Berechnungen ihrer
Einkünfte; der Gouverneur z. B. hat nach Kolbens und Mentzels Berechnung jährlich 6000 Gulden aber auch nach beyder
Versicherung betragen seine übrigen, größtentheils aus den
trübsten Quellen fliessenden, Einkünfte noch ein weit mehreres,
denn sagt Hr. Mentzel, wer darf wohl bittweise vor dem Ho-
henpriester erscheinen, ohne die Gaben zu opfern, die
Moses befohlen hat? Und gerade so geht es auch bey den ü-
brigen qualifizierten Bedienten der Kompagnie. Kolbe Th. 3.
B. 5. Mentzel Th. 1. S. 244. L.

der guten Hoffnung, giebt der Fiskal, weit entfernt für die öffentliche Partie zu sprechen, seine Stimme gleich den übrigen Richtern, und nimmt eben dadurch an den Aussprüchen Theil, die doch oft gegen ihn ausfallen müßten, weil sie doch oft Streitigkeiten zwischen ihm, als Fiskal, und den Bürgern und Kolonisten entscheiden, und die letztern doch nicht immer Unrecht haben können. Noch mehr, der Fiskal nimmt nicht nur an den Aussprüchen Theil, sondern, da seine Stimme oft entscheidend ist, so ist er oft einziger Richter in eigener Sache! *)

Die ursprüngliche Einrichtung des Staatsraths war gut und weise und sein Würkungskreis richtig abgemessen. Man beschäftigte sich blos mit würklichen Angelegenheiten der Kompagnie, sorgte für die Ausbreitung des Handels derselben, für die Einnahme der Auflagen, welche aber niemals anders als mit Bewilligung der Bürgerräthe und Burgermeister bestimmt werden konnten, man führte Rechnung über die Einnahmen und Ausgaben der Kompagnie, besorgte alles, was auf die Ausbesserung und Verproviantirung der Schiffe, auf die Garnison, Vestung, Gebäude, Magazine und den Garten der Kompagnie Beziehung hatte, und beschloß Krieg oder Frieden mit den Hottentotten. Aber der zügellosherrschsüchtige Ehrgeiz der Gouverneurs van der Stell, des Vaters wie des Sohns, zog alles vor dies Tribunal. Sie schufen den Staatsrath zur Staatsinquisition um, saßen in demselben als unumschränkte Despoten und schleuderten von hier Todesurtheile, Verbannung, Fluch und Blitze, die alle ohne Unterschied zerschmetterten. Dieser abscheuliche Mißbrauch der Gewalt stieg endlich bis zu einer so ausschweifenden Höhe, daß sich die Kompagnie gezwungen sah, dem Gouverneur zu verbiethen, sich ferner mit Entscheidungen in Kriminalfällen abzugeben, er sollte künftig nur den Aus-

spruch

---

*) Diesen letzten Umstand hat der Hr. Verfasser nicht angeführt, ich habe ihn vom Hrn. Mentzel. S, 247. L.

ſpruch konfirmiren, ohne welche Konfirmation denn auch jetzt
noch kein Urtheil gültig iſt. Dies iſt der Grund, daß der
Gouverneur in dem groſſen Juſtizſenat keinen Sitz mehr
hat *). Aber dies Mittel, durch welches die Kompagnie allen Greueln der Art vorbeugen wollte, half, wie wir unten ſehen werden, ſchlechterdings gar nichts.

Der groſſe Juſtizſenat beſchäftigt ſich, wie ſchon oben
geſagt iſt, mit der Entſcheidung ſowohl im Civil als Kriminalfällen. Schon aus der unſinnigen Einrichtung dieſes Senats,
ſchon aus der Berechnung der Stimmen der Bürgermeiſter
und der Stimmen der Agenten der Kompagnie läßt ſich im Voraus auf die ungerechten Entſcheidungen dieſes Senats nicht
ganz unrichtig ſchlieſſen. Und doch hat man ſich nicht einmal
mit dieſem höchſt ungerechten Verhältniß begnügt; man hat
überdem noch den Bürgermeiſtern die unterſten Plätze angewie-
ſen, und ihre Stimmen werden nicht eher gefordert, als bis
bereits die Agenten der Kompagnie die ihrigen gegeben haben,
das heißt, wenn die Sache bereits entſchieden iſt. Die
Bürgermeiſter ſind hier alſo nichts weniger als Richter, ſondern
Zeugen der ungerechteſten Ausſprüche, denn les loups ne
ſe mangent pas entre eux. Man hat mehr als ein Beyſpiel, daß man dem Bürgermeiſter, der ſich des unterdrückten
Bürgers oder Koloniſten annahm, nicht nur aus der Gerichts-
ſtube, ſondern vom Cap zu verjagen drohte.

Aber himmelſchreiende Ungerechtigkeit iſt's, daß man ſogar in peinlichen Prozeſſen den Bürgermeiſtern allen Einfluß
geraubt hat; ihr Einfluß müßte hier vorzüglich unmittelbar
und nachdrücklich ſeyn. Oder iſt die Ehre, die Güther und
ſelbſt das Leben der Koloniſten und Bürger in den Augen der
Kompagnie etwas ſo gar unbeträchtliches, daß man die Sorge

---

*) Daß der Gouverneur nicht mehr im Juſtizrath präſidiert
ſagt auch Hr Menzel, aber von der Urſach davon ſagt er nichts.
S. Th. I. 241. L.

ge für die Erhaltung derselben lediglich den Agenten anvertrau-
en kann? Der Fiskal independent, der Richter in allen Civilprozeßen, führt blos die Sache der öffentlichen
Partie*), aber da er ein Agent der Kompagnie ist, so kann man
ihn nicht für den Vertheidiger des angeklagten Kolonisten halten. Diese sind also ganz der Willkühr ihrer Richter überlaß-
sen; und was haben sie nicht von der Strenge dieser Richter
zu fürchten, welche für sie gleichsam eine fremde Nation sind,
welche eine Gesellschaft bilden, die unaufhörlich und nachdrücklichst der bürgerlichen Gesellschaft entgegenkämpft? Es ist gerade dieser Fall, in welchem die Kolonisten den Charakter von Re-
publikanern durchaus verlohren haben; gerade der wichtigste
und gefährlichste Fall, in den die Kolonisten versetzt werden
können, denn gerade in diesem sind sie dem Verlust aller Vortheile der Freyheit, zu deren Erhaltung sich die Kompagnie
so feierlich verpflichtete, dem Verlust ihrer Ehre, ihrer
Güther und ihres Lebens unterworfen — Der Despot der
Ottomanen läßt diejenigen von seinen Unterthanen hinwürgen,
die das Unglück haben ihm zu mißfallen und die größte Gnade für einen solchen Unglücklichen ist, daß er ohne allen
weitern Prozeß zur Bastonade oder zum Exil verdammt wird;
und wahrhaftig es würde nicht schwer werden zu beweisen, daß
das Gouvernement am Cap, der Gegenwart der Bürgermeister
ungeachtet, sich eben solcher Greuel schuldig mache, welches
doch unmöglich seyn würde, wenn der Justizsenat, wie
der in Mutterlande eingerichtet wären, oder wenn die Stimmen
der Bürgermeister den Stimmen der Agenten das Gleichgewicht halten könnten.

Zwey

---

*) Fait seulement dans les affaires criminelles les fon-
ctions de Partie publique. In allen Fällen ist der Fiskal
oder, falls er krank oder abwesend ist, der Fiskal adjunctus
der Ankläger, aber alsdann hat er keinen Sitz im Senat. Kolbe Th. 3. B. 2. Mentz. Th. 1. S. 259. L.

Zwey Mittel wählte die Kompagnie, dieſen Abſcheulichkeiten vorzubeugen, aber beyde blieben durchaus unwürkſam, und
die Gouverneurs wurden durch ſie nicht mehr oder weniger gebunden. Das erſte Mittel war die Einführung der Appellation an den Juſtizſenat in Batavia oder an den Juſtizhof in
Holland. Aber welcher Bürger oder Koloniſt wird es wagen,
eine ſo lange und ſo gefährliche Reiſe zu unternehmen? Wer
wird ſich drey bis vier Jahre entfernen um wider das Urtheil
eines ſchon verlohrnen Prozeſſes zu rechten? Welche Koſten
würde die Reiſe erfordern, welcher Verluſt zu Hauſe dadurch
verurſacht werden! Und der Bürger, der durch das alles ſich
nicht abſchrecken ließe, dürfte der es wagen nach dem Cap zurückzukehren, wenn er auch einen in der erſten Inſtanz verlohrnen Prozeß im Haag oder zu Batavia wieder gewönne? Ver-
folgung der Agenten der Kompagnie würde ſein ſicheres Loos
ſeyn, und ein neuer Prozeß, zu dem ſich leicht Urſachen finden lieſſen, würde ihm den Reſt ſeines ſchon durch den erſten
Prozeß beträchtlich geſchwächten Vermögens gänzlich rauben.
Das einzige und beſte, was ein Koloniſt, der appelliren wollte, thun könnte, wäre, daß er all ſein Vermögen am Cap
verkaufte und dann mit dem feſten Entſchluß nach Europa ginge, nie wieder nach Afrika zurückzukehren, er möge nun gewinnen oder verliehren *. Das zweyte, ſchon vor langer
Zeit gewählte, aber eben ſo unwürkſame, Mittel beſtand darin, daß man dem Koloniſten einen Fiskal independent, das
iſt, einen Mann gab, der nur der Kompagnie Verantwortung ſchuldig iſt. Seine Macht ſollte der Macht des Gouverneurs das Gleichgewicht halten und er dadurch in den
Stand

---

*) Wer appelliren will, muß es innerhalb 10 Tagen an-
zeigen und dann 100 Gulden erlegen, welche, wenn die Sentenz geändert wird, dem Appellanten, wenn ſie aber beſtätigt
wird, dem Appellaten gegeben werden. Kolbe Th. 3 B. 2.
Menzel Th. 1. S. 261. Allein zu einer Appellation, ſagt Kolbe, kömmt es faſt nie. L.

Stand gesetzt werden, sich den ungerechten Unternehmungen des Gouverneurs entgegenzusetzen. Die Folge entsprach aber den Erwartungen durchaus nicht *). Lebten beyde, Gouverneur und Fiskal, im Einverständnis, so thaten sie beyde vereint das Böse, was sonst der Gouverneur allein verübte, und im entgegengesezten Fall wütheten der Gouverneur einer, und der Fiskal anderer Seits, und die Kolonisten und Bürger waren in beyden Fällen doppelt schlimm daran, so wie das Wohl der Kompagnie von zwey verschiedenen Seiten her gleich stark dabey litt. Mit einem Wort, durch diese Einrichtung bekam man zwey Tyrannen; der Fiskal independent ist noch eine Geissel mehr so wohl für die Kolonisten, wie für die Kompagnie **.

Der

---

*) Der Gouverneur herrscht in diesem Senat, in dem Packhausmeister, Fähndriche und Kaufleute Todesurtheile fällen, dennoch mit uneingeschränkter Gewalt. Die Wahl der Mitglieder des Senats, wie ihre Stimmen, weiß er zu ertrozen, und kein Urtheil kann vollzogen werden, wenn sein Fiat executio fehlt. Die übertriebene, ungerechte und tyrannische Gewalt des Gouverneurs zeigt sich hier wie überall und jeder Kunstgriff, sie zu vergrössern und stets sichtbar zu machen, bleibt nicht ungenutzt, selbst im Gotteshause zeigt sie sich auf eine empörende Art; der Gouverneur geht nicht nur durch eine eigene Thür in die Kirche, welche schon selbst durch ihren Bau sich auszeichnet, sondern die ganze Gemeinde ist verpflichtet, wenn die Thür des Gouverneurs geöfnet wird, aufzustehen und dem Hrn. Gouverneur im Vorbeygehen durch eine Verbeugung ihren tiefen Respect zu beweisen! Menzel Th. 1. S. 210. L.

**) Der Hr. Fiskal steht sich vortreflich im Betreff seiner Börse. Nach dem Gouverneur hat er die einträglichste Bedienung, denn außer seinem Gehalt 1308 Gulden und 420 Realen, bekömmt er nicht nur alle Inquisitionsprozesse reichlich bezahlt, sondern er hat auch einen Antheil an den Strafgefällen, und eine andere noch ergiebigere Quelle eröfnet ihm seine Oberaufsicht über alle Waaren, welche an das Land gebracht werden, denn kein Seeofflzier darf ohne die Erlaubniß des Hrn. Fiskals seine Waaren

Der kleine Justizsenat. Zwar muß man gestehen, daß in diesem Senat eine Art von Ordnung bey den Entscheidungen herrscht, aber man glaube nur nicht, daß dies daher rühre, weil ein Bürgermeister das Vizepräsidium führet; der Einfluß der Bürgermeister ist dennoch ganz unbeträchtlich; der eigentliche Grund dieser Ordnung ist, weil dies Kollegium sich nur mit Kleinigkeiten beschäftigt; die Agenten der Kompagnie dünken sich zu erhaben, als daß sie sich mit Kleinigkeiten die Zeit verderben sollten; de minimis non curat Praetor. Aber selbst bey dieser Ordnung ist dieser Senat wie der große Justizsenat in einem gewissen Verstande sehr unnütz; denn unter einem despotischen Gouvernement haben alle Justizhöfe keinen würklichen Nutzen für die Unterthanen. Wird ein Kolonist oder Bürger von einem Diener der Kompagnie oder von einem seiner Mitbürger, der aber im Besitz der Gnade des Gouverneurs ist, vor dies Tribunal gezogen, so maßt sich der Gouverneur die Entscheidung der Sache an, verändert die Sentenz, wenn er es für gut findet, und schift den Unglücklichen gebunden auf ein der Kompagnie gehöriges Schiff, wo er als Matrose oder Soldat dienen muß. Und Eingriffe der Art erlaubt sich nicht nur der Gouverneur, selbst der Fiskal wagt sie; wir werden unten ein Beyspiel davon anführen, das erst vor kurzem vorfiel. Von diesem Kollegium ist das

Kollegium über die Ehesachen durch nichts weiter als durch den bestimmten Tag, an dem es seine Versammlungen hält, und durch die Sachen, mit deren Entscheidung es sich beschäftigt, unterschieden. Die Beförderung der Ehen ist ohnstreitig einer jener wichtigen Gegenstände, welcher die ganze Aufmerksamkeit aufgeklärter Fürsten und Regenten auf sich ziehen muß, weil der Einfluß der Ehen so äußerst wichtig ist, so wohl für den Staat im Ganzen als für jedes einzelne

ne

---

ren an das Land bringen. Ehedem wurde ihm sogar rechtlich ein beträchtlicher Theil an den confiszierten Gütern zuerkannt. Mentzel a. a. O. Th. 1. S. 247 und 248. L.

ne Mitglied desselben. Es ist also in mehr als einer Rücksicht
lobenswürdig, daß man der Ehen wegen am Cap ein eigenes
Kollegium errichtet hat. Aber die Entscheidung aller Sachen,
welche auf die Verheirathung der Kolonisten und Bürger Beziehung haben, sollte man doch offenbar Richtern oder Kommissairs überlassen; welche aus der Bürgerschaft oder den Kolonisten genommen wären. Denn gerade sie haben das mehr-
ste Interesse dabey, und gerade auch solche Richter könnten in
jedem Fall über das Vortheilhafte oder Nachtheilige, über das
Rechtmässige und Unrechtmässige dieser heiligen Verbindungen am richtigsten urtheilen. Es ist offenbar ungerechte Forderung, daß sich die Kolonisten, wie die Bürger, vom ersten
bis zum niedrigsten herab, von einem andern als einem solchen
Kollegio examiniren und sich eine Erlaubniß sich verheirathen
zu dürfen ertheilen lassen sollen *). Und was würde man von

ti-

---

*) Das scharfe Examen, welches die Verlobten vor diesem
Kollegium auszustehen haben, ist in der That drückend, und
würde es dann noch seyn, wenn es auch ein öffentliches Auf-
geboth in der Kirche unnöthig machte; und doppelt hart und
nachtheilig ist es für die Wittwen, welche sich wieder zu verheirathen denken. Diese müssen, wie die Wittwer in ähnlichen
Fällen, sich vorher mit den Kindern erster Ehe abgefunden haben; und es sich gefallen lassen, nicht nur unter Eidespflicht ihr
ganzes Vermögen anzugeben, sondern sogar gestatten, daß
von einem der Waisenmeister ein ordentliches Inventarium gemacht wird. Ist es nun dringender Wunsch einer jungen oder
auch alten, nicht sehr begüterten, Wittwe, sich zum zweyten
Male zu verheirathen, so ist es nichts ungewöhnliches, daß
sie ihren Kindern ihr ganzes Vermögen zuschreiben läßt, und
es feierlich für die Hälfte ausgiebt und so zur Betrügerin ihrer selbst und ihres künftigen Mannes wird. Und dies ist nach
Kolbens Ausdruck nur einer der Kunstgriffe, dessen sich die
Wittwen in solchen gefährlichen Lagen gewöhnlich bedienen;
mehrere andere der Art hat Kolbe verschwiegen, weil er glaubt,
daß die Schlauheit und listiger Betrug der Weiber ohnehin der
ganzen Welt bekannt genug sey. Kolbe. Th. 3. 68 L.

C

einem Souverain sagen', der aus Grundsatz oder aus persönlichem Interesse oder gar aus einem niedrigern Beweggrunde einer rechtschaffenen Bürgers Tochter sich zu verheirathen verböthe? Wäre das nicht Eingriff in die heiligsten Rechte der Menschheit? und solcher Eingriffe macht sich das Gouvernement am Cap schuldig! Eine noch vor kurzem vom Gouvernement oder eigentlich vom Gouverneur gegebene Verordnung, welche man höchst unsinnig auf ein von der Batavischen Regierung gegebenes Reglement stützt, untersagt den Bürgern und Kolonisten ihre Töchter mit Dienern der Kompagnie zu verheirathen, wenn sie nicht eine schriftliche Erlaubniß dazu nicht nur von dem Kollegium über die Ehesachen, sondern auch vom Gouverneur selbst, erhalten haben *). Man kennt die Beweggründe, welche diese Verordnung schufen, **) und wer sieht nicht die Menge schrecklicher Auftritte, die eine solche Verordnung veranlassen kann und veranlassen wird? Schon vor ihrer völligen Bekanntwerdung zeigte sich schon ein Auftritt der Art.

Ein

---

*) Diese Einrichtung fand man schon vor vielen Jahren, vielleicht war sie damals nur Gewohnheit. Der Gouverneur Simon van der Stell führte sie ein; jedes Brautpaar ohne Unterschied mußte, ehe es sich von dem Kollegium examinieren lassen konnte, die Erlaubniß dazu von ihm persönlich erhalten haben und nach Kolbens Versicherung war die einzige Absicht des Gouverneurs bey Einführung dieser Einrichtung keine andre, als die Braut zu sehen. Kolbe Th. 3. B. 2. L.

**) Es lassen sich mehrere dieser Gründe denken, einen Grund aber, daß diese Verordnung nicht schon lange widerrufen worden ist, kann man sicher in dem Umstande suchen, daß das Examen nicht unentgeltlich geschieht. Leute von Stande invitieren das ganze Kollegium zu sich und lassen sich im Hause examinieren, wofür sie den Herren, außer einer köstlichen Bewirthung, ein Geschenk von 10, 20 und mehreren Thalern geben. Der Sekretair bekömmt noch besonders 2 Thaler, ob ihm gleich nur ein Thaler und dem Kollegium gar nichts gebühret. Kolbe Th. 3 B. 2. L.

Ein Friſeur, ein Diener der Kompagnie, hatte die Schwäche eines Mädchens, einer Waiſe, welche noch würklich im Waiſenhauſe war, gemißbraucht. Das Mädchen wurde ſchwanger und hielt um die Erlaubniß an ſich mit dem Räuber ihrer Ehre trauen zu laſſen. Aber der Niederträchtige, deſſen einzige Abſicht thieriſcher Genuß geweſen war, ſuchte ſich von dem Mädchen zu trennen und wandte ſich unter der Hand an ſeine Freunde und Beſchützer. Dieſe ſtellten dem Gouverneur die Sache, vielleicht in einem falſchen Lichte, vor, und der Gouverneur verweigerte darauf der Waiſenkammer, dem Mädchen und dem Friſeur die **Erlaubniß zur Heirath!** Ein trauriges Beyſpiel für die Zukunft! Das ſchwärzeſte Verbrechen kann alſo am Cap ruhig und ungeſtraft verübt werden. Die ſchwache Tugend der Mädchen der Bürger und Koloniſten, ſind alſo dem Raube ausgeſetzt, ohne daß die Unglücklichen, wenn die Welt ihren Fehltritt erfährt, Gerechtigkeit hoffen dürfen *)! Jeder Wollüſtling kann alſo hier ſeine viehiſchen Triebe befriedigen und ſicher ſeyn, daß man ihn, wenn er unter den Agenten Gönner hat, nie wird zwingen können, dem entehrten Mädchen die natürliche und einzig hinlängliche Genugthuung zu gewähren! Wo ſtieg je Despotismus höher als der Despotismus eines Gouverneurs am Cap geſtiegen iſt? Selbſt über die Herzen will er herrſchen! Er verbiethet ein Mädchen ohne ſeine Einwilligung zu lieben. Ein kindiſches,

C 2   abge-

---

*) Eine Einrichtung, welche für die Kolonie die traurigſten Folgen haben muß, da Fehltritte der Art ſo ungewöhnlich am Cap nicht ſind. Klima und ſchlechte Erziehung mögen die Haupturſachen davon ſeyn. Sklavinnen, deren Zügelloſigkeit in der Liebe nur zu bekannt iſt, ſind, wo nicht die gewöhnlichen Erzieherinnen, doch wenigſtens Begleiterinnen der Mädchen. Ihnen und dem Mangel an Beſchäftigung, ſagt Kolbe, hat man es zuzuſchreiben, daß die jungen manubaren Dirnen dieſe oder jene verbothene Zeitverkürzung ſuchen und das Ehrenkränzlein in den Wind ſchlagen. Kolbe S. 713. L.

abgeschmaktes Verboth, die Natur selbst müßte sich verändern, wenn ihm sollte gehorcht werden! Die Waisenkammer ist, was die häusliche Disziplin betrifft, sehr gut eingerichtet. Die Kinder bekommen gesundes Essen und man sorgt für guten Religionsunterricht und Erlernung eines Handwerks, aber dennoch ist die Administration nicht ohne Mißbräuche. Erstens sollten die Administratoren aus den angesehnsten Bürgern gewählt werden. Oberaufsicht ist alles, was die Billigkeit dem Gouverneur verstattet; diese würde ihn berechtigen, von der Administration, von den Einnahmen und Ausgaben Berichte und Rechnungen einzufordern. Zweytens ist es ungerecht, daß ein Diener der Kompagnie Sekretair dieser Kammer ist. Das Wohl, die Güther der Waisen sind in solchen Händen immer mehreren Gefahren ausgesetzt, als wenn man sie Bürgern anvertraute. Ein Bürger würde offenbar mehr für das Wohl der Kinder seines Mitbürgers als ein Diener der Kompagnie, der gleichsam ein Fremder ist, besorgt seyn. Aber ein Gehalt von 40 Gulden monatlich und 5 Prozent von der ganzen Hinterlassenschaft der Eltern machen eine zu beträchtliche Summe, als daß man sie einem Bürger überlassen sollte. Der Gouverneur fand es für dienlicher, sie einem Sekretair zu geben, dessen ganzes Verdienst darin besteht, daß er sich vortreflich auf Rechnungen zu seinem Vortheil versteht. Die fünf Prozent machen ein Jahr ins andere gerechnet eine kleine Summe von 20 bis 25000 Gulden *). Ist es nicht ungerecht und grausam und unersättliche Gierigkeit, daß ein Sekretair berechtigt ist, sich so übertrieben auf Kosten der Waisen zubereichern! Und doch trieb man diese unmenschliche Ungerechtigkeit zu Kolbens Zeiten noch höher. Das Gemählde, welches Kolbe uns davon entwirft, ist schauderhaft. Drittens endlich ist es nicht seltener

Fall,

---

*) Vermuthlich eine o zu viel, die Summe ist alsdann noch groß genug, sollten auch alle übrige Diäten, die nach Hrn. Menzel sehr beträchtlich sind, mit dazu gerechnet seyn. L.

Fall, daß der Präsident von den Geldern, welche man aus
den Güthern der Eltern der Waisen gelöset hat, und die man
auf Zinsen zu sechs Prozent auszuleihen pflegt, beträchtliche
Summe aufnimmt um damit zu wuchern, ohne daß er einen
Groschen Interesse an die Waisenkammer bezahlt, ja so gar
ohne daß er den Mitgliedern der Kammer ein Wort davon
sagt. Ein offenbarer, abscheulicher Diebstahl! und doch
bleibt er, so himmelschreiend dies Verbrechen auch ist, wie tausend ähnliche, unbestraft! *)

Bey der Verwaltung der Sachen, welche den Mitgliedern der Kirchenkammer übergeben sind, findet man die
wenigsten Mißbräuche. Die Einkünfte der Kirche sind groß,
aber im Ganzen werden sie wohlverwaltet und das Wort Gottes
wird mit Würde und Wahrheit verkündigt **).

C 3   Der

---

*) Bey der Anwesenheit des Hrn. Mentzels am Cap drang
Hr. Dessin, der zum Director der Waysenkammer war ernannt worden, auf eine ordentliche Untersuchung und Uebergabe der Kasse, und die dazu verordnete Kommission fand einen Defekt von nicht weniger als 140,000 Gulden Capsch oder
46666⅔ Spec. Thaler. Man gab vor, der verstorbene Verwe-
ser habe es gestohlen, und nahm der hinterlassenen Wittwe desselben, ihre Kleider, die sie trug, abgerechnet, alles was sie
hatte im wörtlichsten Verstande. Ob der Mann wohl alles allein gestohlen haben mochte? Mentzel Th. 1. S. 59. in der
Vorrede. L.

**) Hr. Mentzel bestätigt dies gleichfals an mehreren Stel-
len, (S. 106. und 217) aber zu Kolbens Zeit war es leyder ganz
anders; da fand sich kein Schatten von Eifer, Wahrheit und Religion zu verbreiten. Statt daß die Prediger und Lehrer die
Jugend hätte unterrichten sollen, handelten sie wie Juden,
und die ganze Kolonie würde zu Kolbens Zeit längst verwildert
seyn, wenn nicht noch einige Konolisten Privatlehrer gehalten, und andere ihre Kinder nach Europa geschickt hätten.
Weder karge Besoldung der Kompagnie noch der Geltz der Eltern war Schuld daran, sondern die Gierigkeit und Faulheit
der

Der Bürgerrath. Gerade bey dieſem Kollegium fin,
det man der Mißbräuche unendlich viele und abſcheulich groſſe,
vorzüglich bey dem Bürgerrath am Cap. Es iſt ſchon oben be,
merkt, daß jedes Volk, das nicht Sklave iſt, ſeine Repräſen,
tanten haben muß, aber für die Koloniſten am Cap ſind kei,
Repräſentanten da. Alle Völker finden ſie in denjenigen,
welchen die Sorge, für das Wohl der Nation zu wachen, aufge,
tragen iſt. Man wählt ſie aus den reichſten und angeſehn,
ſten der Bürgerſchaft, und dieſe ernennen aus ihrem Mittel ei,
ne kleine Anzahl, welche entweder auf Zeitlebens oder auf eine
gewiſſe Zeit bey allen Angelegenheiten das Volk repräſentieren
müſſen, welche die Rechte und Privilegien des Bürgers be,
treffen. Daher alle Munizipal- Geſellſchaften der Städte, da,
her die Anſtellung der Häupter der Bürgerſchaft. Dieſe
Häupter bilden eine kleine Geſellſchaft, denen man die Polizey
und Verwaltung der Juſtiz anvertraut. Zwar hat die Ko,
lonie auch ihre Bürgermeiſter, aber es ſind Bürgermeiſter
ohne

der Lehrer ſelbſt, denn die Kompagnie giebt jedem Prediger,
außer 35 Realen monathlichen Koſtgeldes, Holz, Butter und
anderen Lebensmitteln, einen monatlich 1000 bis 1200 Gulden be,
tragenden Gehalt, und wie thätig die Lehrer von den Eltern unter,
ſtützt werden ſieht man daraus, daß ein Privatlehrer es monath,
lich bis auf 50 Thaler bringen kann. — Sonderbar iſt es übri,
gens, daß die Geiſtlichen am Kap, welche ſo wenig orthodox
in Anſehung der Zeit ſind, in welcher ein Kind nach ſeiner Ge,
burth getauft wird, und oft wegen eines Gaſtgebots die El,
tern nöthigen, ihre Kinder ungetauft meilenweit wieder mit zu,
rük zunehmen, die es noch jetzt dulden, daß viele Mitglieder ih,
rer Kirche weder durch ein öffentliches Glaubensbekenntniß noch
durch Kommunionen ſich als Mitglieder der Kirche bekennen,
in Anſehung der Gevattern ſo genau ſind. Ein Katholik wird
ohne alle Gnade abgewieſen und ein Lutheraner kann nur
mit aller Mühe durchſchlüpfen. Ein Beyſpiel der Intole,
ranz der reformirten Prediger führt auch Hr. Eſchels-Kroon
an S. Pol. Journal 2 B. 1783 S. 743. Kolbe Th. 3. B. 2
und 8. Mentzel Th. 1. S. 202. L.

ohne alle Macht, Männer, die von der Bürgerschaft nicht
gewählt sind, und mithin Männer, die man für nichts weniger als für Repräsentanten des Volks halten kann.

Die gefährlichste, am meisten zu fürchtende und gleichwohl gewöhnlichste Unterdrückung in allen politischen Regierungen besteht in der willkührlichen Bestimmung der Auflagen *).
Riebeck war von der Wahrheit dieses Satzes lebhaft überzeugt, und gab den Kolonisten, um den traurigen Folgen jenes
Satzes vorzubeugen, das unschätzbare Privilegium, daß man
sie in keinem Fall mit neuen Auflagen ohne die Einwilligung
der Bürgerräthe, die er zu Beschützern der Rechte und Privilegien der Kolonisten angestellt hatte, beschweren solle. Aber
wie hat man dies Privilegium geschändet! Simon van der
Stell machte, theils um den Einfluß und die Macht der Bürgerräthe des Hauptorts zu schwächen, theils um seiner Eitelkeit, als Gründer der Kolonie, die seinen Namen führt, ein
Opfer zu bringen, die Einrichtung, daß die neue Kolonie der
Jurisdiktion der Bürgerräthe entzogen und für sie ein besonde-
res Kollegium aufgerichtet wurde, deren Mitglieder Heemräthe genannt werden. Die Eitelkeit dieses Tyrannen fand
ihre Rechnung dabey und seine despotische Macht wuchs dadurch um vieles. Er theilte die Macht, um besser regieren
oder besser unterdrücken zu können. Divide & impera war
C 4
sein

---

*) Auch der Hr. Verfasser der Briefe eines reisenden Franzo-
sen hält Auflagen für das eigentliche Feld der Despotie. Der
Hr. Hofrath Schlözer bezweifelt diesen Satz und hält Justizdruck
und Denkdruck für härter, (Staatsanz. B. 4. S. 148) mich
deucht, den Hrn. Verfasser des Afrique holl. hätten schon die
von ihm angeführten Aeußerungen des Despotismus am Cap
von dieser Behauptung abhalten sollen. Sollte etwa diese so
sehr allgemeine aber gleichwohl höchst wahrscheinlich falsche
Meinung, daß Finanzdruk der schrecklichste sey, daher ent-
standen seyn, weil er allgem iner ist, selbst auch da oft gefühlt
wird, wo er würtlich nicht herrscht und weil er eben deswegen auch öfter beseufzt worden ist? L.

sein Wahlspruch. Ein Landbrost an die Spitze der Heenrä-
the gestellt ist die Maschine, vermittelst welcher der Gouverneur alles nach seinem Willen lenken kann.

In allen Staaten, in welchen die Menschen auch nur
noch einen Schatten von Freyheit haben, findet man öffentliche Gebäude für ihre Versammlungen bestimmt, wenigstens findet man einen dazu bestimmten Ort, und sollte es auch
nur ein Platz unter einem grossen Baume seyn. Am Cap
sucht man einen solchen Ort vergebens, denn das Rathhaus
ist nur Zierde der Stadt, die Bürgerschaft versammlet sich nie
daselbst, um dort zu deliberiren, sondern nur um daselbst
Wache zu halten. Die Bürgerräthe sind nur Phantome.
Der Rath am Cap besteht aus drey Dienern der Kompagnie,
Mitgliedern des Justizsenats, und dem Präsidenten, der stets
einer der ersten Agenten der Kompagnie ist, und dann aus drey
regierenden Bürgermeistern oder Bürgerräthen! Die einzige
Beschäftigung dieses Kollegii besteht in der Verfertigung einer
Liste von vier Bürgern, aus denen die drey Bürgermeister gewählt werden sollen. Die Wahl geschieht vom Staatsrathe,
und die alten Bürgerräthe sind dann ihr Fiat zu geben gezwungen. So verhält es sich mit den Bürgerräthen am Cap!
Und wer wird nun noch behaupten, daß die Bürger am Cap
in dem Besitz einer bürgerlichen und natürlichen Freyheit sind?

Kriegsrath. Auch hier findet man Mißbräuche,
welche für die Bürger und Kolonisten, welche die Bürgermiliz ausmachen, nachtheilig und entehrend sind.

Der erste Mißbrauch besteht darin, daß das Präsidium
in dem Kollegium am Cap stets der Kommandeur der Garnison der Vestung führt, der stets ein Mitglied des Staatsraths und mithin ein dem Gouvernement treu ergebener A-
gent ist. Diese Anordnung ist ein deutlicher Beweis von dem
beleidigenden Mißtrauen, welches das Gouvernement gegen
freye Bürger hegt, welche nur in Regimenter vertheilt sind,
um im Nothfall sich mit der schwachen Garnison der Vestung
zur Zurücktreibung eines Feindes zu vereinigen. Da das Gou-
ver-

vernement soviel Zutrauen in die Treue der Bürger und Kolonisten setzte, daß es ihnen sich zu bewaffnen und in den Waffen
zu üben erlaubte, so hätte es ihnen sein ganzes Zutrauen schenken und ihnen erlauben sollen, sich einen Chef aus ihrem Mittel zur Führung des Präsidiums im Kriegsrath zu wählen. Unglückliche Folgen hätte man aus einer solchen Einrichtung durchaus nicht zu befürchten gehabt; aber der Arm des Despoten
muß immer eine eiserne Ruthe führen und diese den Unterthanen
bey allen Gelegenheiten minder oder mehr fühlen lassen. Das
ist der einzige Grund von dem geringen Vertrauen des Gouvernements gegen eine Miliz, die allein fähig ist, das Vorgebürge gegen einen Feind zu schützen. In den andern Kolonien führt der Landdrost das Präsidium; eine noch schlimmere
Einrichtung, denn gewöhnlich bekleidet diese Würde eine nie-
trige elende Kreatur des Gouverneurs; — so wird oft ein ehe-
maliger Matrose, Soldat, ein Handwerker der Kompagnie,
oder ein Schreiber die Geissel der Kolonisten!

Der zweyte eben so schimpfliche Mißbrauch besteht darin, daß die bewafnete Bürgerschaft nicht das Recht hat, ihre
Offiziere zu wählen. Der Gouverneur ists, der sie wählt,
und seine Wahl trift keine andere als seine **Bürgerkreaturen**,
das heißt, solche, die in einer Ehe eines Dieners der Kompagnie mit einer Bürgerstochter erzeugt sind.

Ein dritter Mißbrauch ist, daß diese blos bürgerliche Miliz mit uneingeschränkter Gewalt und ohne alle Schonung kommandirt wird. Ist z. B. ein Soldat der Kompagnie entflo-
hen, so schickt man eine Anzahl von der Bürgermiliz hinter
ihm her, um ihn wieder zurück zu bringen. Das heißt doch
wahrhaftig den freyen Bürger erniedrigen! Der vierte Mißbrauch endlich ist von der Art, daß er auch die besten Unterthanen empören würde. Zeigt sich ein fremdes Schiff, das landen zu wollen Miene macht, so wird die Bürgermiliz verdoppelt,
und kommandirt, alle Bewegungen dieses Schiffes zu beobachten und alle verdächtige Kommunikation der Einwohner mit
demselben zu hintertreiben. Das Gouvernement fürchtet die

Kon-

Kontrebande mehr wie die Pest. — So bald man am Cap die Nachricht von einem Bruche zwischen den europäischen Mächten erhalten hat, so schickt der Gouverneur die strengsten Befehle an die Bürgermiliz aller Kolonien, sich mit ihren Waffen und ihrer Bagage nach den Cap zu verfügen, um dasselbe bey einem plötzlichen Ueberfall zu vertheidigen. Gleich nach dem Empfang dieses höchsten Befehls ist jeder, der zur Bürgermiliz gehört, verpflichtet, Frau und Kinder und Haus und alles zu verlassen und nach den Cap zueilen, wohin einige unter ihnen einen Weg von hundert Meilen machen müssen, und hier sind sie verpflichtet oft eine lange Zeit auf eigene Unkosten Dienste zu thun, unterdeß ihre Angelegenheiten zu Haus vernachlässigt werden, ihre Sklaven ihnen entlaufen und ihre Frauen und Kinder und ihre Früchte den Beleidigungen und Verheerungen der Hottentotten ausgesetzt sind. So werden also die unglücklichen Kolonisten gezwungen, ihr Eigenthum der Gefahr des Verlustes auszusetzen, um nur das Eigenthum der Kompagnie zu erhalten, ohne daß diese ihnen einen Groschen als Ersatz für die großen Kosten reicht, welche ihnen Reise, Pferde, Waffen u. s. w. verursachen. Wo ist der Despot, der von seinen Unterthanen Kriegsdienste fordert, ohne ihnen irgend eine Art von Sold zu geben? Wo ist der freye Bürger, der unter einem so unerträglichen Joche seufzt!

Aber was alle diese Mißbräuche in den Augen eines jeden vernünftigen Menschen, und eines jeden, der nur eine Idee von Freyheit hat, noch ungleich drückender machen muß, ist, daß die Miliz am Cap sich ihre Uniform, ihre Waffen und ihre Pferde, kurz alles, was man zum Dienste braucht, für eigenes Geld anschaffen muß, eine kleine Quantität Pulver, Feuersteine und Kugeln ausgenommen, welche die Kompagnie jährlich austheilt. Mit einem Wort, die Bürgermiliz am Cap genießt keinen Sold, sie erhält gar nichts von der Kompagnie; Patriotismus allein ist's, der sie bewaffnet und ins Feuer führt*).

Und

---

*) Jeder enrollierte Bürger muß bis zum 60sten Jahr dienen

Und sollte dieses so würdige Corps nicht auf alle mögliche Art vom Gouvernement begünstigt, geschmeichelt werden,
da sein Wohl, sein Glück und seine Sicherheit, einzig und allein von der Tapferkeit und Wachsamkeit desselben abhängt?
Was würde man mit der elenden Garnison der Vestung ausrichten, wenn sich ein Feind zeigte, sich derselben zu bemächtigen? Was würde die Garnison ausrichten, wenn die Bürgermiliz sich vereinigte, um sich an dem Gouvernement wegen der
unaufhörlichen Unterdrückungen, deren es sich gegen sie schuldig macht, zu rächen? Die sämmtliche Bürgermiliz, Kavalerie und Infanterie zusammen gerechnet, steigt auf 6000 Mann,
die alle vortreflich in den Waffen geübt sind, und im Nothfall könnte man sie, da fast jeder Bauer ein geübter Schütze
ist, bis auf 12 bis 14000 Mann vergrössern. Die Garnison
der Vestung besteht dagegen aus höchstens 500 Mann, die fast
alle europäische Landläufer und schlechte Unterthanen sind *).

Steu-

_____

nen, nur dann, oder auch wenn er zwey Söhne hat, welche
Bürger sind und unter der Bürgermiliz dienen, kann er seinen
Abschied erhalten. Die Bestrafungen der Bürgermiliz sind nach
Hrn. Mentzels Versicherung sehr gelinde, aber die Bestrafung
der Soldaten mehr als unmenschlich; der Soldat, der auf seinem Posten schlafend gefunden wird, woran in den mehresten
Fällen der äusserst entkräftende Südostwind schuld ist, wird mit
so harten und für seine Gesundheit so gefährlichen Strafen belegt, daß es wenigstens für alle die, welche keinen sehr starken Körperbau und gute Augen haben, grosse Wohlthat seyn
würde, sie geradeweges aufzuhängen. Mentzel Th. 1. S. 270.
475. 476. L.
  *) Hr. Mentzel giebt die Anzahl der würklichen Soldaten
auf 186 an, und Officiere, Unterofficiere u. s. w. mitgerechnet,
die ganze Garnison etwa auf 220 Mann. — Allerdings muß
das Gouvernement einen Angriff von der Bürgermiliz befürchten, und nur noch vor einigen Jahren kam es würklich zu einem
ähnlichen Auftritt. Die Bürgermiliz am Cap weigerte sich,
unbekannt aus welchem Grunde, gegen die Garnison Froua-

Steuert die Kompagnie nicht endlich einmal den Unterbrückun‚
gen, so ist diese ihre Besitzung der größten Gefahr ausgesetzt;
die Kolonisten werden sich entweder ihre Freyheit erfechten oder
sich dem Ersten, der ihnen aufstoßt, als ihrem Rächer, in die
Arme werfen; und Rächer werden sie schon finden; vielleicht
daß diese einst für sie wieder neue Tyrannen werden; genug wenn
sie sich nur an ihrem ersten Despoten gerochen haben.   Die
Ketten, welche der Sklave jetzt trägt, sind einziger Gegenstand,
der seiner ganzen Seele sich bemächtigt; er blickt nicht auf
die Zukunft hin, wenn er unter der Last seiner gegenwärtigen
Würde erliegt: er zerbricht die drückenden Ketten, wirft sie weit
von sich weg und fliehet, ohne daran zu denken, daß ein anderer eben so grausamer oder gar grausamerer Herr auf ihn lauert, der auf einige Augenblicke sein Beschützer, und dann ein
zweyter Henker für ihn werden könnte *).

Das

---

zu machen, darüber kam es zum Streit und endlich zum würk‑
lichen Gefecht, in welchem man mit Rockknöpfen, Geld und
dergleichen auf einander schoß.   Seit dem Vorfall sollen auch
beyde Corps niemals wieder zugleich exerciert worden seyn.
Die Fertigkeit der Bürgermiliz im Exerciren bestätigt auch Hr.
P. Sparrmann.   Jetzt wegen des Kriegs und der französischen
Besatzung ist die Anzahl der Kompagnie‑Soldaten ohngefähr
1000 Mann.   Eschels‑Kron im politischen Journal 2 B. 1783
S. 741. Mentzel Th. 1. 295. 296. Sparrmann S. 50. 51. L.

*) Fast möchte man glauben, daß die Kompagnie oder viel‑
mehr die Regierung am Cap lange schon den Verlust des Eta‑
blissements befürchtet habe.   Ich schliesse dies aus mehreren
Nachrichten und vorzüglich aus der grossen Aengstlichkeit mit
der man fremde am Cap gelandete Schiffe beobachtet.   Selbst
nicht einmal alle Kranke auf fremden Schiffen, wenn ihre
Zahl groß ist, werden an's Land gelassen.   Als Tachart auf
seiner zweyten Reise am Cap landete, fanden sich 300 Kran‑
ken auf der Flotte, welche der Gouverneur nicht eher ans Land
bringen ließ, bis sich 14 Jesuiten als Geissel gestellt hatten;
und dies geschah zu einer Zeit, wo Frankreich und Holland in
der besten Harmonie lebten. Tachart. Voyage II. L. II. p.
44. L.

Das ist die Idee, die man sich im allgemeinen vom Gouvernement am Vorgebürge der guten Hoffnung machen muß.
Jetzt wollen wir blos bey besonderen Fällen verweilen, und ein
kurzes Gemählde von der Behandlungsart zu entwerfen suchen,
welcher die Bürger und Kolonisten am Cap ausgesetzt sind.
Wir werden sehen, daß die Bürger wie die Kolonisten nicht
besser von einzelnen Agenten der Kompagnie, als vom ganzen
Corps der Regierung behandelt werden.   Raubgier und Gewaltthätigkeiten drücken und quälen die unglücklichen Bürger
und Kolonisten auf mehr als tausendfache Art.

Schon vor vier Jahren übergaben die Bürger und Kolonisten am Cap, da sie vergebens Genugthuung für das Unrecht,
das sie litten, beym Gouvernement in Afrika gesucht hatten, ihre gerechte Klagen den Direkteurs der Kompagnie in Europa.
Sie schickten viere aus ihrem Mittel nach Holland, und zwey
von diesen Repräsentanten sind noch daselbst, ohne etwas beträchtliches in ihren Angelegenheiten ausgerichtet zu haben, ob
sie gleich von der Bürgerschaft am Cap oder doch von einer so
ansehnlichen Menge Bürger, welche die Kommission unterschrieben hatten, bevollmächtiget waren, daß sie immer die
ganze Aufmerksamkeit der Kompagnie verdient hätten.   Zwar
erlaubt   die dem holländischen Gouvernement im allgemeinen natürliche Langsamkeit den Direkteurs der Kompagnie
keine schnelle Entscheidung, aber vier Jahre sind mehr als hinlänglich zur Entscheidung einer Sache, die durch jeden Aufschub leidet.   Aus Achtung für die Regierung und aus Schonung der Ehre der Kompagnie wollten die Deputierten anfangs
ihre Klage nicht bekannt machen, aber endlich glaubten sie,
durch mehr als einen Vorwand und durch die Länge der Zeit zurückgeschreckt und von Partheylichkeit überzeugt, ihre Klagen
der Welt bekannt machen zu müssen.   Sie verfertigten ein
Memorial und noch einen Anhang dazu und publicierten sie.
In beyden ist der Geist der Aufrichtigkeit und Rechtschaffenheit, der unterscheidende Charakter dieser Unglücklichen, unverkennbar.   Die Wahrheit zeigt sich in denselben ohne Schmuck

und

und ohne Zierde; man vermißt da ganz die Hand eines geschick-
ten und gefährlichen Sachwalters, der mehr zu blenden als zu
überzeugen sucht. Die Auseinandersetzung der Thatsachen könnte nicht künstloser, wie der Vortrag nicht bescheidener seyn. Dies
sind die Quellen, aus denen ich die für die Kolonisten so traurigen und für die Agenten der Kompagnie so schimpflichen
Wahrheiten zum Beweise meiner Behauptung geschöpft habe,
der Behauptung nehmlich, daß das Gouvernement der
Kolonie am Cap das nicht mehr ist, was es ursprünglich war, daß es durchaus tyrannisch geworden ist

    Die Klagen, welche die Bürger und Kolonisten am Cap
übergeben haben, theilen sich in Klagen gegen das gegenwärtige Gouvernement überhaupt, und gegen die ersten und angesehensten Agenten der Kompagnie insbesondre. Der Deut-
lichkeit wegen mache ich noch eine Unterabtheilung und theile
sie nach dieser in Klagen der Bürger der Capstadt und in Klagen der Kolonisten der verschiedenen Distrikte, diese wie jene
schreien über Ungerechtigkeiten, die jene wie diese nur allein erdulden, und über Gewaltthätigkeiten, welche beyde zugleich
drücken.

I.

Klagen der Bürger der Capstadt.

    Schon Nicolaus Verburg, der im Jahr 1676 von
der Kompagnie als bevollmächtigter Kommissair nach dem Cap
geschickt wurde, um die Mißbräuche abzustellen, welche sich in
die Regierung dieser Kolonie eingeschlichen hatten, konnte sich
nicht enthalten bey seiner Zurückkunft zu melden, daß die Kolonisten am Cap, die man doch für freye Lande er-
kannt hätte und noch erkenne, so eingeschränkt wären, daß man sie für nichts weniger als freye Leute halten könnte; das heißt mit andern Worten, daß sie
Sklaven wären. So war schon damals der klägliche Zustand dieser Kolonie nach der Versicherung eines Augenzeugen, aber diese Sklaverey ist nicht nur nicht gelinder geworden,
sondern bis zur ausschweifendsten Höhe empor gestiegen.

Wahr-

* Wahrhaftig die Bürger am Cap. beklagen sich mit Recht
über ein unerträgliches Joch, das man ihnen immer drückender zu machen eifrig bemüht ist.

Nicht alle Bürger der Capstadt sind Besitzer liegender
Gründe, nicht alle leben von Renten, ein grosser Theil von
ihnen sind Künstler, Handwerker und Krämer, also Leute,
die von ihrer Arbeit, ihrem Fleisse und ihrem Handel leben
müssen. Die Regierung hat ihnen aber dies unmöglich gemacht, indem sie ihre Konstitution und ihre Privilegien um-
gestürzt und vernichtet hat. Was der Gouverneur im Grossen thut, thun die Agenten im Kleinen. Riebeek hatte
allen Kolonisten erlaubt, sich mit europäischen Güthern sowohl
zum eigenen Gebrauch als auch wieder zum Verkauf oder
Vertausch an jeden ohne Unterschied zu versorgen. Eine
sehr billige Erlaubniß, deren Nichtverwilligung eine der schreiendsten Ungerechtigkeit der Regierung ist. Gerade dieser kleine Handel macht es dem geringern Bürger in allen Gesellschaften leicht und möglich, sich seinen Unterhalt zu erwerben, und vorzüglich ist dies der Fall bey den Stadtbewohnern vom zweyten
Range; gerade dieser kleine Handel ist es, welcher einer Stadt
Leben und blühenden Wohlstand gewährt; mit einem Wort es
ist unmöglich, daß eine Stadt ohne diesen Handel volkreich seyn
kann. Riebeek begnügte sich aber nicht blos diese Erlaubniß
gegeben zu haben, sondern er warf einen Blick in die Zukunft, und
da ihn dieser belehrte, wie bald und leicht die Diener und A-
genten der Kompagnie gerade wegen ihrer Stellen diese Erlaubniß ungültig machen und den Handel der Bürger an sich
reissen könnten, so glaubte er dieser drohenden Gefahr vorbeugen zu müssen, und verboth also allen Agenten, Dienern und
Anhängern der Kompagnie irgend eine Art von Handel zu treiben, wie er ihnen auch den Ankauf liegender Gründe und alle
Pachtungen untersagte. Nichts konnte billiger, nichts weiser
als dieses Verboth seyn; aber zum Unglück hielten gleich
die ersten Nachfolger Riebeeks nicht auf die Beobachtung desselben. Die beyden van der Stell begünstigten vielmehr
den unrechtmässigen Handel der Diener der Kompagnie und
				Adrian

Adrian van der Stell hemmte sogar den Handel der Bürger durch unübersteigbare Hindernisse. Auch waren die Folgen davon so drückend für die Bürger, daß die Kompagnie sich genöthiget sah, eine Verordnung zur Bändigung des Despoten am 30 October 1706 herausgegeben. Sie war Erneuerung des von Riebeek gegebenen und schon im Jahr 668 aufs neue von der Kompagnie eingeschärften Befehls in Betreff des Handels. Der 12 Artikel derselben ist sehr entscheidend "Es ist, — so lautet er — allen Dienern der Kompagnie, vom Ersten bis zum Untersten herab, verbothen, irgend eine Art von Handel mit Korn, Vieh oder Wein sowohl selbst zu treiben als auch durch andere besorgen zu lassen, sie sollen sich mit ihrem Gehalt begnügen und keine Eingriffe in die Privilegien der freyen Kolonisten wagen, denen der Handel einziges Mittel ihrer Erhaltung ist. Auch wurde dieses Handelsverboth im Jahr 1742 von der Kompagnie in den Verordnungen wiederholt, welche sie für alle ihre orientalischen Besitzungen entwarf Im zweyten und noch mehr im neunten Artikel wird abermals ausdrücklich gesagt, daß der Handel nur den freyen Bürgern erlaubt seyn solle; jeder Diener der Kompagnie soll sogar mit einem Eide versichern, daß er keinen Handel treiben, noch die Bürger in ihrem Handel beeinträchtigen wolle. Auch vom 26 April 1668 hat man eine Verordnung der Kompagnie welche den Agenten derselben allen Handel und jeden Besitz liegender Gründe untersagt.

Aber alle diese Verordnungen werden am Cap durchaus nicht mehr befolgt; die Agenten und Diener und Anhänger der Kompagnie haben jeden Zweig des Handels, der ihnen gefiel, an sich gerissen und es den Kolonisten unmöglich gemacht, mit Vortheil irgend einen Handel zu treiben. Eine noch neue und strenge Verordnung verbiethet den Bürgern sich fremden Schiffen zu nähern, unter dem Vorwande, daß man dadurch einem Alleinhandel zwischen den Bürgern und den fremden Schiffern

fern vorbeugen wolle. Auch für die Erlaubniß, sich den Schiffen der Kompagnie nähern zu dürfen, müssen die Bürger bezahlen, und dann lassen die Agenten durch sichere Leute alle
Waaren, die ihnen belieben, unter der Hand und auch öffentlich einkaufen, bringen diese in die Magazine der Kompagnie,
und zwingen dann die Bürger sie ihnen wieder zu einem mehr
als jüdisch hohen Preise abzukaufen.

Ein für die Bürger noch unendlich nachtheiliger Handel
der Agenten der Kompagnie besteht darin, daß sie oft in Verbindung einiger unpatriotischen Bürger öffentlich eine ansehnliche
Menge Getraide, Vieh, Wein, Gartengewächse und andere
Produkte einkaufen und den Schiffen der Kompagnie oder fremder Nationen überlassen, und dadurch die Bürger nöthigen,
ihre Produkte fast immer wieder nach Haus zurückzubringen,
denn wenn die Kolonisten mit ihren Produkten ankommen, so
sind die Schiffer schon lange mit allem nothwendigen versehen. Und was noch schreiendere Unterdrückung ist, man zwingt
die Bürger, denen doch allein zu handeln erlaubt ist, dem
Fiskal gewöhnlich fünf Prozent von dem aus ihren Produkten
gelösten Gelde zu bezahlen, ich sage gewöhnlich, denn der
Fiskal erhöht noch diese Abgabe, wenn es ihm beliebt.

Noch nicht genug, die Unterdrückung des Handels er-
streckt sich noch weiter herab. Der Oberaufseher über den Hafen und die Flüsse, unter dem Nahmen Geweldiger, dünkt
sich souverainer Besitzer der Gegenden zu seyn, über welche er
nur die Aufsicht führt, und erlaubt sich selbst die Leute, welche
die Waaren ans Land und vom Lande zu den Schiffen bringen,
und diejenigen, welche Branntwein und Brodt in den kleinsten
Quantitäten verkaufen, in Kontribution zu setzen. Jene müssen sich die Erlaubniß erkaufen ihre Barken des Nachts am Ufer
befestigen zu dürfen, und diese bezahlen die Freyheit einen Tisch und
Stuhl ans Ufer hersetzen zu dürfen. Auch soll jeder dieser armen
Leute noch jährlich dem Fiskal sechs Thaler bezahlen müssen! *)

Doch

*) Der Handel der Kolonie ist und war schon lange unwie-
ders

D

Doch um sich eine ganz richtige Idee von den Unterdrückungen, unter welchen die Bürger seufzen, zu bilden, darf
man

---

derſprechlich in dem traurigſten Verfall, der ſich nur denken
läßt. Gänzlicher Mangel an Fabriken und Manufakturen,
gänzliche Vernachläſſigung der Verbeſſerung und Benutzung
der Landesprodukte, gar zu weite Entfernung der mehrſten Koloniſten vom Hauptorte der Kolonie, höchſt gefährliche und
elende Wege und die unerſättliche Gierigkeit und Gewaltthätigkeiten der Agenten der Kompagnie ſind die vorzüglichſten Urſachen davon. Blos der vernachläſſigte Anbau und Bearbeitung des Hanfs, der vortreflich am Cap geräth und nur der
Pfeifen der Hottentotten wegen gebauet wird, gereicht zum uner-
ſätzlichen Schaden für die Kolonie und Kompagnie zugleich; und
was könnte nicht durch Verarbeitung der inländiſchen Wolle
gewonnen werden. Hr. Prof. Spartmann fand nur einen einzigen Koloniſten, der ſeine Frau und Sklavinnen aus Wolle Strüm-
pfe verfertigen gelehrt hatte, aber viele, ſelbſt begüterte Koloniſten fand er, die wie Bettler einhergingen und ihre Kinder gleich
den Hottentotten in Schaaffelle kleideten. Sehe die Kompagnie
und ihre Diener am Cap nicht blos auf ſich ſelbſt, kennten ſie
beſſer ihre wahren Vortheile, wüßten ſie, daß das Wohl des
Souverains mit dem Wohl der Unterthanen innig in einander
verſchlungen iſt, ſo würden ſie ſchon lange die gehörigen Einrichtungen, wenigſtens einige derſelben, in dieſer Rückſicht getroffen haben. Die Erdfnung der am Cap befindlichen Hafen würde allein ſchon den ganz erſtickten Handel in's Leben gerückt ruften
können, und die Kompagnie würde dann — um nur einen Vortheil
anzuführen — nicht mehr ſo viel Holz von Europa oder aus
Oſtindien nach dem Cap bringen, und die Koloniſten es nicht
mehr zu einem ſo ausſchweifend hohen Preiſe kaufen dürfen,
denn die Kolonie ſelbſt hat Holz genug; in ihrem Bezirk Sizi-
kama beſitzt ſie einen undurchbringlichen Wald, der noch gar
nicht genutzt iſt.

Man wird ſich nun ſchon leicht einen Begriff machen können,
bis zu welchem Verfall ein ſchon durch ſolche, ohne Mitwür-
kung

man nur einen Blick auf die verschiedenen Abgaben werfen, mit welchen man den Verkauf selbst der nothwendigsten Lebens-

D 2 mit-

---

tung des Souverains unübersteigbare, Hinderniße gehemmter Handel durch die Gewaltthätigkeiten herabgerückt seyn muß, welcher sich die Agenten der Kompagnie von jeder schuldig machten, und man wird nicht mehr die Behauptung eines neuern Reisebeschreibers zu übertrieben finden, daß das Etablissement am Cap nichts weiter als ein grosser sich selbst auszehrender Körper sey. Von den jetzigen Hinderniſſen, durch welche die Agenten der Kompagnie den Handel unterdrücken darf ich wohl keines mehr hinzu setzen; nur aus der ältern Geschichte dieser unglücklichen Kolonie erlaube man mir noch ein Beyspiel von der unmenschlichen, den Handel durchaus zerstöhrenden, Tyranney der Agenten anzuführen, ein Beyspiel, das ohnstreitig die Stelle von ein Dutzend andern ersetzen kann.

Gleich anfangs verboth die Kompagnie den Kolonisten allen Tausch und Handel mit den Hottentotten, erklärte ihn für ein Regale, und ließ ihn durch einen civilisierten Hottentotten treiben. Dieser handelte mit der größten Redlichkeit, wurde aber dafür bald das Opfer der Kabale und des schwärzesten Geizes des Gouverneurs Adrian van der Stell. Die Kompagnie setzte dennoch ihren Handel fort, aber mit so wenigem Vortheil, daß sie den dringenden Vorstellungen des Gouverneurs, den Handel mit den Hottentotten freyzugeben, endlich nachgab. Alle freye Bürger und Kolonisten erhielten nun die Erlaubniß mit den Hottentotten zu handeln. Das aber war ganz gegen die Absicht des van der Stell; er verschwieg die Erlaubniß und setzte den Handel mit den Hottentotten ihn Namen der Kompagnie noch ganzer sechs Monathe fort, bis die Kolonisten von der ihnen ertheilten Freyheit Nachricht erhielten und ihr Recht gültig zu machen suchten. Nun stieg die Wuth des Thrannen bis zu ihrem höchsten Gipfel. Er sandte ein Corps bewafneter Mörder und Strassenräuber in das Land der Hottentotten, welche die des Handels wegen dahin gekommenen Kolonisten angreifen, plündern und niederhauen mußten; selbst die Wohnungen der Kolonisten wurden angegriffe

mittel auf eine unrechtmäßige und empörende Art belegt hat. Jeder Bäcker ist verbunden, sich jährlich auf's neue die Erlaubniß Brodt verkaufen zu dürfen vom Gouvernement bestätigen oder erneuern zu lassen, wofür er nicht weniger als 26 Reichsthaler oder etwa 62 Gulden bezahlen muß, und mit dieser Summe hat er blos die Erlaubniß erkauft, an die Einwohner Brodt verkaufen zu dürfen; denn für die Erlaubniß den angekommenen Schiffen Getraide, Mehl und Bisquit liefern zu dürfen, muß er noch besonders dem Fiskal ganz wieder alles Recht eine gewisse Summe bezahlen. Eben so ist es den Fleischern untersagt weder an die Kolonisten, noch an die Schiffe der Kompagnie ein Pfund Fleisch zu verkaufen. Das Gouvernement ergrif zu dem Ende ein Mittel, das untrüglich war. Es gab nehmlich vier Fleischern auf eine gewisse Zeit das Recht zu schlachten und das Fleisch entweder an die Agenten oder an die Schiffe der Kompagnie zu liefern, und die Fleischer mußten sich dagegen verpflichten, das Pfund Fleisch, gleichviel Hammel oder Rindfleisch, für 10 Pfennige zu liefern. Nun aber bezahlen die fremden Schiffe das Pfund mit 2 Stüber also noch über ⅔ mehr, als das Gouvernement es einkauft, denn das Verhältniß ist wie 5 zu 16, und mithin müssen diese vier Fleischer den übrigen einen

---

griffen, rein ausgeplündert, und die Einwohner entweder zu fliehen genöthigt, oder auf die schrecklichste Art ermordet. — Blut, das noch um Rache schreiet! Kolbe S. 382—384 — Wenige aber vortrefliche, zum Theil oben schon mitgetheilte Bemerkungen über den Handel der Kolonie findet man beym Sparrmann S. 248—283. Einen neuen fürchterlichen Stoß hat der Handel erst ganz neuerlich durch die Einführung des Papiergeldes erhalten. „Obgleich die Afrikaner, sagt Hr. Eschels-Kroon, unter „der Bothmässigkeit der holländischen Flagge schon längst der „schwersten Lasten, und der strengsten Regierungsart gewohnt „sind so hat sie doch nichts so sehr angegriffen, als eben diese „Einführung des Papiers" S. Pol. Journal 2 Band 1783 S. 659 bis 661. **L.**

nen unerseßlichen Schaden verursachen. Wäre diese verwünsch-
te Einrichtung nicht, fände das Gegentheil statt, wie die Konstitution und die besondern Privilegien der Bürger es verlangen, so würde der Absaß des Fleisches noch unendlich grösser seyn
als er jeßt würklich ist. Aber der Gouverneur und der Erste
nach ihm fanden es so einträglicher und legten unter der Hand
den vier Fleischern die Bedingung auf, daß sie ihnen 16 Pfund
Fleisch für sechs Stüber liefern sollten; der Gouverneur allein
braucht jährlich 2000 Pfund. Es scheint daß dieser Mißbrauch nicht neu sey und daß die übrigen Mitglieder des Gouvernements treulich den Weg folgen, den sie ihre Oberen wan-
deln sehen. Schon 1706 erlaubten es sich die Agenten die
Fleischer zu unterdrücken. Der 14te Artikel der Verordnung
welche die Kompagnie am 30 October 1706 gab, lehrt es offenbar. Was das Schlachten — so lautet dieser Artikel
— und den Verkauf des Fleisches betrift, so ist allen
und jeden Kolonisten (die Diener der Kompagnie ausgenommen, wie bereits erwähnt ist) erlaubt zu schlachten und das Fleisch öffentlich, nur nicht an die Schiffe der Kompagnie, zu verkaufen.

Wann aber würde ich fertig werden, wenn ich alle ge-
waltsame Unterdrückungen, deren die Bürger am Cap zum
Raube werden, hier anführen wollte; nur noch ein einziges
Beyspiel davon erlaube man mir hinzuzusetzen, man wird dann
die niedrige Sklaverey der Bürgerschaft sich auf einmal dar-
stellen können. Im J. 1778 fiel es dem Gouverneur ein, eine
Reise durch die ganze afrikanische Kolonie zu unternehmen.
Ich will glauben, daß der edelste aller Beweggründe, Abstellung der Klagen und der eingeschlichenen Mißbräuche an Ort
und Stelle, den Gouverneur zu der Reise bewog; zwar hat man
von Verbesserungen durchaus nichts bemerkt, aber wo sind sie
auch gleich bemerkbar? Um nun auf dieser grossen Reise im
Glanze eines Vizekönigs zu erscheinen, verordnete der Gouverneur, daß ihn überall ein Detachement von der Bürgermiliz begleiten solle, und diese Bürger mußten sich mit der Eh-

D 3   re

re, als Leibwache. S. Erzellenz gedient zu haben, begnügen und die Reise auf ihre eigenen Kosten unternehmen. Mehr darf wohl nicht von dem Stolze und der niedrigen Kargheit des Gouverneurs und der Sklaverey der Bürger gesagt werden? Hätte der Gouverneur nicht, wenn er durchaus seinem Stolze ein würdiges Opfer bringen wollte, sich der Soldaten der Kompagnie bedienen sollen, welche zu Diensten der Art verpflichtet sind? warum zwingt er freye Bürger eine so lange, mühsame und kostbare Reise zu unternehmen? Ist es nicht ein Eingriff in die Rechte der Natur und der bürgerlichen Freyheit zugleich? Fast die nehmliche Gewaltthätigkeit erlaubte sich der Gouverneur in der Folge noch einmal. Er zwang einen Offizier und neun Gemeine von der stellenboschen Millz, ihn auf einer fast drey monathlichen Reise zu begleiten. Er versprach ihnen zwar eine Belohnung dafür, welche der Länge der Reise, den Mühseligkeiten und den Nachtheilen, welche ihnen die Reise und die Abwesenheit von Haus zuziehen möchte, angemessen seyn solle, aber am Ende erhielt jeder nicht mehr als dreyssig Thaler! Einer von den Begleitern verlohr auf dem Wege sein Pferd, das ihm ein Löwe zerriß und ihm drey und siebzig Thaler gekostet hatte. Man glaubt vielleicht der Gouverneur habe den Schaden ersetzt; nichts weniger, der Bürger war gezwungen, für eigenes Geld ein anderes Pferd für acht und funfzig Thaler zu kaufen, um S. Erzellenz weiter begleiten zu können; selbst erlaubte man ihm nicht einmal sich darüber zu beklagen. Der Landdrost von Stellenbosch hieß ihn schweigen und setzte in einem drohenden Tone hinzu, daß, wo in es ihm unbegreiflich sey, wie dreyssig Thaler eine hinlängliche Belohnung seyn könnten, er es ihm schon begreiflich machen wolle. Vergebens wird man in Europa Beyspiele der Art aufsuchen, selbst in der Türkey wird man nicht ganz dem ähnliche Auftritte finden! Kurz die jetzige Regierung am Cap ist völlig so unterdrückend und tyrannisch als unter dem beyden van der Stells, aber die Kompag-

pagnie hat jetzt noch mehr Urſach als damals dem Elend und
den Abſcheulichkeiten Einhalt zu thun.

II.

Klagen der Bürger, Koloniſten und Bewohner des Vorgebürgs der guten Hoffnung.

Welch ein weites Feld eröfnet ſich hier vor mir, welche
Leib und Seele zerſtöhrende Arbeit, wenn ich es ganz durchlau-
fen ſollte! Ich will nur einen kleinen Theil des Vorhangs aufheben, der vielleicht den Augen der Direkteurs, aber gewiß
nicht den Augen des Publikums, alle die Gräuel verbirgt,
welche den Koloniſten am Cap ſchon ſeit einem Jahrhundert ſo
laute Klagen auspreſſen. Zuerſt will ich ein kurzes aber rich-
tiges Verzeichniß von den Abgaben geben, zu deren Erlegung
die Koloniſten mit Genehmigung des Souverains verpflichtet
ſind, ſowohl um die Kompagnie für die von Zeit zu Zeit an-
gewandten Koſten ſchadlos zu halten, als auch für Erhaltung
des allgemeinen Wohls, für die Erhaltung der ganzen Kolonie und um die Kompagnie in den Stand zu ſetzen, einen mehr
allgemeinern Nutzen aus dieſem wichtigen Etabliſſement zu ziehen, und dann will ich ein Verzeichniß von den willkührlichen
und konſtitutionswidrigen Auflagen folgen laſſen, welche ihr
Daſeyn der Ungerechtigkeit, der Unordnung, dem Geitze, dem
Stolze und alle den Laſtern verdanken, die man gewöhnlich bey
ſolchen Dienern findet, welche zu weit von ihren Herren ent-
ernt ſind, als daß ſie ſtrenge Aufſicht und Einforderung ge-
nauer Rechenſchaft zu beſürchten hätten.

Verzeichniß der rechtmäſſigen Abgaben der Koloniſten.

Riebeek legte durchaus keine Abgaben auf die Lebensmittel, welche die Koloniſten einerndteten, denn ſie bedurften
noch ſelbſt einer Unterſtützung. Dasjenige, was ſie zur Un-

terhaltung der Diener der Kompagnie und zur Verproviantirung der Schiffe lieferten, wurde ihnen zu einem billigen Preiſe bezahlt. Hierin beſtand die einzige Abgabe, welche die Koloniſten anfangs zu geben verpflichtet waren Dies war auch das einzige Mittel, die Kolonie zu einem blühenden Wohlſtande zu erheben, und gerade dies Mittel war es, durch welches der Boden angebauet und das Land mit Ueberfluß geſegnet wurde. Aber es war dem ungeachtet nichts weniger als ungerecht, wenn man im ſpätern Jahren den Koloniſten einen Grundzins auflegte, welchen ſie jährlich der Kompagnie entrichten ſollten, die ſtets für ihren Schutz, ihr Wohl und ihre Vertheidigung ſorgen mußte; denn fand die Kompagnie ihren Vortheil dabey, im Beſitz des Caps zu ſeyn, ſelbſt ohne Hinſicht auf die Revenüen, ſo mußte es für die Koloniſten vortheilhaft ſeyn, unter einer Regierung zu leben, die, wenn ſie das wäre, was ſie ſeyn ſollte, vielleicht die beſte unter den Regierungen der Kolonien der andern europäiſchen Nationen ſeyn würde, und die ſo, wie ſie gegenwärtig würklich iſt, ohnſtreitig die ſchlechteſte unter allen iſt.

Abgaben
der Koloniſten, welche die Generalſtaaten verwilligt haben.

1) Der Zehente vom Waitzen, Gerſte, Rocken und allen Hülſenfrüchten. (Dieſe Abgabe iſt ausdrücklich von den Generalſtaaten beſtätigt, die folgenden ſind es wenigſtens ſtillſchweigend).

2) Akziſe von dem verpachteten Capwein. Sie beträgt jährlich   —   30,000 Gulden *

3) Akziſe von dem Branntwein   20,000   —

4)

---

*) Bringt nach Hrn. Menzels Angabe 70 000 Gulden, dafür aber können die Pächter den Wein mit hundert Prozent Gewinn verkaufen. Menzel a. a. O. Th. 1. S. 388. L.

4) Akzise von holländischen Getränken   1500   Gulden.

5) Akzise von dem Wein, der zuweilen fremden Schiffen geliefert werden darf —   20,000 —

6) Akzise von dem Capbier   —   4000 —

7) Besondere Akzise der Kolonie Stellenbosch   —   —   600 —

8) Besondere Akzise der Banfalls   1500 —

9) Wird von jedem nach dem Cap gebrachten Faß Wein 9 Gulden gegeben

10) Der 10te. 20te. und 40te Pfenning von Preise verkaufter liegender Gründe und Häuser.

11) Abgabe vom Stempelpapier *).

Die Summe dieser letztern Artikel läßt sich nicht genau bestimmen, aber man weiß, daß sie sehr beträchtlich ist.

Wer auch alle diese Abgaben aufgelegt haben mag, es sey der Souverain der Vereinigten sieben Provinzen oder die Kompagnie, so kann ich mich nicht enthalten zu bemerken, daß einige von ihnen zu hoch, und wieder andere durch die Art, wie sie gehoben werden, beschwerlich und drückend sind; doch möchte man dies noch übersehen, wenn nur die Agenten, wie ich unten zeigen werde, sie nicht noch drückender machten. Man erlaube mir nur einige kurze und allgemeine Bemerkungen über diese verschiedene Abgaben herzusetzen.

Meinen Ermessen nach ist die Art, wie die Kompagnie den Zehenten von allem Getraide hebt, im höchsten Grade drückend. Diesen muß sowohl der von der Capstadt entferntejte Kolonist, wie der, welcher ihr am nächsten wohnt, auf eigenem Wagen rein und trocken und ganz unentgeltlich in das Magazin der Kompagnie liefern. Man denke sich einen Ko-

lo-

---

*) Alle diese Abgaben betragen nach Hrn. Menzel ungleich mehr als hier angegeben ist. Die Abgabe vom Stempelpapier rechnet Hr. Menzel auf 4200 und den vierzigsten Pfenning auf 4000 Gulden. Menzel. a. a. O. Th. 1. S. 380—411. L.

loniſten, welcher aus der entfernteſten Gegend mit ſeinem Wagen ein Land durchziehen muß dem es durchaus an bequemen Land⸗ ſtraſſen fehlt, der eine Reiſe von ſechzig bis achtzig Meilen ma⸗ chen muß, eine Reiſe, während welcher er außer den Unan⸗ nehmlichkeiten der Jahrszeit faſt überall der Gefahr ausgeſetzt iſt, ſein Geſpann, ſeinen Wagen, und ſeine Geſundheit zu verliehren, und man entſcheide dann, ob die Koloniſten noch auf Freyheit Anſpruch machen können. Nein warhaftig der Kolo⸗ niſt, den eine ſolche Bürde drückt, iſt Sklave oder wenigſtens Vaſal des härteſten, unmenſchlichſten Herrn. Offenbar iſt es, daß die Abgabe des Zehenten, mit den Umſtänden verknüpft, in gewiſſer Rückſicht ungerecht iſt. Auch verlangt man von dem Koloniſten, daß er ſelbſt von dem Getraide, was er zur Ausſaat und zu ſeinem Unterhalt beſtimmt hat, den Zehenten entrichte; eine mehr als ungerechte Forderung, die aber, wie ſie es verdient, nicht befriedigt wird. Wahrhaftig es wäre nicht viel ungerechter, wenn die Kompagnie auch den zehnten Ochſen, Pflug und Sklaven verlangte, der zur Bearbeitung des Landes gebraucht wird. — Man höre nun weiter, wie man mit dem in der Capſtadt mit ſeinem Getraide angekommenen Koloniſten verfährt. Von zehen Säcken bezahlt die Kompag⸗ nie, indem ſie einen derſelben für den Zehenten abzieht, nur neune, und dieſe zu einem einmal beſtimmten Preiſe *). Nach geſchehener Lieferung erhält der Koloniſt eine Anweiſung an den Kaſſirer der Kompagnie und dieſer zieht ihm gleich ein

hal⸗

---

*) Der Hr. Verf. glaubt, daß nicht von den Getraide, was jeder zu ſeinem und ſeiner Familie Unterhalt gebraucht, ſon⸗ dern nur von dem, was die Koloniſten der Kompagnie verkau⸗ fen, der Zehente entrichtet würde, er irret aber aber darin of⸗ fenbar. Hr. Mentzel berechnet den Zehnten blos von dem Ge⸗ traide, das jährlich von den Koloniſten verzehrt wird, auf 17360 Mudden und damit ſtimmt auch Kolbe überein. Aber, daß die Koloniſten von ihrem zur Ausſaat beſtimmten Getrai⸗ de keinen Zehenten entrichten, ſagt auch Hr. Mentzel. Men⸗ tzel. Th. 1. S. 386. L.

halbes Prozent für die Mühe der Auszahlung ab. Offenbar eine zweyte drückende Ungerechtigkeit, oder iſt etwa ein Herr nicht verpflichtet, ſeinen Schatzmeiſter oder Kaſſirer ſelbſt zu beſolden? Auf die Art geſchieht es dann, daß der Koloniſt, je nachdem er nahe oder fern von der Capſtadt wohnt, oft nur weniges oft gar kein Geld nach Hauß zurückbringt. Seine Hinreiſe, ſein Aufenthalt in der Capſtadt und ſeine Rückreiſe koſten ihm ſehr viel; er muß ſich ſelbſt, ſeine Knechte und ſeine Pferde und Ochſen unterhalten und ſein Wagen, den er nicht unter 170 Rthlr. kaufen kann, leidet durch die rauhen Wege überdem noch beträchtlich *)

Was

---

*) Nichts ſcheint übertriebener als die Behauptung des Hrn. Verfaſſers, daß oft ein Koloniſt nach dem Verkauf ſeiner Produkte kein Geld nach Hauß zurück bringe; aber gleichwohl läßt ſich die Wahrheit dieſer Behauptung unwiderſprechlich darthun. Rechnet man zu einer Fuhr nach dem Cap drey Leute, und zwanzig Ochſen für den Wagen, und eine Zeit von einem Monath zur Reiſe, ſo koſtet es manchem Baueren jährlich 90 Tage Handdienſte und 600 Tage Spanndienſte, um mit einer einzigen Fuhr ſeine Waaren zum Verkauf nach der Stadt zu bringen. Selbſt die Frau macht häufig die Reiſe mit, oft aus Furcht vor den Anfällen der Hottentotten, oft um ihr Kind taufen zu laſſen. Rechnet man nur hiezu noch, daß die Koloniſten, wenn die Fuhren nach dem Cap entbehrlicher wären, auch viele Ochſen, die bloß zu dieſem Ende gehalten werden, entbehren und ſtatt ihrer mehr milchgebende Kühe halten könnten, dann die theuren Wagen, die koſtbaren Ausbeſſerungen derſelben und den theuren Aufenthalt in der Capſtadt, ſo iſt es wohl erwieſen genug, daß wenigſtens die entfernteren Koloniſten durch den Verkauf ihrer Produkte nicht nur wenig gewinnen, ſondern oft würklich verlieren. Hr. Mentzel giebt den Preis eines offenen capſchen Wagens, etwa wie unſere deutſchen Poſtwagen, auf 150 Thaler an, und Hr. Prof. Sparrmann auf 200 Thaler. Man ſehe Sparrmann a. a. O. S. 74. 114 und 245. Mentzel Th. I. S. 114. L.

Was die Akziſe betrift, ſo muß ich vorläufig erinnern, daß das Wort Akziſe hier nicht ganz paſſender Ausdruck iſt, aber die Sache bleibt die nehmliche. Die Kompagnie verpachtet alle Jahr an einen Generalpächter das Privilegium, den Capwein in kleinen Quantitäten zu verkaufen, ſo wie ſie an vier Partikulare das Privilegium verpachtet, alle oben genannten hitzigen Getränke im Kleinen zu verkaufen; und dieſes Privilegium iſt ausſchlieſſend für alle übrige Bürger und Koloniſten. Daß nun der Generalpächter und die vier andern Pächter den Preis der Getränke ſowohl für diejenigen, von welchen ſie dieſelben in groſſen Quantitäten kaufen, als auch für diejenigen, an welchen ſie dieſelben im Kleinen verkaufen, beſtimmen, das darf wohl nicht beſonders geſagt werden, und mithin entſteht daraus eine wahre und noch dazu auf gewiſſe Art eine willführlich beſtimmte Akziſe, welche ſowohl diejenigen, welche an die Pächter verkaufen, als auch diejenigen bezahlen müſſen, welche von den Pächtern kaufen. Die Pächter dürfen ſo wenig beym Einkauf als beym Verkauf Konkurrenz befürchten, und ſie thun daher alles, was ihnen beliebt; ſie beſtimmen nicht nur den Preis für Getränke beym Einkauf und Verkauf, ſondern ſie vermengen und verderben die Getränke ſo ſehr, als ihre Börſe es erfordert. Es iſt ſehr natürlich, daß ſie ungleich mehr wieder zu erhalten ſuchen als die Summe beträgt, welche ſie dem Gouvernement für ihr ausſchlieſſendes Privilegium bezahlen.

Wahr iſt's, die Koloniſten können ihre Weine auch an andere Partikulare verkaufen, aber unter einer Strafe von tauſend Gulden nicht anders, als in groſſen Quantitäten und nicht unter zwey Anker auf einmal. Auch iſt die Akziſe in dem Fall übertrieben hoch, von jedem Faß nehmlich muß alsdann die oben in dem Verzeichniß der Abgaben unter der Numer 9 angeführte Abgabe von neun Gulden bezahlt werden, und oft wird das Faß Wein nicht höher als zu zehen Thaler verkauft; alſo von zehen Thalern drey Thaler Abgaben. Man muß ſich hier aber gewöhnliche Weine denken, denn die beſ-

beffern Sorten derfelben find ungleich theurer; es ist blos von
den Weinen die Rede, welche die Kompagnie kauft und nach
Batavia schickt, um die Schiffe damit zu versorgen, und sie
auf andere Arten zu nutzen.

Eben so drückend ist die Abgabe des vierzigsten, zwanzigsten und vorzüglich des zehnten Pfennings von dem aus
verkauften Häusern und liegenden Gründen gelösten Gelde in
einem Lande, wo der Eigentümer die Landrente so mühsam er-
zwingen muß, wo die Handarbeiten so theuer sind *) und der
Preis der Geräthe und Sklaven so unglaublich hoch steigt.
Man darf hier durchaus die Bemerkung nicht übersehen, daß
außerordentlich ergiebige Erndten dem Kolonisten mehr schäd-
lich als nützlich sind, weil der Preis der Lebensmittel alsdann
beträchtlich sinkt, und weil dem Kolonisten, wenn er die Kompagnie befriedigt hat, die ihm sein Getraide stets zu einem sehr
mäßigen Preise abnimmt, der Ueberrest feines Getraides würklich beschwerlich ist, weil ein strenger Befehl ihm den Verkauf
desselben an Fremde unterfagt.

Endlich ist auch der Preis des Stempelpapiers zu sehr
übertrieben. Diese Abgabe ist eine der ergiebigsten Quellen für
die Regierung, denn selbst der unbedeutendste Vertrag muß
in Beyseyn einiger Notarien der Kompagnie auf Stempelpapier geschrieben werden **).

Aus alle dem wird nun, glaube ich, hinreichend erhel-
len, daß die verschiedenen oben genannten Abgaben, wenn sie
auch gleich der Souverain der Vereinigten Sieben Provinzen verwilligt hat, wenigstens durch die Art ihrer Erhebung
hart und drückend geworden sind.

Von

---

*) Ein Paar Schuh z. B. kostet 1 Dukaten; ein Paar Stie-
fel 2 Carolins; und ein Hemd zu machen 1 Thaler. Schlözer's
Staatsanz. H. 20. S. 495. L.
**) Diese harte Einrichtung fand schon zu Kolbens Zeit
Statt. L.

Von den unrechtmässigen Abgaben, welche die Kolonisten entrichten müssen.

Erpressungen und Grausamkeiten der Regierung im allgemeinen und der Agenten der Kompagnie, im einzelnen sind die Gegenstände dieses Abschnitts. Es darf wohl nicht erst gezeigt werden, wie nothwendig es sey, daß die Kompagnie von dem ungerechten Verfahren ihrer Diener unterrichtet werde, wenn sie noch nicht davon unterrichtet seyn sollte, und noch weniger darf man beweisen, daß der Souverain der Sieben Vereinigten Provinzen schlechterdings von dem wahren Zustande der Kolonisten am Cap benachrichtigt werden müsse, um entweder selbst die Unglücklichen zu retten, oder die Kompagnie zur Zerreissung der sklavischen Bänden zu zwingen, in welchen die Kolonisten nun schon so lang gefesselt liegen; auch dem Publikum kann es nicht gleichgültig seyn, von dem elenden Zustande der Kolonie unterrichtet zu werden; sollten die Kolonisten einmal sich selbst Gerechtigkeit verschaffen, so wird dann ein gerechtes Publikum sie wenigstens nicht für Rebellen erklären, wenn es weiß, daß die Kolonisten bis auf's äußerste von den Dienern der Kompagnie gereitzt wurden und nur in einem Aufstande das Mittel ihrer Errettung sahen.

Von Riebeek erhielten die Kolonisten ihre Ländereyen ohne die Verpflichtung einen jährlichen Grundzins davon zu entrichten, und jetzt hat das Gouvernement, außer dem vom Souverain bewilligten Zehnten, die Ländereyen der Kolonisten ganz zu Lehen gemacht und fodert von jedem bebauten Felde oder von jeder Wiese und Weide eine jährliche Abgabe von vier und zwanzig Thälern. Zuerst war diese gesetzwidrige Forderung nur halb so ungerecht, denn man verlangte nur zwölf Thaler, dann vier und zwanzig, und wahrlich erstaunen dürfte man nicht, wenn man nun bald 36 oder gar 48 Thaler forderte. Welche Ungerechtigkeit und welcher unverzeihliche Bruch des zwischen den Kolonisten und der Kompagnie errichteten Vertrags! —

Als

Als das Land einen gewiſſen Grad von Kultur erlangt hatte und man nun mit einiger Zuverläſſigkeit den Werth der Lebensmittel beſtimmen konnte, ſo beſtimmte man ihn, zu einem Preiſe, mit welchem die Kompagnie und die Koloniſten zufrieden ſeyn konnten. Der Werth eines Sacks Getraides wurde zu neun Gulden Capiſch-Geld *) und die Tonne von gewöhnlichem weiſſen Capwein zu 40 Thaler angeſchlagen, und ſo die übrigen Lebensmittel nach gleichem Verhältniß. Die Agenten der Kompagnie fanden aber bald die beſtimmten Preiſe zu hoch und beklagten ſich darüber, man ſetzte alſo den Preis eines Sacks Getraides auf Acht Gulden und die Tonne des genannten Weins auf 30 Thaler herab, und die Koloniſten begnügten ſich mit dieſer Herabſetzung um deſto mehr, als man ihnen verſprach, daß die Kompagnie ihnen alles Getraide, was ſie übrig hätten, zu dem Preiſe abnehmen wolle. Aber noch waren die Agenten nicht zu frieden, man brauchte und braucht noch andere Mittel und wußte es im Jahr 1757, da die Erndte ſehr ergiebig war, dahin zu bringen, daß die Koloniſten die Laſt Getraide für acht Thaler verkaufen mußten, und da die Laſt 10 Säcke hält, ſo bekamen die Koloniſten alſo für den Sack nicht einmahl 3 Gulden. Der Preis einer Tonne Wein fiel dann auch bis auf acht Thaler herab, und wenn man davon noch die neun Gulden Akziſe abrechnet, auch noch den Umſtand hinzunimmt, daß die Koloniſten alles frey bis ins Magazin liefern müſſen, ſo ſieht man handgreiflich, daß ihnen faſt nichts übrig bleibt, und daß die Koloniſten nur für die Kompagnie arbeiten.

Man begreift leicht, daß die Koloniſten murrten, aber man begreift auch, daß ſie Recht dazu hatten. Das Gouvernement gab ihnen ein Mittel den Ueberreſt ihrer Produkte los zu werden, aber ſelbſt dieſe Handlung der Gerechtigkeit diente nur zur Erzeugung der größten Ungerechtigkeit. Die Kom-

---

*) Der Gulden gilt am Cap nicht mehr als 16 holl. Stüber

Kompagnie verpflichtete ſich, den Koloniſten einige tauſend Laſten Getraide abzukaufen, um es nach Europa zu ſchicken, unter der Bedingung, daß die Koloniſten die Laſt für achtzehn Thaler geben ſollten, die Laſt Getraide aber, welche ſie, die Kompagnie, kaufen und nach Batavia ſchicken würde, ſollte mit vier und zwanzig Thalern verkauft werden.   Die erſte Frage, die jedem hier ganz natürlich einfallen muß, iſt ohnſtreitig, warum die Kompagnie nicht den Akkord halte den ihr Kommiſſair Imhof ſchloß, und warum ſie nicht mehr, wie ſie verſprach, alles Getraide kaufe, welches die Koloniſten entbehren können, und warum ſie einen Akkord mache, in welchem ſie den Preis der Laſt Getraides zum Nachtheil der Koloniſten herabſetzt? Eine zweyte Frage wäre die, aus was für Gründen die Kompagnie einen Unterſchied zwiſchen dem Preiſe des Getraides mache, das ſie nach Batavia, und dem Preiſe desjenigen, was ſie nach Europa ſchickt, da doch beydes in gleicher Qualität und Quantität geliefert und frey bis ins Magazin der Kompagnie gebracht werden muß?   Die Agenten der Kompagnie ſelbſt müßten uns dieſes Räthſel auflöſen, und ſie könnten es, wenn ſie nur wollten, aber ich zweifele ſehr, daß ſie es wollen werden.

Der ganz unverkennbare Grund, der die Kompagnie bewog, den Koloniſten jenes Mittel zu geben ihr Getraide loszuwerden, war 1), den Koloniſten es unmöglich zu machen, ihr Getraide den Ausländern zu einem hohen Preiſe zu verkaufen, und 2) um mehrere Zehnten von den Koloniſten zu bekommen, deren ſie nicht ſo viel erhalten würde, wenn das Getraide nicht verkauft würde und die Kompagnie nicht geruhete, alles Getraide ſelbſt einzukaufen; denn von allem Getraide, es mag nun nach Europa oder Batavia geſchift werden, bezahlt die Kompagnie nur von zehen Säcken einen einzigen. Ohnſtreitig eine ſchreiende Ungerechtigkeit — mehr darf wohl hierüber nicht geſagt werden.

Eben ſo ungerecht wie die Agenten beym Einkauf ſind, findet man ſie als Verkäufer.   Der Landmann muß alles,

was

was er zum Feldbau bedarf, in dem Magazin der Kompagnie
kaufen. Ehemals verkaufte man ihnen daselbst 500 Pfund
Eisen für fünf Thaler, jetzt müssen acht Thaler dafür bezahlt
werden; das Fuder Steinkohlen kostete ehemals 13, jetzt 18
Thaler; für das Hundert Faßdauben, welches man ehemals
mit achtzehen Thaler bezahlte, muß man jetzt 50 Thaler
bezahlen, und so ist alles, was der Landmann aus dem Magazin haben muß, in eben dem Verhältniß gestiegen. Es ist also
der Preis dessen, was die Kompagnie kauft, unglaublich gering,
und der Preis von dem, was sie verkauft, unglaublich hoch! Könnte das Monopol der Kompagnie drückender für den Kolonisten
seyn? Doch nein, es ist nicht die Kompagnie, welche das
Monopol treibt, sie verliehrt beträchtlich dabey; die Agenten
der Kompagnie am Cap sind es, welche dies Monopol treiben, und die Agenten allein sind es, welche sich auf Kosten
der Kolonisten und der Kompagnie zugleich bereichern. Man
überdenke nun, was der Landmann für sein Korn bekömmt, und
was ihm die grossen Unkosten betragen, die er durchaus zu
machen gezwungen ist; nur ein Sklave, der den Acker bestel-
len kann, kostet ihm wenigstens 300 Thaler *) und ein ge-
wöhnlicher Wagen mit allem, was dazu gehört, kömmt ihm
über anderthalb hundert Thaler zu stehen; und dann entscheide
man, ob die Kolonisten nicht Sklaven der Agenten sind. Nur
in Kriegszeiten verliehrt ihr unglüklicher Zustand etwas von seiner Härte; weil man sie alsdann schonen muß, so erlaubt man
ihnen, den auswärtigen Freunden des Gouvernements und
des Staats Lebensmittel zu verkaufen.

Die

*) Auch hier hat der Hr Verfasser nicht übertrieben; ein im
Lande gebohrner Sklav; vorzüglich ein Bastard, der ein zu-
verlässiger Fuhrmann ist und dem man die Aufsicht über die andern anvertrauen kann, und sonst treu und geschikt ist; wird mit
300 Thalern, und ein anderer nicht Eingebohrner und weniger
geschikter mit 100 bis 150 Thaler bezahlt. Sparrmann a. a:
O. S. 74. L:

E

Die traurigen Folgen von allen dieſen Unterdrückungen dürfen wohl nur berührt nicht aber umſtändlich auseinander geſetzt werden. Auch darf es wohl nicht erſt gezeigt werden, daß der Bürger in der Capſtadt wie der Koloniſt auf dem platten Lande unter einer Regierung leben, die von Tage zu Tage unerträglicher wird. Ein beträchtlicher Theil der Einwohner mußte das Land verlaſſen, weil es ihnen auch bey der angeſtrengteſten Arbeitſamkeit unmöglich war, ihren Unterhalt zu gewinnen, die geringe Anzahl der würklich bewohnten Häuſer am Cap lehrt dieſe traurige Wahrheit unwiederſprechlich; von einem andern Theil der Einwohner preßten ſich mehrere Familien in eine elende Hütte zuſammen und leben unter einem Dach in harter Armuth fort!

Wer wird noch wohl fragen, was jene vom Kap trieb und dieſe in ſo ein elendes Leben verſetzte? Was konnte anders die Folge ſeyn, da aller Handel mit Ausländern in dem ganzen Etabliſſement durchaus verbothen iſt, da man den kleinen inländiſchen Handel auf alle mögliche Art unterdrückt, und die Compagnie es für vortheilhaft fand, einigen wenigen Einwohnern, die ſie begünſtigte, ausſchlieſſende Privilegia zu ertheilen; dem größten Theil derjenigen Bürger und Koloniſten, welche blos von ihrer Induſtrie leben und keine Renten haben, mußten dadurch alle Quellen, die ihnen Unterhalt geben konten, verſtopft werden.

Der Generalpächter des Weins und der ſtarken Getränke erlaubt den Partikularen durchaus nicht, Schenken anzulegen und die Weine und ſtarken Getränke, welche ſie von jenem in kleinen Quantitäten gekauft haben, wieder zu verkaufen, wenn ſie nicht eine beträchtliche Abgabe entrichten wollen, welche dann den Preis der Getränke nothwendig ſehr erhöhen muß. Acht bis zehen Thaler müſſen in dem Falle für zwey Anker Wein bezahlt werden, wenn 16 Anker bey dem Winzer für 20 bis 24 Thaler gekauft werden.

Es iſt nicht einzig harte Bedingung, daß die wenigen von den Bürgern und Koloniſten, welche Geld nach Europa

ſchick-

ſchicken wollen, es in die Kaſſe der Kompagnie liefern und dafür
der Kompagnie 6¼ Procent und den Kaſſierer ¼ Prozent bezahlen
müſſen, ſondern die Kompagnie erlaubt ſich's ſo gar, die Summe, wenn ſie nur etwas beträchtlich iſt, in beliebigen Terminen zurückzubezahlen., zwar bezahlt ſie für die verzögerten Ter-
ne ein ſehr mäſſiges Intereſſe, aber iſt das Erſaß genug?

Die Bürger, welche für ihre eigenen Haushaltungen ein-
ſchlachten wollen, müſſen der Kompagnie als Salzzoll für jeden Hammel einen Stüber und für jedes Stück Rindvieh ſechs
Stüber bezahlen. Eine Abgabe, die freylich nur unbeträchtlich zu ſeyn ſcheint, aber gleichwohl ſehr beträchtlich iſt, weil
die Haushaltungen in dieſer Kolonie wegen der außerordentli-
chen Fruchtbarkeit der Weiber und wegen der Menge Skla-
ben, die man der Arbeit wegen halten muß, ſehr ſtark ſind
und mithin viel Fleiſch verbrauchen.

Im Jahr 1752 wurde durch eine aus Indien gekom-
mene Verordnung allen Einwohnern mit Gewalt gebothen,
unter Eidespflicht alle Güther, Häuſer, Meublen u. ſ. w. zu
ſchäßen, welche ihnen, ihren Frauen und Kindern gehörten, und
davon die in der Verordnung ſelbſt beſtimmte Abgabe des funf-
zigſten Pfennigs als ein Dongratuit zu entrichten.

Auch zu Fröhndienſten zwingt man die freyen Bürger
des Caps; ſo zwang man ſie unter andern einen Damm an der
Bay des Caps zur Sicherheit der Schiffe im Winter zu erbau-
en; entweder mußten die Bürger ihre Sklaven zu dieſer Arbeit ſchicken, oder dafür nach dem Verhältniß der Anzahl ihrer
Sklaven bezahlen. Ein Beweis, daß die Kompagnie alle
Freyheiten und Privilegien der Bürger umgeſtürzt hat, denn
der ausgezeichnetſte Charakter eines Vaſallen beſteht ohnſtreitig in der Verpflichtung, ſeinem Herrn Fröhndienſte zu leiſten.

Man glaube nicht, daß dieſer Damm einziges Werk ſolcher Dienſte ſey. Nichts weniger. Im Jahr 1762 zwang
man die Bürger gerade ſo zur Anlegung einer Esplanade blos
zum Divertiſſement der Hrn. Müſſiggänger der Kompagnie.

Im

Im Jahr 1774 wurde auf eben die Art ein neuer Weg
von der Veſtung bis zum Rondbosje oder eigentlicher vom
Schloſſe bis zu den artigen Luſthäuſern des Gouverneurs und
Untergouverneurs angelegt, welcher den Bürgern und Koloniſten nicht weniger als 60,000 Gulden koſtete.   Der Weg
wurde zum täglichen Gebrauch dieſer beyder Herren erbaut,
und zur Erhaltung deſſelben hat das Gouvernement die Abgabe von den Häuſern verdoppelt und wie es ſcheint auf immer.
So iſt die theure Freyheit, ſelbſt jede Spur, jeder Schatten
von der Freyheit, welche Riebeek der Kolonie verſicherte, ver-
ſchwunden!

Auch der Auktionator nimmt als Agent der Kompagnie
Theil am allgemeinen Raube; zwey und ein halbes Prozent von
allen verkauften liegenden Gründen, und fünf Prozent von allen
verkauften Meublen, werden ihm zuerkannt. ——

Außer dieſen Abgaben, Frohndienſten und Grundzins
ſind die Bürger noch beſondern Abgaben unterworfen, welche
die Bürgerräthe einheben, und die vorzüglich zur Erhaltung
der Kolonie, das heißt, zur Erhaltung und Anlegung der nothwendigen Brücken, öffentlichen Wegen, des Rathhauſes u. ſ. w.
verwandt werden.   Aber das ſind billige und gerechte Auflagen, nur über ungerechte und drückende Auflagen klagt man,
und dieſe machen auch jene drückend und hart.

Was die Koloniſten betrift, welche das Elend ihr kleines Etabliſſement zu verlaſſen gezwungen hat, ſo iſt ihr Zuſtand noch beklagenswürdiger.   Sie haben ſich weit vom Hauptort weg, auf ein gebürgiges Land begeben müſſen und ſich genöthiget geſehen, in dem elenden Geſchäft, Vieh zu hüten,
ihren Unterhalt zu ſuchen.   Da ihre Anzahl ſich durch ſchnelle
Vergrößerung der Familien oder durch die Hinzukunft anderer, eben ſo unglücklicher, Koloniſten vermehrte, ſo wurden
ſie gezwungen, ſich weit und breit zu zerſtreuen, denn alle Diſtrikte ſind nicht gleich gut zur Viehweide.   Nur das Geſchäft
einiger von ihnen beſteht im Seifemachen.   Aber dieſe aus
Noth ergriffene Lebensart hält ſie immer in drückender Armuth.
Der

Der Grund davon ist begreiflich. Haben diese Unglücklichen eine gewisse Quantität Butter und Seife vorräthig, so verlassen sie ihre Wüste und eilen nach dem Cap hin mit einer sehr mäßigen Ladung. Die Länge der Reise, welche etwa anderthalb Monathe Zeit erfordert, die Beschwerlichkeiten der Wege, und die schwere Passage der Flüsse, und die kleinen Wagen erlauben ihnen nicht mehr als höchstens tausend Pfund Butter und etwa fünfhundert Pfund Seife mit einer Fuhr nach dem Cap zu bringen. Zwey Reisen können höchstens des Jahrs unternommen werden. Sind sie nun glücklich am Cap angelangt und ist der Kauf geschlossen, so erhalten sie gewöhnlich hundert Thaler für ihre ganze Ladung. Von diesen hundert Thalern müssen sie der Kompagnie acht und vierzig Thaler für ihre beyden Weiden Miethe bezahlen, denn sie müssen deren zwey haben, eine für den Sommer und die andre für den Winter, wenn sie tausend Pfund Butter verkaufen wollen. Die zwey und funfzig Thaler, die ihnen übrig bleiben und die geringen Vortheile, welche ihnen ihr Vieh gewährt, müssen ihnen den Lebensunterhalt verschaffen. Dem größten Theil von ihnen fehlt es selbst an Brodt; Milch und Fleisch ist ihre einzige Nahrung, das wenige Getraide, welches sie erndten, müssen sie gegen das ihnen unentbehrliche Vieh austauschen. Es giebt unter diesen Landleuten einige, welche in einem so elenden Zustande leben, daß, da es gefährlich seyn würde, sich von einander in den Wüsten zu trennen, wo sie sich gegenwärtig gegen die wilden Thiere aller Art, und gegen die Hottentotten vertheidigen müssen, von denen sie geplündert und beraubt werden, mehreren Familie in eine Hütte zusammengepreßt leben müssen. Auch der größte Theil der jungen Leute, denen es an Mitteln sich zu etablieren fehlt, verheirathen sich nicht; einige von ihnen laufen zu den Hottentotten, ihren Nachbahren, befriedigen in den Armen der Hottentottischen Schönen den Trieb der Natur und erzeugen eine Generation, welche mit der Zeit schlimmer als die Hottentotten selbst werden wird. Diese Race, in deren Adern europäisches Blut, vermischt mit dem wilden Blute des Afrikaners, rollet,

E 3

und die in sich den Muth und die Ueberlegung des Europäers
mit der Wildheit und Zügellosigkeit des Hottentotten vereinigt,
wird mit der Zeit einem Volke furchtbar werden, das ihr ver-
haßt ist: sie wird es vergessen, daß die im Lande wohnenden
Europäer ihre Halbbrüder sind: der Theil des edlern Bluts,
das in den Adern dieser europäischen Hottentotten fließt,
wird nur die Hitze des andern Theils, der ganz hottentottisch
ist, noch mehr anfachen.   Wahrlich die Kompagnie hat alle
Gründe, ihre ganze Aufmerksamkeit auf diese Race zu richten, die einst alle die Ungerechtigkeiten rächen könnte, die man
an ihren Eltern, Europäern und Hottentotten, verübt hat.
Es bedarf hier nur eines Anführers, der Muth und Entschlos-
senheit genug besitzt; und wäre es ein Wunder, wenn dieses
vermischte Blut einst einen solchen Anführer aufstellte? Meiner
Meinung nach dürfte man mehr erstaunen, wenn es nicht ge-
schähe.   Ein solcher Anführer dürfte nur unter seiner Fahne
alle die verschiedenen Familien der Hottentotten versammlen,
welche man aus ihren fruchtbaren Ländern vertrieben hat, und
er könnte dann das ganze Land mit einem zahlreichen Volke über-
schwemmen, mit einem Volke, das brennende Rache und Liebe zum Raube gleich stark empören würde; er könnte mit leichter Mühe die Sklaven zur Empörung bringen, die nichts sehn-
licher wünschen, als das Joch ihrer Herren abzuwerfen; mit
einem Wort, er könnte alles, was er wollte.   Es ist wahr,
die Kolonisten würden vor ihnen den Vortheil der Feuerwaffen
voraushaben, aber sie würden doch endlich der grössern Zahl
unterliegen müssen; sie würden in die Schlingen fallen, welche
jene ihnen aufstellten, und dies würde desto unausbleiblicher Folge seyn, da die Wöhnungen in den Distrikten in einer Entfernung von einer biß zweyen Stunden stehen, und so würden die
Kolonisten einzeln niedergemetzelt werden können.   Es ist wenigstens gewiß, daß diese Race, wenn sie gleich die Kolonisten
nicht ganz aus dem Lande vertreiben kann, immer im Stande
seyn wird, ihre Plantasien zu zerstöhren, und würde eine solche
Zerstöhrung eine andere Folge als den gänzlichen Ruin der Ko-

lonis haben können? Ich glaube nicht, daß man mir hier mit
Recht den Vorwurf politiſcher Träumerey wird machen können;
doch jetzt wieder zurück zu den Koloniſten und zu ihrem Elende *).

Wenn einmal das Gouvernement beym Handel der Koloniſten mit fremden Schiffen die Augen zudrückt, welches in
Kriegszeiten vorzüglich der Fall zu ſeyn pflegt, ſo iſt der Koloniſt verpflichtet, für jedes Faß Wein, das er an Fremde verkauft, der Kompagnie drey Thaler und dem Generalpächter
fünf Thaler, alſo von einer einzigen Tonne Wein in allem
acht Thaler zu bezahlen. Eine Abgabe die in Zeiten, wo das
Gouvernement den Handel erlaubt, der Kompagnie oft 12000,
oft 25⅄00, oft gar 30,000 Gulden einträgt.   In Zeiten des
                        E 4   Kriegs

*) Ohne mich hier in eine Unterſuchung einzulaſſen, ob die
Behauptungen oder Vermuthungen des Hrn. Verfaſſers gegründet oder ungegründet ſind, ohne Beweiſe für oder wider ſeine Sätze anzuführen, glaube ich immer behaupten zu können,
daß wenigſtens ein wiederholter Aufſtand einer Menge verei-
nigter Hottentotten die ganze Kolonie, etwa den Capſchen Diſtrikt ausgenommen, bis an den Rand ihres gänzlichen Verfalls
bringen könne.   Man hat geglaubt, daß eine groſſe Vereinigung dieſes Volks, wo nicht unmöglich doch ſehr ſchwer zu bewürken ſey, allein noch in ganz neuern Zeiten hat man ein
Beyſpiel vom Gegentheil.   Ein Brief vom 12 Jul. 1783 enthält
die Nachricht, daß ſieben hundert Hottentotten tief aus dem
Lande nach dem Cap gekommen wären und ſich angebothen
hätten, die Küſten bey einem Anfalle von Feinden zu vertheidigen, wobey ſie zugleich verſichert haben ſollen, daß jeder
von ihnen, 4 Engländer auf ſich nehmen wolle.   Eine Hülfe,
ſetzt der Hr. Verfaſſer hinzu, die nicht zu verachten iſt, da die
Hottentotten die beſten Schützen von der Welt ſind.   (Das
Politiſche Journal 2 Band 1783 S. 1157.)   Und nach einer
andern Nachricht ſollen ſich noch vor kurzem ſo gar tauſend Hottentotten zur Vertheidigung der Küſten bey einem feindlichen Anfall erbothen haben.   M. ſ. Schlözers Staatsanz. B. V. H.
30, S. 494. L.

Kriegs iſt dieſe ſtarke Abgabe allerdings für den Koloniſten er-
träglicher, weil er dann mehr Abſatz hat und zu einem höhern
Preiſe verkauft, wie dies in dem gegenwärtigen Kriege würklich der Fall iſt, aber in Zeiten des Friedens iſt dieſe Abgabe
zu übertrieben hoch. Gleichwohl unterwerfen ſich die Koloniſten derſelben, weil die Kompagnie ihnen nur eine ſehr mäßige
Quantität Wein abnimt, und weil es immer für ſie vortheilhafter iſt, für ihren Wein nur etwas zu bekommen, als ihn
wegzuſchütten, wie ſie ſchon oft zu thun gezwungen worden
ſind.

Der Handel mit eßbaren Waaren iſt nicht, wie der Handel mit Wein, einer Generalpacht unterworfen. Nach dem
12ten Artikel der Verordnung vom 30 Oktober 1706 ſoll er ganz
frey ſeyn. Aber dieſer Verordnung und der Rechte der Koloniſten ungeachtet hat die Kompagnie es für vortheilhaft gehalten, ihn mit aller Strenge zu verbiethen. Dennoch wird dieſer Handel von Zeit zu Zeit und vorzüglich in Kriegszeiten getrieben, aber nicht — ohne einer Abgabe unterworfen zu ſeyn, durch
welche der Fiskal independant, vermöge ſeiner uneingeſchränk-
ten, oder wenigſtens vermöge ſeiner dem Gouverneur nicht unter-
worfenen Gewalt denſelben zu hemmen geruhet hat. Der Bürger oder Koloniſt am Cap, welcher dieſen ſeiner Natur nach ſehr
erlaubten, aber durch den Despotismus des Fiskals höchſt unerlaubt gewordenen, Handel treiben will, muß ſich an den Hrn.
Fiskal wenden, der ihm dann auch die Erlaubniß dazu herzlich
gern verwilligt, wenn er ihm nur für jedes 100 Pfund Mehl,
für jedes 100 Pfund Biskuit, für jedes 100 Pfund Speck, und
für jeden Sack Getraide, den er an auswärtige Schiffe verkauft,
einen Gulden capſch Geld bezahlt. Durch dieſe Einrichtung
und Herablaſſung des Hrn. Fiskals erhält dieſer Agent jährlich
eine ſo einträgliche als unrechtmäßige Revenüe denn es läßt ſich
leicht begreifen, daß der Hr. Fiskal in ſolchen und ähnlichen
Fällen die Erlaubniß nicht hartherzig verweigert. Auf die Art
wird von dieſem Mehl, dieſem Biscquit und dieſem Getraide,
von welchem der Zehente der Kompagnie nicht entrichtet wird,

den

derselbe dem Hrn. Fiskal independant zu Theil, und dieser ihm zu Theil gewordene Zehente ist beträchtlicher, als er seyn würde, wenn das Getraide in die Magazine der Kompagnie wäre geliefert worden, wie es nach dem Vertrag geschehen sollte, welchen die Kompagnie mit den Kolonisten geschlossen hat und nach welchem sie verpflichtet ist, den Kolonisten alles, was sie an Getraide entbehren können, abzukaufen.

Das Gouvernement entschuldigt sich im Namen der Kompagnie, daß diese Verpflichtung von ihr nicht gehalten werde, damit, daß man versichert, die Kompagnie würde durch den Ankauf alles Getraides, das der Kolonist entbehren könnte, mit Getraide überladen werden und nicht alles wieder absetzen können. Es liesse sich vieles über diese Entschuldigung sagen. Aber angenommen, sie sey gültig, wem muß man diesen Mangel des Absatzes, vorzüglich den des Weins, zuschreiben? Ohnstreitig der Kompagnie einzig und allein. Es ist wahr, zu Batavia ist man des capschen Weins überdrüssig geworden, weil der dahin gebrachte Wein oft verfälscht, oft verdorben und fast nie so war, wie er seyn sollte; die Kolonisten liefern der Kompagnie reinen und unverfälschten Wein, aber die Kommissairs bey den Magazinen der Kompagnie vermischen die Weine und lassen sie verderben. Es ist ein offenbarer Beweis der Güte und Vortreflichkeit der capschen Weine, daß die Ausländer, welche unmittelbar von den Kolonisten den Wein kaufen, keine Schwierigkeit machen, für das Faß Wein 60 bis 70 Thaler zu geben, für welches die Kompagnie nicht einmal halb so viel geben mag und würklich nur 27 Thaler giebt. Denn wenn gleich der Kolonist eine Quitung ausstellen und in dieser versichern muß, daß er 40 Thaler für das Faß Wein erhalten habe, so zieht die Kompagnie gleich ihre drey Thaler Abgaben davon ab, und der Gouverneur behält überdem noch zehen Thaler für sich zurück. Wären nun die capschen Weine ihrer Natur nach schlecht und verdürben sie leicht, so würden die Ausländer gewiß nicht so viel von denselben kaufen. Eben so verhält es sich mit dem Getraide. Man schüttet es haufenweis

E 5

in den Magazinen auf einander, und es iſt nichts natürlicher als
daß es dort verdirbt, weil man weder für friſche Luft ſorgt, noch
das Getraide gehörig umſchüttet.   Wenn die Kompagnie oder
eigentlicher ihre Diener bey ihren Magazinen mit thätigern Eifer für die Kornboden ſorgten, ſo würde das Korn daſelbſt ſich
lange genug erhalten — die Kompagnie würde ſtets einen ſi-
chern Abſatz finden und das Korn mit einem ſo beträchtlichen
Vortheil verkaufen können, daß es ihr immer möglich ſeyn würde, dem Koloniſten alles Getraide, was er entbehren könnte,
abzukaufen; und dieſer würde dadurch einen anſehnlichen Vortheil von ſeinen Ländereyen ziehen können.   Noch einen andern
groſſen Fehler begeht die Kompagnie dadurch, daß ſie ſich weigert dem Koloniſten ſein Getraide zu einer Zeit abzunehmen,
wo er es ihr am beſten liefern könnte, zu einer Zeit, wo die
Ochſen am beſten die beſchwerliche Reiſe aushalten könnten und
die Koloniſten ſie nicht zur Beſtellung ihrer Aecker gebrauchen.

Aller Konſtitution zuwieder, ſelbſt ganz gegen ihren Eid
reiſſen die Agenten der Kompagnie Ländereyen an ſich; machen
ſie urbar, legen Gärten an, und erbauen ſich Palläſte auf dieſen
geraubten Ländern.   Aber ſie entrichten weder die vier und
zwanzig Thaler, die man ungerechter Weiſe von jedem Felde der Koloniſten eintreibt, noch liefern ſie den Zehnten, welchen die GeneralStaaten auf alle liegende Gründe in der Kolonie ohne Unterſchied gelegt haben.   Die Sklaven der Agenten
bauen dieſe ſo genannten Landgüther, und ein Mann, auf den
man ſich verlaſſen kann, verkauft für Rechnung ſeines Herrn
die Produkte, die auf dieſen Güthern erzeugt werden. —

Der Kellermeiſter, den man den groſſen Kellerſchrei-
ber der Kompagnie nennen könnte, iſt ein Agent, der ganz
vortreflich ſeine Stelle auf Koſten der Weinbauer nutzt. Nachdem er bey jedem Weinbauer die Zeremonie, ihn zu fragen,
wie viel Wein er der Kompagnie liefern könne, geendigt hat,
begünſtigt er diejenigen, welche er begünſtigen will, und nimmt
von dem Einen eine ungleich gröſſere Quantität Wein als von
dem Andern, ſo daß oft derjenige, welcher die geringſte Quantität

tät liefert, die größte liefern konnte; aber dabey sagt er den
von ihm begünstigt.n Weinbauern auch, daß dies eine Gnade sey,
die sie ihm verdankten, und daß in diesem Fall alles auf ihn ankomme. Wahrlich) darinn hat der Mann Recht, und das ist
auch) gerade das Unglück! Auch begeht der Kellermeister die
schreiendsten Ungerechtigkeiten, ohne daß es dem, an welchem
sie verübt werden, möglich ist, Gerechtigkeit zu erhalten. Eine dieser Ungerechtigkeiten ist die, daß der Verkäufer des Weins
eine Quitung ausstellen und in derselben versichern muß, daß
er 40 Thaler für das Faß Wein und 60 Thaler für das Faß
Branntwein empfangen habe, da er für jenes doch nur 27
und für dieses nur 50 Thaler erhalten hat. Eine Ungerechtigkeit, an welcher der Gouverneur mehr Antheil hat als der Kellermeister, denn der Gouverneur zieht allen Vortheil davon.

Kostet das Faß Wein 40 Thaler, so kauft der Kellermeister eine größere Quantität von demselben, als wenn der
Wein im geringern Preise steht und der Ueberfluß die Kolonisten
zwingt, ihn unter 30 Thaler zu verkaufen, denn alsdann ist
sein Profit nicht so groß, wenn er dem Weinbauer 27 Thaler
für die Tonne bezahlen soll. Auch erklärt der Kellermeister
in diesem Fall, daß die Kompagnie für dies Jahr nicht viel
Wein gebrauche, und daß die Lieferungen desselben sehr mäßig
seyn würden. Uebrigens muß der Wein, welchen die Agenten der Kompagnie, den Hrn. Gouverneur nicht ausgenommen,
zu verkaufen haben, den Vorzug vor dem Wein der Kolonisten haben und zuerst eingekellert werden.

Der Kellermeister erlaubt sich noch eine andere Ungerechtigkeit, die nicht weniger kriminel und unterdrückend für die Kolonisten, und blos für ihn äußerst vortheilhaft ist. Wenn die
Weinlese ganz vorzüglich gut gewesen ist und die rothen Weine,
so wohl in Ansehung der Quantität als Qualität außerordentlich gut gerathen sind, so zwingt der Kellermeister die Lieferanten, ihm die besten rothen Weine, von welchen man gewöhnlich
den Fremden das Faß für 80 bis 90 Thaler verkauft, für den
Preis des weissen Weins, das heißt, das Faß für 27 Thaler

zu

zu überlaſſen. Die Lieferanten müſſen ruhig dieſe ungerechte
Forderung eingehen, denn weigerten ſie ſich, ſo würde man
ihnen erklären, daß man keine Lieferungen mehr verlange, und
dann würden ſie ihren Wein entweder ſelbſt trinken oder ihn
wegſchütten müſſen. Auch ſind die Lieferanten feſt überzeugt,
daß ſie dies Unglück alsdann treffen würde, denn auf den
Fall, daß die Lieferanten ſich weigerten, den Wein zu dem verlangten Preiſe zu liefern, würde man leicht ein Mittel finden,
ihnen den Verkauf ihres Weins an Fremde unmöglich zu machen. — Beweiſe die ſtark genug ſind, um jeden zu überzeugen, daß auch der Agent der Kompagnie, der das Amt eines
Kellermeiſters hat, drückende Ungerechtigkeiten, wie die übrigen begeht!

Der Depenſier der Kompagnie, oder der Agent, dem
vorzüglich die allgemeine Inſpektion über den Kornboden der
Kompagnie anvertrauet iſt, macht ſich eben ſolcher ſchreienden
und ungerechten Vergehungen ſchuldig. Der Weitzen, welchen die Koloniſten der Kompagnie theils für die Diener derſelben theils für die Garniſon und theils für auswärtige Ver-
ſenbung zu liefern verpflichtet ſind, muß von ihnen ins Magazin der Kompagnie geliefert werden, und der Preis der
Laſt, das iſt einer Quantität von zehen Säcken, von welchen
jeder Sack 160 Pfund wiegt, iſt auf 24 Thaler feſtgeſetzt. Dies
iſt der Preis, welchen die Koloniſten mit der Kompagnie oder-
eigentlicher mit dem Gouvernement am Cap eingegangen ſind.
Aber eigenmächtig hat dieſer Depenſier den Preis der Laſt auf
achtzehn Thaler herabgeſetzt und das Gewicht eines Sacks bis
auf 180 bis 190 Pfund erhöhet; und ſo erhält der Koloniſt für
die Laſt gerade die Hälfte des feſtgeſetzten Preiſes, zwölf Thaler ſtatt vier und zwanzig. Der zehente Sack, den der Koloniſt als den von den GeneralStaaten geforderten Zehenten der
Kompagnie unentgeltlich liefern muß, macht überdem noch
eine beträchtliche Veränderung des Ganzen. Alſo auch dieſer
Agent iſt ein Despot, ſo ſehr Despot, wie irgend ein anderer.
Wahrhaftig die erſten Bedienungen, welche die Kompagnie
oder

ober der Herr Gouverneur im Nahmen der Kompagnie vergiebt, müssen jedem, der Schurke genug ist, um sie ganz zu
nützen, die ergiebigsten Quellen eröfnen!

Wird man nun noch wohl die Frage aufwerfen können,
ob die Kompagnie besser von ihren Agenten bedient werde?
Träfen auch alle bereits angeführten Ungerechtigkeiten die Kolonisten allein, so würde man dennoch diese Frage, ohne
ungerecht zu seyn, im voraus zum Nachtheil der Agenten beantworten müssen, denn so leicht auch immer ein Diebstahl,
und so groß die Gewißheit, ungestraft zu bleiben, seyn mag, so
wird man sich doch selten zu Räubereyen und Grausamkeiten
zum Vortheil eines Dritten entschliessen können. Folgende
Beyspiele werden meine Behauptung noch mehr rechtfertigen.

Auch der Hr Depensier besitzt einen Garten und nutzt
ihn zum Nachtheil der Bürger auf mehr als eine Art, denn
er begnügt sich nicht damit nur Saamen zu verkaufen. Das
Wasser welches für die Bewässerung der Garten der Gärtner
am Cap bestimmt ist, muß zuerst durch den Garten des Depensier fliessen, und hier hält man es so lange auf, bis der Garten dieses Despoten hinlänglich bewässert ist. Den Gärtnern
ist der Gebrauch dieses öffentlichen Wassers nur drey Stunden
des Morgens, und drey Stunden des Abends erlaubt, die übrige Zeit hindurch ist das Wasser zum Dienst dessen, der durchaus kein Recht dazu hat, und dem der Gebrauch desselben, selbst
durch die Konstitution, untersagt ist, denn die Konstitution
erlaubt ihm schlechterdings nicht, Länderayen zu besitzen.

Es ist schon bemerkt worden, daß den Agenten der Kompagnie aller Handel so wohl im Grossen als Kleinen ausdrücklich verbothen ist und daß sie eidlich sich verpflichten müssen,
sich alles Handels zu enthalten. Man sehe nun hier einen Beweis von der Achtung, welche die Kolonisten gegen die, den
Handel betreffende, Befehle der Kompagnie zeigen; sehe, wie
dieselben von ihnen befolgt werden und mit welcher Treue sie
ihre förmlich geschwornen Eide halten.

Man

Man findet am Cap ein Handlungs Komptoir, **Cruy-wagen** und **Kompagnie** genannt. Was glaubt man, wer dieser **Cruywagen** ſey und wer ſeine Aſſociirte? **Cruy-wagen** iſt der Kaſſierer der Kompagnie, und ſeine Aſſociirte ſind der Poſtmeiſter *) der Bayſals, der Buchhalter des Magazins, und der Buchhalter bey der Kaſſe der Kompagnie, alle Agenten der Kompagnie. Und ihr Handel — ſollte man es glauben? — wird mit allen möglichen Kaufmannswaaren in Groſſen und Kleinen getrieben, und mit einem Vortheil ge-trieben, der wohl nicht zu hoch angerechnet iſt, wenn man ihn zu dreiſſig Prozent beſtimmt. Der Nachtheil, den der Han-del dieſer Geſellſchaft den Bürgern am Cap verurſacht, iſt vorzüglich für die drückend, welche im Kleinen handelten. Jetzt, da die Geſellſchaft ſich ganz in den Beſitz deſſelben ge-ſetzt hat, ſind dieſe an den Bettelſtab gebracht und leben blos von Allmoſen. Bedarf es hier noch eines Kommentars, um verſtanden zu werden? Der Herr Kaſſierer hat auch ein ſchö-nes Landgut etwa eine Stunde weit vom Cap, welches ſo viel Gemüſe hervorbringt, daß mehrere Bürgerfamilien damit verſehen werden können, auch werden die Schiffe auf der Rhede ſehr oft damit verſorgt.

H. J. de Wet, Buchhalter beym Magazin der Kom-pagnie und einer der Aſſociirten Cruywagens, begnügte ſich nicht einmal ſeine Verachtung gegen die Verordnungen in Be-treff des Handels durch eine öffentliche, des allen Angenten über-haupt verbothenen, Handels wegen errichtete Geſellſchaft zu erkennen zu geben, er trieb ſeine Verwegenheit in Betreff der weiſen, zu Gunſten der Koloniſten, gegebenen Verordnungen noch weiter, er wagte es, ſich noch eine beſondre Revenue durch einen allgemeinen Wucher und durch Aufopferung ſeiner Pflich-

ten

---

* Vermuthlich nur ein bloſſer Titel, würkliche Poſten exi-ſtiren meines Wiſſens nicht in der Kolonie und können auch bey der gegenwärtigen Verfaſſung würklich nicht exiſtieren. Eine Art von Erklärung dieſes Titels wird man gleich unten fin-den. L.

ten zu verschaffen; eine That, die so wohl wegen ihrer Natur als ihrer Publicität empörend ist. Alles, was die Bürger, Kolonisten und Einwohner von der Kompagnie kaufen
müssen, als Eisen, Steinkohlen und andere Artikel, welche
man anderswo nicht bekommen kann, werden ihnen von diesem treulosen Agenten zu einem willkührlichen und ausschweifend hohen Preise verkauft. Er fodert so viel als ihm beliebt, und was er fordert, ist man ihm zu geben gezwungen.
Er ist unverschämt genug, für eine elende Holzwanne zum Um-
schütten des Getraides eilf Schillinge zu fordern, und hundert
Pfunde Eisen gewöhnlich für acht Thaler zu verkaufen *).

Der Fiskal der Kolonie zu Swellendam ist Weinschenk, Ochsenhändler, Kolonist und Pflanzer, alles
zugleich. Weinschenk, weil er den Wein im Kleinen verkauft,
den er aus seinen Weinbergen bezieht; Ochsenhändler, weil
er der Kolonie vier Wiesen geraubt hat, wo er jährlich vier bis
fünfhundert Stück Rindvieh weiden läßt; Kolonist, weil er
sich Ländereyen zugeeignet hat; und Pflanzer, weil er eine ansehnliche Menge Weinstöcke hat.

Die

*) Selbst bis auf die Hottentotten erstrecken sich die Ty-
ranney und die Handlungsverbothe der Regierung. Eine besondere Verordnung verbiethet allen und jeden Hottentotten Pferde zu halten, und ein anderes Gesetz untersagt den Kolonisten
bey Ruthenstrafe und Brandmark von den Hottentotten Vieh
zu kaufen. Nur sind die Hottentotten, zum Glück für sie, nicht
oft mit den Agenten der Kompagnie zu handeln gezwungen.
Kömmt es einmal aber zum Handel mit ihnen, so müssen die Hottentotten oft den besten Ochsen für eine Flasche Branntwein, eine
bis 1½ Elle elenden Tabak und für einige messingerne Korallen,
die etwa 9 Mariengroschen an Werth betragen, wegschenken.
Die Ursach, daß der Hottentott mit einem so unbeträchtlichen
Preise zufrieden ist, besteht darin, daß die Bedienten der Regierung die einzigen Abnehmer sind, und es dem Hottentotten
sehr deutlich zu verstehen geben, daß dieser Handel eine Art
von Schatzung sey; — eine Schatzung, die, so ungerecht
sie auch ist, doch im Durchschnitt alle drey Jahr über die armen Hottentotten ergeht. Sparrmann a. a. D. S. 223. L.

Die Kompagnie hat für das Holz, aus welchem Geräthe
gemacht werden, und welches sie den Kolonisten und Bürgern
liefert, einen bestimmten Preis festgesetzt; auch hat man ver-
ordnet, daß derjenige, der solches Holz gebraucht, sich mit
einem Schein vom Gouverneur versehen muß, in welchem dem
Aufseher über das Magazin die Quantität und Qualität des
von dem Bürger oder Kolonisten geforderten Holzes angezeigt;
und ihm befohlen wird, es für den festgesetzten Preis verab-
folgen zu lassen. Eine höchst weise Verordnung, aber auch
wieder eine Verordnung, die ganz ohne allen Nutzen ist. Heut
zu Tage weigert sich der Gouverneur einen solchen Schein aus-
zustellen, entweder weil er seinen Sekretair nicht gar zu sehr
bemühen will, oder weil er vielleicht Theil an dem Monopol
hat, welches aus dieser Weigerung entsteht; denn der Aufseher
über das Magazin weiß von den festgesetzten Preisen kein Wort
mehr; er fordert was ihm einfällt, aber niemals weniger als
dreyßig Prozent über den Preis, welchen die Kompagnie festgesetzt hat.

Der Handel der Kolonisten und Bürger mit den Schiffen, welche an der Bayfals vor Anker liegen, ist durchaus
untersagt und unmöglich gemacht. Der Postmeister, welcher
daselbst residiert, einer der Assoziirten Cruywagens, kauft
oder tauscht den Schiffern alles ab und versorgt sie mit den
Waaren die sie bedürfen. Es gehen beständige Fuhren von
der Bayfals nach dem Cap und vom Cap nach der Bayfals,
durch welche die gekauften und verkauften Waaren auf den
Wägen mit den Ochsen und durch die Domestiken der Kompagnie weggebracht werden. Ein trefliches Mittel die Trans-
portkosten zu ersparen, und noch ein Gewinn mehr! wahrhaftig die Agenten verstehen sich ganz außerordentlich gut auf ihr
Metier.

Der Equipagenmeister der Kompagnie ist noch ein
andeter Agent, der sein Privatinteresse niemals vergißt, und
der an das Interesse der Kolonisten, der Bürger und der Kompagnie nicht weiter denkt, als wie er ihm Abbruch thun könne.
So

So bald ein Schiff am Cap seine Anker ausgeworfen hat, so läuft er mit einem Arzte zu demselben, um zu untersuchen, ob unter der Equipage auch irgend eine ansteckende Krankheit herrsche. Aber diese Visite, welche in weniger als einer halben Stunde geendiget werden könnte, währt ganzer drey Tage hindurch, und so lange ist es allen Einwohnern des Caps verbothen, sich dem neu angekommenen Schiffe zu nähern. Der Equipagenmeister, der sich nichts um alle ansteckende Krankheiten bekümmert, weiß diese drey Tage der Quarantaine herrlich zu nutzen. Er merkt sich alle Artikel, welche das neu angekommene Schiff zu verkaufen hat, und er kauft alles, was ihm ansteht, um mit dem Wiederverkauf dieser Waaren an jeden, der ihrer bedarf, einen sehr vortheilhaften Handel zu treiben; auch merkt er sich alle Artikel, an denen das Schiff Mangel hat, es mögen nun Erfrischungen, Capsche Kaufmannsgüter oder andre Provisionen seyn, und ehe er das Schiff verläßt, hat er schon den Kauf geschlossen und die Quantität und Qualität der Lieferungen pünktlichst bestimmt. Das alles heißt nun mit andern Worten; der Equipagenmeister hat in diesen drey Tagen den Handel der Bürger und der Kolonisten mit diesem Schiffe völlig ruiniert. Man glaube ja nicht, daß der Mann im Namen der Kompagnie gehandelt habe; zwar sind alle Barken und Chaloupen, jeder Kahn und jedes Fahrzeug, welches die Kompagnie für das Ausladen und Beladen der Schiffe hält, in voller Bewegung, geführt von den Matrosen der Schiffe der Kompagnie, um Waaren aus dem Schiffe an das Land, und vom Lande nach dem Schiffe hin zu führen, aber alle diese Güther kauft und verkauft der Equipagenmeister — für eigene Rechnung.

Dieser Agent ist ein Associirter von J. A. de Febre, der, ob er gleich die Würde einer Magistratsperson am Cap und mithin das rühmliche Amt eines Beschützers und Vertheidigers der Privilegien der Bürger bekleidet, dennoch der Unterdrücker der Bürger geworden ist, indem er es gewagt hat, unter seinem Namen ein Komptoir zur Treibung eines Mono-

F   pols

pols und eines gemeinſchaftlichen Wuchers mit den Agenten
der Kompagnie zu errichten. Es ſchien ihm viel zu vortheilhaft zu ſeyn, den erſten Sitz in ſeinem Komptoir zu haben
und dort zu präſidieren und mit ſouverainer Gewalt zu entſcheiden, als daß er es noch für rühmlich hätte halten können, zuweilen in den verſchiedenen Tribunalen am Cap ſeinen Sitz
mit den Bürgerrathen wahrzunehmen. Es ſind die Magazine
dieſes le Febre, in welchen alle die von dem Equipagenmei-
ſter gekauften Güther niedergelegt werden; es ſind dieſe Magazine, in welchen die armen Bürger kaufen und in welchen
ſie die Waaren, welche ſie nicht entbehren und an keinem andern Orte erhalten können, zu einem unerhört hohen Preiſe
bezahlen müſſen. Der Equipagemeiſter begnügt ſich nicht,
einen unerlaubten und den Bürgern höchſt nachtheiligen Handel zu treiben, er treibt ſo gar noch einen andern, welcher der
Kompagnie im höchſten Grade nachtheilig iſt, und den er
nicht würde treiben können, wenn die Kompagnie ſich mehr
um ſeine Handlungen bekümmerte und ſolche Einrichtungen
träfe, durch welche ſie der Treuloſigkeit der Agenten, von welchen ſie ohne Schonung beſtohlen wird, einen Damm ſetzen
könnte. Iſt ein Schiff der Kompagnie verurtheilt (condamné),
oder leidet es Schiffbruch auf den Küſten des Caps, ſo konfisziert der Equipagemeiſter die Trümmer und die Schiffs-
rüſtung zu ſeinem Vortheil. Dieſe Akzidentien ſetzen ihn
in den Stand, ein Magazin von Brettern, Balken, See-
geln, Schiffſeilen, Theer u ſ. w. zu unterhalten.

Es giebt am Cap Salzpfannen, *) welche ehemals,
wie ſie es auch ſeyn ſollten, dem öffentlichen Gebrauch überlaſſen wurden, das heißt, jeder Koloniſt, Einwohner und Bürger des Caps konnte, — und konnte es von Rechtswegen —,
ſich mit einer ſo groſſen Quantität Salz verſorgen, als es ihm
be-

---

*) Salzpfannen nennt man diejenigen Stellen in der Ko-
lonie, wo ſich Küchenſalz in Menge erzeugt. Sparrmann a.
a. D. S. 341. L.

beliebte, er mochte es nun selbst verbrauchen, oder es des Vor-
theils wegen wieder an andere verkaufen. Der Hausho-
meister des Hrn Gouverneurs hat sich aber in dem Besitz dieser Salzgruben gesetzt und behauptet, unbekannt aus welchem
Grunde, der Eigenthümer derselben oder wenigstens der oberste
Direkteur über dieselben zu seyn; und seitdem er diese lächerliche Behauptung aufgestellt hat, ist es weder den Bürgern,
noch den Kolonisten, noch den Einwohnern des Caps erlaubt,
sich mit einer grössern Quantität Salz, als sie selbst gebrauchen, zu versehen. Jeder Hausvater ist nun verpflichtet, schriftlich zu bestimmen, wie viel Salz er jedes Jahr für seine Haus-
haltung braucht, und man sorgt dafür, daß er nicht mehr
Salz nimmt, als er selbst und seine Familie verbrauchen kann,
und nachdem er diese Quantität erhalten hat, ist es ihm durchaus verbothen, sich den Gruben zu nähern. Der Hr. Haus-
hofmeister des Hrn Gouverneurs hat sich das ausschliessende
Recht vorbehalten, alle diejenigen mit Salz gegen baare Bezahlung zu versorgen, die dessen bedürfen. Wenn man die
grosse Quantität von eingesalzenen Fleische erwägt, welches
man braucht, um die Schiffe der Kompagnie und die auswärtigen Schiffe zu verproviantieren, die am Cap landen, um
dort frische Lebensmittel einzunehmen, und wenn man dazu
noch das Salz hinzurechnet, welches alle diese Schiffe einnehmen müssen, um auf der langen Reise keinen Salzmangel zu
leiden, so wird man sich einer Seits nicht nur leicht überzeugen
können, daß viele Bürger aus dem Mittelstande am Cap
sehr anständig vom Salzhandel leben könnten, wenn sie noch
in dem Besitz ihrer alten Rechte wären, sondern man wird
auch anderer Seits die Grösse der Revenüen bestimmen können, welche der Hr Hofmeister aus den Salzgruben zieht, auf
die er durchaus gar keine Ansprüche und kein Recht hat *).

F 2　　　　　Fast

---

*) Noch ärger macht es der Hr. Gouverneur mit den Austern
die am Cap an mehreren Orten und vorzüglich an der Fischhoek
auf

Faſt möchte man glauben, daß es Wolluſt für die Kom‐
pagnie ſey, die Koloniſten im Elend ſchmachten zu ſehen, we‐
nigſtens hat ein vernünftiger Menſch alle Mühe, den End‐
zweck ihrer grauſamen Politik zu erforſchen. Dennoch iſt es
unſtreitig gewiß, daß die Kompagnie förmliche Befehle an
den Gonverneur und den Fiskal independant ſchickt, die
Bürger zu einem ſo kargen und elenden Zuſtand herabzudrü‐
cken, daß ſie mit allem Recht laut murren *). Nur nicht
alle Gouverneurs haben die nehmliche Freimüthigkeit und das
ſtarke

---

auf denen unter Waſſer liegenden Felſenbänken gefangen wer‐
den. Ereignet ſich alle Auſtern zu, und um den Schein der Un‐
gerechtigkeit zu vermeiden, giebt er vor, daß die Auſtern am
Cap Verlen enthielten, welche der Kompagnie als ein Regale
gehörten, die aber außer dem Gouverneur noch keiner darin
hat finden können. Menkel Th. 1 S. 110 und 111. L.

*) Eine ſchreckliche Beſchuldigung, und doch, ſo ſchrecklich ſie
iſt, wer kann ſie gleichwohl in dem Munde eines Tolbaks
verdächtig, übertrieben finden? Beſchuldigt man doch gar die
Kompagnie, daß ſie zu dem bekannten, ſie und ihre Diener
auf ewig entehrenden, abſcheulichen Vorfall zu Amboina den
Plan entworfen, oder wenigſtens einen zu dem Ende entwor‐
fenen Plan gebilligt habe. Und geſetzt auch dies wäre unge‐
gründeter Vorwurf, ſo iſt es doch gewiß, daß die Kompa‐
gnie das zu Amboina unſchuldig vergoſſene Blut ungerochen
und den mehr als unmenſchlichen Blutdurſt ihrer Wüteriche
unbeſtraft ließ, und eine Handlungsgeſellſchaft, die nicht nur
den Grundſatz der äußerſten Strenge in ihr ganzes Regierungs‐
ſyſtem verwebt hat, ſondern die ſolche Abſcheulichkeiten, weil
ſie glückliche Folgen für ſie hatten, denn ſie bekam dadurch
den Gewürzhandel ungetheilt, unbeſtraft laſſen kann, was iſt
die nicht des Gewinnſtes wegen zu thun fähig! M. ſ. Gegen‐
wärtiger Zuſtand der Beſitzungen der Holländer in Oſtindien
aus dem Franzöſiſchen mit einer Einleitung und Anmerkungen
vom Ueberſetzer. Nürnberg 1781. S. 31‐49. wo dieſer ſchreckli‐
che Auftritt umſtändlicher und zwar aus Engliſchen Berichten
beſchrieben wird, als ich ihn in irgend einem deutſchen Wer‐
ke erzählt gefunden habe. L.

ſtarke Gefühl der Rechte der Menſchheit, welche das Herz des
Herrn Tolbak veredelten; —nicht die nehmliche Freymüthigkeit,
mit welcher er den Koloniſten geſtand, daß wenn ſie unter-
drükt würden, die Schuld nicht ihm beygemeſſen werden könne,
ſondern daß dies Schuld der Kompagnie ſey, deren ausdrückli-
chen Befehlen er zu gehorchen verpflichtet ſey, — nicht das
nehmliche ſtarke Gefühl der Rechte der Menſchheit als Tolbak, um ſich ſolchen Befehlen der Kompagnie zu widerſetzen,
deren Befolgung die Koloniſten und Bürger bis auf's äußer-
ſte gebracht haben würde *).

Schwerlich würde man meine ſo eben aufgeſtellte Behauptung für übertrieben halten, wenn ich hier das ſchreckliche
Verzeichniß der Gewaltthätigkeiten, denen die Koloniſten unterworfen ſind, endigte; aber um jedem Vorwurf, übertrieben zu haben, auszuweichen, erlaube man mir, nur noch einige Fakta aus der neueſten Geſchichte des Despotismus am
Cap aufzuſtellen, dieſes ſchreklichen Despotismus, dem nichts
heilig iſt, der alles verſchlingt, alles ohne Unterſchied nieder-
drückt, dem die Güther, die Freyheit und das Leben der Bürger und Koloniſten zum unaufhörlichen Raube werden.

Es iſt natürlich, daß der Bürger, welcher die öffentliche Ruhe ſtöhrt, oder ſeinen Souverain vorſätzlich betrügt,

F 3   be-

*) Tolbak war ohnſtreitig einer der edelſten Menſchen und
einer der beſten Gouverneurs, die jemals am Cap regiert haben. Ein treffendes Gemählde ſeines Charakters hat der Hr.
Abt Raynal entworfen, und einen Beytrag dazu liefert unſer
Hr Verfaſſer S. 159—161. Aber Tolbaks Regierung war
nur Unterbrechung des Sturms, ſeine wohlthätige Hand
konnte nur die Wunden heilen, aber nicht verhindern, daß die
ihm folgenden Wüteriche ſie wieder aufriſſen: er ſelbſt ſah dies
vorher und verkündigte es ſeinen Freunden auf dem Sterbe-
bette, mes amis, mes enfans, ſprach er, il n' eſt pas encore tems de pleurer; vous n' en aurez que trop le ſujet,
trois ou quatre ans après que je ne ſerai plus. — Hiſt.
phil. & politique du Com. &c T. I. p. 202. L.

beſtraft wird; aber Ordnung, Gerechtigkeit und Sicherheit
des Bürgers verlangen auch), daß die Strafen der Verbrecher nicht willkührlich ſind, und doch iſt auch dies letztere das
Loos der Koloniſten am Cap; ſie ſind ganz der Gnade des Fiskals, der Geiſſel der Koloniſten, überlaſſen, wie folgende Beyſpiele mehr als hinreichend lehren werden *).

Ein

---

*) Nichts kann für den Koloniſten und Bürger am Cap ſchreck-
licher und von traurigern Folgen ſeyn, als daß für Uebertreter der Geſetze keine beſtimmte Strafen feſtgeſetzt ſind; ihre Beſtimmung iſt ganz der Willkühr der Agenten der Kompagnie ü-
berlaſſen, und wie unerhört hart die Strafen dieſer ſind, davon wird man unten einige Beyſpiele finden, auf welche, wie
auf die übrigen Beweiſe des fürchterlichen Despotismus am
Cap, ich hier nur vorbereiten will. Der Anblick der
Galgen, gräßlichen Räder und Pfäle, welche die Capſtadt
verunzieren und ihren Anblick ſchauderhaft machen, kündigt
ſchon jedem Ankommenden die Härte der Regierung an, und
ſie allein könnten ſchon gegen die Verſicherung des Hrn Menzel,
daß kein Bürger in der ganzen Welt freyer und ungezwun-
gener als der capſche lebe, gerechte Zweifel erregen, die durch
die Anführung der Beſtrafungen, welche man in ältern und neuern Reiſebeſchreibern und in des Hrn. Menzels Werk ſelbſt
findet, nur noch mehr Gewicht erhalten. So wird z. B. der
Koloniſt oder Bürger, der einen Diener der Kompagnie in
Dienſten hat, und den Kontrakt, wenn er aufgehört hat, nicht
erneuert, von dem Fiskal oder Landroſten mit einer Geldbuſſe
belegt, die nicht geringer als 25 Thaler iſt. Eine wahrhaftig
noch ſehr gelinde Beſtrafung im Vergleich mit folgender mehr
als unmenſchlich harten, die ich mit Herrn. Menzels eigenen
Worten h rſetzen werde. Es iſt hier vom Krankenhauſe und
den Kranken die Rede, die meiſt völlig wieder geneſen ſind.
Des Abends um 9 Uhr, ſo erzählt Hr. M, wird die Glocke eine
halbe Stunde lang geläutet, da ſich denn alle diejenigen, welche
ſich zum Ausgehen von den Oberſiekenvater Erlaubnis aus-
gebeten haben, wieder in das Hoſpital und auf ihre Lager-
ſtatt einfinden müſſen und der Unterſiekenvater viſitirt dann
alle Stellen. Fehlt nun einer auf ſeiner Lagerſtelle, ſo nimmt
er

Ein Bürger, Johann Heinrich Voß hieß er — wagte es einst, aus Liebe zum Gewinn hingerissen, eine Anzahl Flinten zu kaufen, welche ihm ein Fremder, in der Beyfals vor Anker liegender Schiffer anboth. Da er nun aber wußte, daß er die Flinten nicht nach dem Cap bringen durfte, so suchte er sich wenigstens eine stillschweigende Erlaubniß dazu von dem Fiskal auszuwirken. Er begab sich also zum Fiskal, fest versichert, daß er ihn entweder auf die eine oder andere Art gewinnen werde. Schon dieser Schritt des Bürgers zeugt wieder den Fiskal; ohnstreitig mußte der Bürger aus Beyspielen wissen, daß der Fiskal leicht zu gewinnen sey. Voß stellte dem Fiskal die Sache vor und erhielt von ihm eine Antwort, die nur halb weise war. Ich kann es nicht erlauben, antwortete der Fiskal, aber, setzte er hinzu, ich sehe mit Vergnügen, wenn die Bürger subsistieren können. Man nenne es nun Unvorsichtigkeit oder List des Fiskals, so verleitete er doch offenbar den Bürger, einen verbothenen Kauf

zu

---

er dessen Matratze in Verwahrung, und wenn der Abwesende des andern Morgens kömmt, so wird er mit einer guten Tracht Schläge bewillkommt. Erscheint er erst am zweyten oder dritten Tage [welches natürlich oft bey vielen, die vielleicht nur eine halbe Stunde sich verspätet hatten, aus Furcht vor den derben Prügeln am andern Morgen der Fall seyn muß] so wird er auf die Hauptwache des Kastels gebracht und dort noch derber abgepeitscht. Bleibt er aber drey Tage aus, so wird es dem Fiskal angezeigt, der ihn aufsuchen läßt und bey dessen Arretierung an einen Pfal gebunden, von Büttelsknechten mit ein paar getheerten dicken Stricken auf den Hosen abstrafen läßt, auch wohl, wenn er nicht bald gefunden wird (welch ein Grund, die Strafen zu erhöhen!) auf einige Zeit auf die Batterie zur Arbeit kommandirt und unterdeß dessen Sold einzieht,„ Um das grausame dieser Bestrafung ganz zu fühlen darf ich wohl weiter nichts hinzusetzen, als daß alle Patienten im Krankenhause, die Venerischen ausgenommen, unentgeltlich Verpflegung und Medikamente erhalten. W. so Kolbe Th. 3. B. 8. Wentzel. Th. 1. S. 184. L.

zu wagen, um das grauſame Vergnügen zu haben, ihn auf
der That zu ertappen und ihm eine höchſt ungerechte Strafe
auflegen zu können.　Der Bürger kaufte die Flinten würklich,
die Kontrabande wurde entdeckt und der Fiskal davon benach-
tigt.　Dieſer nun ſtellte ſich, als wiſſe er von der ganzen Sache
kein Wort, ließ den Voß zitieren und erklärte ihm, daß die
Flinten konfisziert wären und daß die eine Hälfte derſelben
dem Arſenal und die andre Hälfte ihm, dem Fiskal, zufiele.
Man denke ſich das Erſtaunen und die Angſt des Bürgers,
der freylich auf friſcher That ergriffen aber doch auch moraliſch
gewiß war, daß er nicht würde ergriffen werden, und dem der Fiskal überdem noch drohete, daß er ihn in's Gefängniß werfen laſſen und zu einer ſchweren Geldſtrafe verdammen würde.　Die
Niederträchtigkeit des Fiskals ging indeß nicht ſo weit, daß er
niederträchtig hätte ſcheinen wollen.　Der Bürger fand Mittel ihn zu beſänftigen und zu einem Vergleich zu bewegen.
Anfangs forderte der Fiskal drey hundert Thaler, ließ ſich
aber endlich mit zweyhundert Thalern, die ihm Voß zu bezahlen verſprach, begnügen, und vermittelſt dieſer Summe erhielt
der Bürger von dem Fiskal die Erlaubniß, eine offenbare
Betrügerey zu begehen.　Sie wurden mit einander eins, daß
der Bürger die Flinten, um allen Argwohn zu vermeiden,
wieder nach dem Schiffe bringen, wo er ſie gekauft, und
dann ſie des Nachts wieder abholen ſolle.　Alles gelang
nach Wunſch, der Fiskal erhielt ſeine zwey hundert Thaler,
und der Bürger brachte glücklich die Flinten durch den Garten
des Hrn Fiskals in ſeine Wohnung.　Nichts als die Entde-
ckung dieſer Ungerechtigkeit machte dem Fiskal einige Beſorg-
niß bey der Sache, und um auch der loszuwerden, verſicherte
er dem Voß hoch und theuer, daß der Teufel ihm, dem Voß,
den Hals zerbrechen ſolle, wenn er ein Wort von der erlegten
Geldſtrafe ſchwaßte, aber Voß, der nichts weniger glaubte,
als daß auch noch der Teufel ſich in den Handel miſchen werde,
entdeckte alles ungeſcheuet.　So wahr iſt es, daß wenn zwey
Mitſchuldige mit einander uneins werden, derjenige, der in

Noth

Noth ist, niemals des andern schont und ihm wenigstens die
Hälfte des Verbrechens aufbürdet. Der Hr Fiskal mag hier
alle Kunstgriffe und Wendungen versuchen, niemals wird er
sich von dem Vorwurf retten können, den ihm die Kompagnie
mit Recht machen kann, von dem Vorwurf nehmlich, daß
er eine seiner heiligsten und wichtigsten Pflichten verletzt habe,
um eine Summe von zwey hundert Thalern zu gewinnen.

Dieser Frevel traf blos die Güther des Bürgers, hier
nun noch ein anderer, der erst vor kurzem verübt wurde und
durch den die bürgerliche Freyheit gekränkt wurde.

Ein Bürger mit Namen Carl Heinrich Buytendag,
zankte sich einst ohnstreitig sehr heftig und ungestüm mit seiner
Frau; diese rannte in der ersten Wuth der Rache zum Subsi-
stuten des Fiskal, klagte ihren Mann förmlich an und verlangte von ihm geschieden zu werden. Der Subsistut benachrichtigte den Fiskal davon, und dieser ließ vierzehn Tage nach der
Anklage den Buytendag vor sein Privatgericht fordern: vierzehn Tage waren mehr als hinreichend, eine völlige Aussöh-
nung zwischen Mann und Frau zu bewürken; die Frau selbst
hatte schon ganz ihren unvorsichtigen und übereilten Schritt
vergessen, wenigstens glaubte sie, daß der Hr. Substitut ihn
vergessen oder die Klage so aufgenommen hätte, wie man Klagen, mit solchem Ungestüm und in so rasender Wuth vorgebracht,
aufzunehmen pflegt. Aber die Frau irrte, es fand sich hier
für den Fiskal eine Gelegenheit, die heiligsten Privilegien eines freyen Bürgers mit Füssen zu treten, und eine solche Gelegenheit läßt ein Fiskal am Cap nicht ungenutzt. Eines Tages, als
Buytendag seine Geschäfte wahrzunehmen ausging, begeg-
nete ihm ein Trabant des Fiskals und kündigte ihm an, sein
Herr verlange, daß er zu ihm komme. Buytendag, der
in diesem Augenblick nicht vergaß, daß er Bürger war, erwiederte; es befremde ihn, daß der Hr. Fiskal ihn nicht durch einen Stadtbothen vorfordern lasse, doch wolle er, setzte er hinzu, sogleich erscheinen und sich nur vorher noch umkleiden.
Er ging würklich zu Haus, kleidete sich um, und setzte sich dann

F 5   auf

auf bringendes Bitten seiner Frau zu Tisch. Kaum hatte die Familie in der erwünschtesten Ruhe zu essen angefangen, als auf einmal eben der nehmliche Trabant und einige Caffern, welche am Cap als Untergerichtsdiener oder eigentlicher als Schindersknechte gebraucht werden, mit ihm ins Haus herein stürzten, den Buytendag mit dem thierischwildesten Ungestüm ergriffen, ihn auf den Boden warfen, ihm Arme und Hände banden, und ihn so unter unaufhörlich Schlagen zum Hause heraus bis zu einem Schiffe der Kompagnie, der Honkoop ge nannt, schlepten, welches den Unglücklichen auf Befehl des Fis kals nach Batavia brachte. Zwar schickte ihn die Regierung dieser Stadt wieder zurück, aber sein Elend war zu groß, als daß er ihm nicht hätte unterliegen sollen; er starb auf der Rückreise und die unglückliche, durch die Beraubung ihres Haup tes bis zum Bettelstaab herabgebrachte, Familie sah ihn nicht wieder. Beyde, Fiskal und Gouverneur, waren die Thäter die ser abscheulichen Schandthat, denn vergebens verwandten sich auch die damals drey regierenden Burgermeister für den un glücklichen Buytendag beym Gouverneur. Buytendag, das war die Antwort, welche sie von dem Gouverneur erhiel ten, und Plettenberg war's, der damals am Cap als Gouver neur tyrannisirte, Buytendag war nicht Bürger, son dern Diener der Kompagnie und wer sich für ihn ver wendet, ist in meinen Augen ein eben so grosser Schur ke wie Buytendag! — Hätte wohl der Gouverneur eine grössere Flegeley den Repräsentanten der Bürgerschaft ins Ge sicht sagen können? Hätte er wohl auf eine abscheulichere Art die Rechte der Freyheit umstürzen und die Würde der Verthei diger der Freyheit der Bürger empörender verletzen können, wenn die Bürger am Cap würklich frey wären und Repräsen tanten und Vertheidiger ihrer Freyheit hätten, welche ihnen Riebeek und die Natur in den Personen der Bürgerräthe ga ben? Doch ich vergesse bald eine Nebenscene, welche das Ganze nur noch grausenhafter macht. Das Volk am Cap, welches Augenzeuge der unmenschlichen Behandlung des Buytenbags

war

war, stimmte laut in das Angstgeschrey desselben und seiner Töchter mit ein, welche dem Vater gefolgt waren. Der Anblick war zu empörend und das Volk im Begriff über die Henkersknechte des Fiskals, seine ihm ähnlichen und seiner würdigen Genossen, herzufallen; allein der Fiskal sah das Ungewitter, das ihm drohte und suchte seine Rettung in einer boshaften Lüge. Er log dem ganzen versammleten Volk mit der beyspiellosesten Unverschämtheit gerade ins Gesicht, daß Buytendag seine Frau ermordet habe, und diese Lüge rettete ihn und seine Henker, denn das Volk zog sich, voll Abscheu gegen ein so naturempörendes Verbrechen, ruhig in seine Wohnungen zurück!

Kann es zu Constantinopel, mitten in der Mitternacht der Barbarey schrecklichere Auftritte geben? sollte man glauben, daß solche unmenschliche Menschen mitten unter einem europäisch polizierten Volke lebten, daß sie Regenten dieses Volks wären? Und doch ist dies nicht der einzige Auftritt der Art, den ich anführen könnte; ich kenne noch eine Menge anderer, die kaum um einen Grad minder abscheulich sind. Doch dieser schreckliche, mit allen seinen Nebenumständen durch schriftliche und authentische Beweise dargethane Frevel, der am 20 Januar 1779 verübt wurde, wird schon mehr als hinreichen, uns einen Begriff von dem fürchterlichen Despotismus des Gouvernements am Cap zu bilden. Michel Engelhard, Joh. Mola und eine Menge anderer wurden eben so grausame Opfer, eben so tief in die Sklaverey und in's Elend herabgedrückt, als der unglückliche Buytendag! * —

Dies

_____

*) So sehr wiedrige, Herz und Seel empörende Arbeit mir auch die Niederschreibung der bisher angeführten traurigen Beweise des capschen Despotismus gewesen ist, so sehe ich mich doch genöthigt noch ein Beyspiel der Art anzuführen, aber — wie ich wohl nicht erst versichern darf — nicht um dies scheusliche Gemählde noch mehr zu erhöhen, sondern nur zur Bestätigung

Dies mag nun genug ſeyn um zu beweiſen, daß die Agenꞏ
ten der Kompagnie, vom Gouverneur an bis zum unterꞏ
ſten

tigung. Dieſes Beyſpiel iſt nach allen ſeinen Theilen ſo ſehr
wieder alles menſchliches Gefühl, daß ich ſchon im voraus meiꞏ
nen Gewährsmann, den Hrn. Prof Sparrmann, nennen zu müſꞏ
ſen glaube. Während meiner Abweſenheit auf dem Südmeer,
ſo ohngefehr erzählt der Hr. P. Sparrmann, wurde das Schiff
Jonge Thomas nahe am Lande, an der Seite des Salzfluſſes,
nordwärts der Veſtung, auf den Grund getrieben. Beym
Anbruch des folgenden Tages wurde von der Regierung bey Leꞏ
bensſtrafe verbothen, ſo gar in weiter Entfernung dem unglückꞏ
lichen Strande nicht nahe zu kommen, wo man zugleich, um
dieſem Verbothe deſto mehr Gewicht zu geben, einige Galgen
errichtete und allenthalben umher Schildwachen aufſtellte. Aber
dies alles zielte nicht auf die Rettung der Unglücklichen, ſondern
um das Stehlen der Waaren zu verhindern, die aus dem verꞏ
unglückten Schiffe an's Land geworfen werden möchten. Man
ſagte es ſogar, daß, dies Verboth und die Wache von Soldaꞏ
ten nicht zum Vortheil der Kompagnie gereiche; auch fand ſich's
nachher, daß unter manchen andern Sachen, jener Vorſicht
ungeachtet, ſo gar eine ſo ſchwere Waare als Eiſen entwandt
worden war. — (wer konnte es geſtohlen haben?) — Unter dem
Vorwande auch die heimlichen Entwendungen von den geretteꞏ
ten Leuten zu verhindern, wurden dieſe ſogleich auf der Stelle
bis zum Abend hin unter Bewachung gehalten und zwar ohne
irgend etwas von Erfriſchungen zu bekommen, ob ſie gleich naß,
hungrig und von der in der vorhergehenden Nacht ausgeſtanꞏ
denen Arbeit abgemattet waren. Hernach ſah man ſie mehrere
Tage auf den Gaſſen Kleider und Eſſen betteln, und Einen von
dieſen Unglücklichen hätte bald ein noch härteres Loos getrofꞏ
fen. Dieſer war ein Matroſe und hatte ſich, um deſto bequeꞏ
mer ſchwimmen zu können, faſt nackt mit ſeinen Käſtchen an's
Land gerettet. Hier nun will er ſeine Lade öfnen, um ein Kamiꞏ
ſol herauszunehmen, um damit ſeine Blöſſe zu bedecken; aber ein
junger am Ufer kommandierender Offizier eilt herbey und hindert
ihn nicht nur daran, ſondern der Arme muß noch überdem etꞏ
ne Tracht Stockſchläge mit dem Bedeuten vorliebnehmen, er

haꞏ

sten Diener herab, die Kolonisten und Bürger auf die unmensch-
lichste Art mißhandeln und unterdrücken; das Gemählde des
Elends der Kolonie würde mehr als abscheulich werden, wenn
ich noch mehrere Beyspiele anführte. Der Unwille jedes billig
denkenden Lesers, jedes Freundes der Wahrheit, der guten
Ordnung, der Gerechtigkeit und Freyheit muß bereits bis zu seiner höchsten Höhe emporgestiegen seyn. Möchte doch nur ein
gleich starker und gerechter Unwille die Herzen der Direkteurs
der Kompagnie jetzt empören, jetzt da sie mit Untersuchung der
Klagen beschäftigt sind, welche die Deputierten dieser unglück-

li-

---

habe sich schuldig gemacht, an einen von den eben aufge-
richteten Galgen gehangen zu werden, weil er gerade gegen
das Verboth der Regierung, sich mit denen vom gestrandeten
Schiffe geretteten Gütern abgegeben habe. Der Matrose ent-
schuldigte sich damit, daß er nichts von dem Verbothe habe
wissen können und daß er mit dem an seinen Gürtel festgebun-
denen Schlüssel zur Lade, und mit einem in derselben befindlichen
Gesangbuche, worinn sein Name geschrieben, sattsam beweisen könne, daß er der rechte Besitzer davon sey. Nichtsde-
sto weniger wird er kaum begnadigt und vom Galgen befreyet, muß aber so naß und nackt er ist, unter freyen Himmel
auf der Ebne den Abend abwarten. Von Kälte bebend und
hungrig und ermattet bekömmt er endlich auf Anhalten die Erlaubniß, seine Lade und was er daraus nöthig habe, aufzusuchen,
er findet sie auch, aber — aufgebrochen und geplündert. Man
schleppt nun den Unglücklichen nackt und halb erstarrt nach der
Stadt, wo er zu seinem Glück bald einen mitleidigen Bürger findet, der ihn aufnimmt — Schade, daß ich hier die edle That des alten Woltemad nicht erzählen darf, der am frü-
hen Morgen, ehe das Verboth, sich dem Strande zu nähern er-
schienen war, mit Aufopferung seines Lebens 14 jungen Personen das Leben rettete. Auch er starb im Dienst der Menschheit und der Kompagnie, ohne daß die Mitglieder der Regierung,
dem Befehl der Menschheit und der Kompagnie gemäß, dem
Sohn des edlen Woltemad durch Unterstützung und Beförderung
einigen Ersatz für seinen unersetzlichen Verlust gewährt hätten!
Man s. Sparrmann a. a. O. S. 104-109. L.

lichen Schlachtopfer einer tyrannischen Regierung in ihrer Versammlung übergeben haben.   Jede mitleidige Seele, jedes
edeldenkende Herz wird mit mir in gleiche Wünsche ausbrechen!
Und doch hat, sollte man es glauben, diese ungerechte, grausame und unterdrückende Regierung einen Apologisten gefunden! aber zum Glück für die Ehre der Menschheit ist dieser Apo-
logist ein Agent der Kompagnie, selbst einer der Angeklagten, ein Mensch, der jetzt im Schoos seiner Familie lebt, und
zwar, wie man sagt, mehr in der Absicht, um sein schnell am Cap
erworbenes Vermögen zu verzehren, als geneigt, persönlich die
Vertheidigung zu unterstützen, welche er von seinem Verfahren
als Fiskal-independant am Cap noch vor Niederlegung seiner
Bedienung hat drucken lassen.   Die Untersuchung dieser Vertheidigung wird einen Theil des folgenden dritten Abschnittes
einnehmen.

Dritter Abschnitt.

**Wiederlegung der Replik auf das Memoir und
auf das dem Memoir angehängte Supplement gegen
die Regierung am Cap — Drohende Gefahr für
die Kompagnie, das Cap zu verliehren und
Mittel, diesem Verluste vorzubeugen.**

Ganze Staaten sind wie einzelne Menschen Krankheiten
unterworfen, welche bey jenen, wie bey diesen unheilbar werden, wenn man aus einem zu weit getriebenen Vertrauen oder
aus einer unverzeihlichen Nachlässigkeit sie bis zu jenem verderblichen Grade steigen läßt, wo durchaus alle heilsamen Mittel würkungslos sind.   Beyde, der Staatskörper, wie der
menschliche, unterliegen endlich, nachdem jener durch vervielfäl-
tigte Mißbräuche einer elenden Regierung ist erschöpft und die
Kräfte des letztern durch die wiederholte Rückkehr eines lang-
samen Fiebers geschwächt worden sind.   Man sagt, die hollän-
dischostindische Kompagnie befinde sich in dieser gefährlichen Lage, die nur zu sehr einen nahen Sturz befürchten läßt.   Es ist
nicht

nicht meine Absicht zu untersuchen, ob dies öffentliche Gerücht
gegründet sey oder nicht; alles, was ich mit Gewißheit behaupten kann, ist, daß das Etablissement am Vorgebürge der
guten Hoffnung von jedem vernünftigen Staatsmanne als
die Grundsäule des Handels der Kompagnie nach
Ostindien betrachten werden muß; daß dieses Etablissement
wegen des allgemeinen Mißvergnügens der Kolonisten, welche dasselbe bilden, sich seinem Sturze nahet — und endlich,
daß es die höchste Zeit ist, daß die Kompagnie ernsthaft auf
Mittel denke diesem Sturze vorzubeugen. Ich werde diesen Abschnitt in drey Paragraphe vertheilen; in dem ersten derselben werde ich die Replik des Fiskals independant am Vorgebürge der guten Hoffnung des Hrn. Wilhelm Corn-lius
Boers zergliedern und ihre Schwächen und Blössen aufdecken;
in dem zweyten werde ich die Gefahr darzustellen suchen, welche der Kompagnie den Verlust des Etablissements am Cap
droht, und im dritten werde ich die Mittel anführen, durch
welche man meinem Ermessen nach das Etablissement am Cap
wieder in einen Zustand der Sicherheit für die Kompagnie setzen und die freyen Kolonisten und Bürger der mittägigen Spitze Afrikas wieder zu ihrem alten blühenden Wohlstande erheben könnte.

§. I.

**Wiederlegung der Replik des Fiskal Boers ge-
gen das Memoir und das dem Memoir beygefüg-
te Supplement, welches die Deputierten der
Bürgerschaft und der Kolonisten am Cap
den Direkteurs der holländisch ostindischen
Kompagnie überreicht haben.**

Der Fiskal hat seine Replik in vier Abschnitte vertheilt;
ich werde dieser Eintheilung folgen und jeden dieser vier Abschnitte, welche seine Vertheidigung enthalten, einen nach dem andern entwickeln. In dem ersten Abschnitt weigert sich der Fiskal

kal die Personen des Magistrats, der Bürgerräthe und Heemräthe, für Repräsentanten der Bürgerschaft anzuerken-
nen. Ob diese Weigerung des Fiskals schicklich sey und seine
Behauptung auf den Grundsätzen des Naturrechts sich stütze
und der Absicht der Gouverneurs entspreche, in welcher jene
Würden eingeführt wurden, das ist die Frage, die wir jetzt zu
untersuchen haben. Ich werde diese Frage geradezu verneinen,
das heißt mit andern Worten, ich werde zeigen, daß die
Bürgerräthe und Heemräthe nach dem Naturrecht und nach
der Absicht der Gouverneurs, welche diese Herren anstellten, für
wahre Repräsentanten der sämmtlichen Bürgerschaft
in dem ganzen Etablissement gehalten werden müssen.

I. Der Herr Fiskal fängt seine Apologie mit einem Gemein-
platz an, der Niemanden überführt und ohnstreitig nichts weiter als blosses Gewäsch ist. Er beklagt sich, man habe ihn
höchst ungerecht und blos aus Bosheit wegen Vernachlässigung
seiner Pflichten angeklagt; ein Anfang, den alle rechtfertigende
Memoire mit einander gemein haben. Es ist natürlich, daß
man mit Läugnung des Verbrechens, dessen man beschuldigt
ist, anfängt; es würde lächerlich seyn, eine Rechtfertigung
desselben zu versuchen. Meiner Meinung nach hätte der Herr
Fiskal besser gethan, wenn er geradezu gesagt hätte, er habe
nur mit aller Pünktlichkeit den Plan befolgt, den seine Vorgänger entworfen und befolgt hätten; er habe ihr Verfahren im Grossen nachgeahmt, und die besonderen Handlungen,
welche man ihm als ungerecht vorwerfe, wären nur notwendige
Folgen der grossen Mißbräuche, welche er tief mit der Ausübung der Pflichten eines Fiskals independant am Cap verwebt
gefunden habe. Wahrhaftig, das wäre die beste Rechtfertigung für die Kompagnie gewesen, welche von den allgemeinen
Grundsätzen des Verfahrens aller ihrer Agenten in allen ihren
indischen Besitzungen vollkommen unterrichtet seyn muß. Auch
würde eine solche Vertheidigung ihn am besten in den Augen
aller derer gerechtfertiget haben, welche wissen, daß solche ansehnliche Bedienungen in Indien für nichts weiter, als sichere
und

und leichte Mittel, sein Glück zu machen, angesehen werden.
Wer weiß wohl in unsern Tagen nicht, auf welche Art man
in Indien und am Cap sein Glück macht, und wer hält denjenigen für einen Verbrecher, der mit Reichthümern beladen aus
Indien nach Europa zurückkehrt? Es ist dies die Mode so;
schon seit undenklichen Zeiten; trift man einmal Einen, der
etwas daran zu tadeln findet, so geschieht das immer im Verborgenen, aber niemals öffentlich, und diejenigen selbst, welche diese
Art, Reichthümer zu häufen, tadeln, würden sich glücklich
schätzen, wenn man sie in den Stand setzte, auf ähnliche Art
sich bereichern zu können.

Der Hr. Fiskal fällt gleich anfangs in den handgreiflich-
sten Wiederspruch. Er giebt den Bürgern und Kolonisten
am Cap in der Aufschrift seiner Apologie den Ehrennamen freye
Bürger (*Vrye Burgeren*), und in dem ganzen übrigen Theil
seines Memoirs vertheidigt er mit allem Nachdruck und mit allem Eifer die Sache des Despotismus; er vergißt sich gar so
weit, daß er gleich im ersten Abschnitt seiner Vertheidigung läugnet, daß die Bürgerschaft am Cap Repräsentanten haben:
Es ist schwer diese beyden sich entgegengesetzten Ideen zu vereinigen. Folgender Syllogismus wird den Wiederspruch, in
welchem sich der Hr. Fiskal verwickelt hat, auf die auffallend-
ste Art zeigen. Jedes freye Volk, das unter einer wohl eingerichteten Regierung lebt, muß seine Repräsentanten oder
seinen Repräsentanten bey seiner Regierung haben, welcher die
Rechte seiner Freyheit vertheidiget. Nun ist aber das Volk am
Cap ein freyes Volk (*Vrye Burgeren*); also muß das Volk
am Cap zur Behauptung und Vertheidigung seiner Rechte
seine Repräsentanten bey dem Gouvernement haben. Der erste Satz ist aus dem Naturrecht gezogen, und auch der allgemeine Menschenverstand und die gesunde Vernunft bestätigen die
Wahrheit desselben, und also ist er unwiederleglich gewiß. Der
zweyte Satz ist Wort für Wort aus dem rechtfertigenden Memoir des Hrn. Fiskals genommen; und die Folge, welche ich
aus ihm gezogen habe, ist also eine erwiesene Wahrheit, vor-

G   aus-

ausgeſetzt, daß mein Syllogismus ohne Fehler iſt; hoffentlich
aber wird er nach den ſtrengſten Regeln der Logik die Prüfung
aushalten können. Wenn alſo die Bürger am Cap Repräſentanten haben, ſo iſt es höchſt unſchicklich von dem Fiskal, ſeine
Vertheidigung mit der Behauptung anzufangen, daß ſie keine
Repräſentanten hätten; denn ſind die Bürgerräthe und Heemräthe nicht dieſe Repräſentanten der Bürgerſchaft am Cap, ſo
hat die Bürgerſchaft durchaus keine Repräſentanten. Wo
ſoll ſie dieſelben ſuchen, wenn ſie ſie nicht in ihren eigenen
Magiſtratsperſonen findet? Wahrhaftig ich wüßte es nicht, und
der Fiskal wird es eben ſo wenig wiſſen; denn hätte er es ge-
wußt, ſo würde er allem Vermuthen nach, da er ſich weigerte,
die Bürgerräthe und Heemräthe als Repräſentanten anzu-
erkennen, zugleich angezeigt haben, welche Perſonen die würklichen Repräſentanten der Bürgerſchaft am Cap wären. Er
hätte ſie uns anzeigen ſollen, weil er ſich dadurch einer Pflicht
entledigt haben würde, welche die Bürger am Cap mit Recht
von ihm fordern können, weil ſie jetzt eben ſo wenig, wie ich,
wiſſen, welche Männer ſie für ihre Repräſentanten halten ſollen, da es ihre Magiſtratsperſonen nicht mehr ſind. Verbirgt etwa das ehrwürdige Kollegium der erſten Agenten der
Kompagnie, welches den groſſen Staatsrath am Cap bildet,
die mächtigen Beſchützer der capſchen Bürgerſchaft? Wahrlich die Koloniſten werden ſie niemals in dieſem Kollegium auf-
ſuchen, und kein Menſch von geſundem Menſchenverſtande wird
ihnen jemals den Rath geben, ihre Beſchützer unter den A-
genten der Kompagnie zu ſuchen; denn gerade dieſe ſind es, gegen welche ſie ihre Repräſentanten gebrauchen. Auch die Abſicht der Gouverneurs, welche die Bürgerräthe und Heemräthe anſtellten, iſt ein unwiederſprechlicher Beweis, daß dieſe Magiſtratsperſonen die wahren Repräſentanten der ſämmtli-
chen Bürgerſchaft am Cap ſind. Was für eine Abſicht konnten die Gouverneurs bey Anſtellung der Bürgerräthe und Heemräthe haben? ganz unläugbar war es Abſicht dieſer Herren, daß
die

die Bürgerräthe und Heemräthe die wahren Repräsentanten
der sämmtlichen Bürgerschaft am Cap seyn sollten. Eine politische Einrichtung muß doch offenbar irgend einen heilsamen
Endzweck für die Gesellschaft haben, zu deren Gunsten sie gemacht ist, oder die Einrichtung müßte von einem Nar-
ren, oder wenigstens von einem Schwachkopfe, oder von
einem Kinde gemacht seyn. Was konnte aber der heilsa-
me Endzweck seyn, welcher Riebeek, den Vater der capschen
Kolonie und den Gründer des ganzen Etablissements bewog,
die Bürgerräthe anzustellen? Zu welchem Endzweck ernannte der niederträchtige van der Stell die Heemräthe in seiner
Lieblingskolonie Stellenbosch? Der letztere hat aus Vorliebe
für diese Kolonie, deren Gründer er war, ohnstreitig die nehmlichen Absichten als der Erstere gehabt; denn beyde wollten ihren Kolonien einen sichtbaren Beweis ihrer Liebe und Zuneigung
geben. Es mag immer wahr seyn, daß van der Stell, mehr
von Eitelkeit als von Liebe fürs öffentliche Wohl beseelt, diese
Einrichtung traf, er mag immer, trotz aller Bürgerräthe und
Heemräthe, die Kolonisten und Bürger gequält haben;
aber wo ist der Bösewicht, der niemals etwas Gutes gethan
hätte? Selbst der Thrann kann zuweilen vortreffliche Verordnungen geben, und diese behalten immer ihren Werth, wenn er
sie auch selbst in der Folge öffentlich bricht. Hatte Riebeek
nicht die Absicht, den Bürgern am Cap in den Personen der
Bürgerräthe, welche er ernannte, Repräsentanten zu geben,
so war Riebeeks Ernennung dieser Magistratspersonen, so weise er auch immer seyn möchte, nichts weiter als eine lächerliche, kindische Handlung. Mit einem Wort, der deutlichste Beweis von der Absicht Riebeeks bey Erwählung der Bürgerräthe liegt in seiner Einrichtung der Kolonie, welche ganz so war,
daß sie den Kolonisten den Genuß einer Freyheit versichette,
welche der ganz gleich war, welche die Bewohner der Sieben
Vereinigten Provinzen geniessen. Der Souverain und die
Kompagnie selbst haben diese Freyheit den Bürgern des Caps
stets zugestanden, und beyde machen sie ihnen auch noch jetzt nicht
streitig. Nun erkennen aber die Bewohner der Sieben Ver-

einigten Provinzen die Magiſtrate für ihre Repräſentanten, und mithin iſt es eine Narrheit zu behaupten, daß die Bürgerrä= the und Heemrathe am Cap nicht die wahren Repräſen= tanten der geſammten Bürgerſchaft des Etabliſſements ſind. Riebeeks einzige Abſicht bey Ernennung dieſer Bürger= räthe war, den Bürgern am Cap einen Schild in die Hände zu geben, mit dem ſie Pfeile abhalten könnten, welche etwa einzel= ne Mitglieder einer Regierung, die ſo leicht in eine willkührli= che ausarten konnte, auf die geheiligte Statue der bürgerlichen Freyheit werfen möchten *). Die Bürgerſchaft am Cap hat alſo das größte Recht die Bürgerräthe und Heemräthe ih= re Repräſentaten zu nennen. — Der Beweis des Fiskals, um das Gegentheil darzuthun, iſt äußerſt ſeltſam. Die Bürger= räthe und Heemräthe, ſagt er, haben nicht die gering= ſte Aufſicht über die Angelegenheiten, auch nehmen ſie nicht den geringſten Antheil an denſelben (S. 4) alſo haben ſie, folgert er, auch nicht das Recht dazu. Ich meines Theils trete nun zwar völlig der Behauptung des Fiskals bey, daß die Bürgerräthe und Heemräthe nicht die geringſte Aufſicht über die Angelegenheiten haben, oder wenigſtens daß der Antheil, den ſie an der Entſcheidung öffent= licher Angelegenheiten haben, ſehr gering iſt; aber der Fiskal wird auch ſo gerecht ſeyn, und mir einräumen, daß zwiſchen dem

---

*) Eine ähnliche Behauptung hat ein ſogenannter Sou-Briga= dier von der Garde dû Corps Sr. Durchl. Hoheit, des Prinzen von Oranien, in einem Dialog zwiſchen ihm und einem gewiſſen Bernard, der nur noch vor kurzem erſchienen iſt, aufgeſtellt. Er behauptet nehmlich, daß das Volk in den Sieben Vereinigten Provinzen die Magiſtrate in den Städten der Republik nicht Repräſentanten des Volks nennen dürfe, weil ſie es in der That nicht wären, und zwar aus dem Grunde nicht wären, weil, da die Regierung der Republik rein ariſtokratiſch ſey, das Volk für nichts gerechnet werden müſſe. Anmk. des H.

dem Besitz und dem Recht zu demselben ein grosser Unterschied
Statt finde, und daß aus dem Erstern unmöglich das letztere ge-
folgert werden könne. Die Türken geniessen fast keines der
Rechte, welche die Natur allen Menschen, als Mitgliedern einer Gesellschaft, geschenkt hat, folgt aber daraus, daß die Natur den Türken nicht eben die Rechte eingeräumt hat, welche
sie andern Mitgliedern wohl eingerichteter Gesellschaften geschenkt hat? Wahrhaftig diese unrichtige Folgerung muß
sich der Hr. Fiskal gefallen lassen, wenn er will, daß wir
die seinige für richtig halten sollen; die aus vollkommen gleichen
Sätzen gezogen ist. Ein Mensch stirbt vor Hunger, weil er
nichts zu essen hat, also hat er auch würklich das Recht nicht zu
essen! Ist dies Raisonnement bündig, so verstehe ich wahrhaftig nichts von der Syllogistick. Wenn uns der Fiskal keine bessere Beweise von seiner Behauptung geben kann, so können wir sicher gegen ihn den Satz aufstellen, daß die Bürgerräthe wie die Heemräthe die wahren Repräsentanten der Bürgerschaft am Cap sind, und wenn man ihnen auch noch so viel von ihrer gesetzmässigen Macht geraubt
und sie so tief herabgedruckt hat, daß sie schweigen und ruhig
die höhern Befehle eines Gouvernements hinnehmen müssen,
das die von der Kompagnie ihm anvertraute Gewalt
oder eigentlich die Geduld der Kolonisten mißbraucht, eine
Geduld, die unerschöpflich zu seyn schien und jetzt bis zur Verzweiflung erschöpft ist. Der Advocat des Fiskals, in der Meinung, daß alles bey seiner Vertheidigung darauf ankomme,
diesen paradoxen Satz zu beweisen, unterstützt sein Raisonnement mit einem Grunde, den er tief aus der Fülle seiner Gelehrsamkeit herholt; er beruft sich auf die von Riebeck selbst den
Bürgerräthen gegebene Instruktion. Er citiert folgende Stelle aus dem Memoir des Riebecks vom 15 May 1662. "Zwey
„der geschicktesten von den freyen Bürgern sollen beständig auf
„Befehl des Hrn. van Goens *) Bürgerräthe seyn, und als
G 3 ..solche

*) Hr. van Goens war Generalgouverneur in Indien, un-
ter dem damals noch das Gouvernement am Cap stand. L.

„solche mit zu den Untersuchungen genommen und zu Fällung
„der Urtheile über Vergehungen und Verbrechen freyer Leute
„gezogen werden, auch sollen sie alle vierzehen Tage des Sonn-
„abends unsern in dieser Absicht zu haltenden Versammlungen
„beywohnen u. s. w.„ (S. 5) Wie war es möglich, daß der
Advokat des Fiskals so blind seyn und nicht gewahr werden konnte, daß gerade in dieser Stelle der deutlichste Beweis gegen ihn
lag? Zwey Magistrate sind am Cap errichtet, beyde werden
aus den Edelsten der Bürgerschaft erwählt, beyder Ernennung hängt nicht vom Gouverneur ab, es wird eine Liste
von vier Personen von der Bürgerschaft gemacht, und
von diesen vier Kandidaten wählt der Kommandeur
und der Rath diejenigen, welche jedes Jahr diese
Würde bekleiden sollen, gerade so wie es mit einer vor
einigen Jahren gefaßten Resolution übereinstimmt u.
s. w. *) Ein unverkennbarer Beweis der bürgerlichen Freyheit der Bewohner des Caps; sie können im Fall einer Verge-
hung oder eines Verbrechens vor kein Tribunal gezogen, von keinem Tribunal gerichtet werden, in welchem nicht ihre Burgermeister sitzen, und mit zur Untersuchung und Entscheidung ihrer Sachen gezogen werden. Denn keinen andern Sinn können die Ausdrücke: sessie neemen, te helpen besoigneren
en sententieren haben. Auf welche Art hätte man es deutlicher
und bestimmter sagen können, daß die Bürgerräthe wahre
Mitrichter der Vergehungen und Verbrechen ihrer Mitbürger
seyn sollten? Es ist also ausgemacht, daß sie ihrer Bestimmung nach integrierte Mitglieder des Justizsenats sind; ausgemacht, daß sie aus eben dem Grunde die Beschützer und Vertheidiger der bürgerlichen Freyheit ihrer Mitbürger und die
Rächer der beleidigten bürgerlichen Freyheit, und mithin der
gekränkten guten Ordnung in der Gesellschaft sind. Sie sind
also nichts weniger als blosse, nach dem Willen des Justizsenats

---

*) M. s. *Pieces justificativis annexées à la Replique du Fis-*
cal No. I.

nats ernannte und angestellte Mitglieder, so wie Hr. Boers S.
5. darzuthun sucht, sondern sie sind würkliche, von Riebeek
angestellte und von dem Hrn. van Goens gebilligte und bestätigte Mitglieder, welche, vereint mit den andern Mitgliedern,
welche den hohen Justizsenat bilden, mit den Agenten der Kompagnie über die Vergehungen und Verbrechen der Bürger Untersuchungen anstellen und Urtheile fällen sollen. Was war,
was konnte Riebeeks und van Goens Absicht seyn, da sie
zwey Bürgerräthen Sitze in dem hohen Justizsenat anwiesen und
ihnen die Gewalt gaben, die sie ehemals besaßen? Konnte
es ihre Absicht seyn, den Agenten der Kompagnie, welche
Mitglieder dieses Kollegiums sind, der Rechte kundige Männer an die Seite zu setzen, welche ihre Untersuchungen lenkten
und ihre Urtheile über die Bürger berichtigten? Dies zu behaupten würde lächerlich seyn, denn die Bürger und Kolonisten
am Cap hatten niemals und haben noch jetzt nicht die geringste Kenntniß von geschriebenen Gesetzen, denn niemals gab es
am Cap eine Schule, in welcher die Rechte gelehrt wurden;
ließe es sich ja jemand einfallen in Europa Kenntnisse der Art
einzusammlen und sie dann unter seine Mitbürger am Cap zu
verbreiten, so würde man ihm bald seinen Unterricht verbiethen;
und wagte er es im verborgenen seine Kenntnisse zu verbreiten,
so würde man ihn plötzlich aufheben, auf ein Schiff schleppen
und ihn nach einem andern, einige hundert Meilen vom Cap entfernten, Ort bringen, um dort sein Leben im Dienste der Kompagnie, aber nicht als Professor der Rechte, sondern — als
Matrose oder Soldat zu endigen; denn die Hrn. Agenten am
Cap fürchten einen Doktor der Rechte mehr als die Pest selbst,
sie betrachten ihn als einen Störer der Ruhe der Kolonisten.
Diese Unwissenheit der Bürgerschaft, welche für sie aber nicht
im geringsten entehrend ist, macht es also unmöglich, daß jene
die Urtheile der Agenten der Kompagnie läutern können, welche Mitglieder des Justizsenats sind. Der größte Theil von
diesen sind Europäer, welche eine gewisse Erziehung genossen
haben, und die sich, wenn sie gleich nicht in Europa studiert ha-

G 4   ben,

ben, doch durch die Lektüre solcher Bücher unterrichten könnten, die ihnen nicht, wie den Bürgern, unbekannt sind, wenn
sie anders dazu Lust hätten. Riebeeks Absicht also konnte bey
Aufnahme der Bürgerräthe in den Justizsenat nicht seyn, ge-
lehrte Juristen aufzunehmen; einzige Absicht bey ihm war,
das Kollegium durch einige rechtschaffene, vernünftige und von
Liebe für die bürgerliche Freyheit beseelte Mitglieder zu vergrössern,
welche im Stande wären, die Ungerechtigkeiten der Agenten
einzusehen, sich ihnen zu wiedersetzen, und, wenn ihre Einreden
fruchtlos seyn sollten, sich bey dem Souverain zu beklagen.

Dem Hrn. Fiskal liegt der Beweis seines ersten Satzes
so sehr am Herzen, daß er keinen jener Kunstgriffe ungenutzt
gelassen hat, den Spitzfindigkeit und Chikane stets jedem leihen,
der ihre Umschweife und ihre Krümmungen kennet. Die sechste, siebte, achte und neunte Seite der Replik füllet ein gleich
irriges als verwirrtes Raisonnement an, um einen Satz zu beweisen, der wo möglich noch unwahrer wie der Erstere ist. Die
Bittschrift, sagt er, **welche der Regierung am Cap**
überreicht wurde und die eine Bitte um Erlaubniß ent-
hielt, fünf oder sechs Deputirte nach Europa schicken zu
dürfen, um sich dort über die schlechte Behandlung zu be-
schweren, welche die Bürger und Kolonisten von den
Agenten der Kompagnie erduldeten, ist nur von vier oder
fünf hundert Bürgern oder Kolonisten unterschrieben
und die grössere Anzahl der Unterschriebenen hat man
durch List und durch andere noch unerlaubtere Mittel
zur Unterschreibung vermocht u. s. w. Von vier oder
fünf hundert Bürgern oder Kolonisten aber, fährt der
Fiskal fort, kann man nicht sagen, daß sie die sämmtliche Bürgerschaft und sämmtlichen Kolonisten am Cap
repräsentieren. Dies, deucht mich, ist so klar wie die
Sonne am hellen Mittage, also u. s. w. (S. 7 und 8).

Aber behaupten, daß die Unterschrift so sehr Vieler durch
List und andere noch unerlaubtere Mittel abgedrungen sey, das
kann wahrhaftig nur der, welcher sich in der Lage des Hrn. Fiskals

fals befindet der sich gegen die Anklage einer ganzen Gesellschaft
von Menschen vertheidigen soll, die so mißhandelt und gequält
sind, wie die Bürger und Kolonisten am Cap von dem Fiskal gequält und mißhandelt wurden.   Der Beweis des Hrn.
Boers ist nichts weiter als eine gewöhnliche Formel, welche
das rechtfertigende Memoir ausschmückt und vergrössert; ein
Beweis, der Niemanden überzeugt.   Ihn zu wiederlegen, bedarf es nur der Frage, warum der Hr. Fiskal sich nicht mit
einer Akte versehen habe, die erwiese, daß diejenigen, von welchen er behauptet, daß ihnen ihre Unterschrift abgedrungen sey,
jetzt, da sie sich betrogen fänden, ihre Unterschrift wiederriefen
und gegen alles dasjenige, was man in Ihrem Nahmen in Europa thun würde, protestierten?   Eine solche authentische Wiederrufung wäre das beste gewesen, was er zu seiner Vertheidigung hätte vorbringen können.   Wer will uns jetzt, da er eine
solche Wiederrufung nicht vorgezeigt hat, verhindern zuschlies-
sen, daß es dem Fiskal unmöglich gewesen sey, sie weder durch
Versprechungen, noch Schmeicheleyen, noch Drohungen, noch
durch irgend eines jener Tausenden von Mitteln zu erhalten, in
deren Besitz ein Fiskal independant am Cap, oder mit andern Worten, ein kleiner Souverain ist, und durch die er alles, was er will, erhalten und erpressen kann. Folgt nicht hieraus ganz unstreitig, daß die Wuth der Kolonisten und Bürger bis zu ihrer äußersten Höhe gestiegen ist, weil sie aller Gefahr ungeachtet, der diejenigen, welche unterschrieben haben,
ausgesetzt sind, nicht zur Wiederrufung ihrer Unterschrift haben bewogen werden können?   Die Zahl der Unterschriebenen
hat weit entfernt sich zu vermindern, sich noch vergrößert, hundert und dreyssig Familienhäupter haben den Deputirten in
Europa ihre Unterschrift gesandt und sich mit fünfhundert Fami-
lienhäuptern verbunden, welche gleich anfangs die der Regierung am Cap überreichte Bittschrift unterschrieben hatten. —
Eine Anzahl von vier bis fünfhundert Bürgern und Kolonisten, welche die Bittschrift unterschrieben haben, ist zu unbeträchtlich, sagt der Hr Fiskal, als daß sie Sensation erre-

gen

gen könnte: ein offenbarer Sophismus! Der Fiskal selbst giebt
uns die Auflösung desselben. Denn, sagt er, wir Diener der
Compagnie sind mit den Bürgern durch Heirathen,
welche von beyden Seiten zwischen diesen beyden Klassen von Einwohnern geschlossen sind so sehr verbunden daß sie und wir fast nichts mehr als ein Corps ausmachen u. s. w. (S. 70.) Ich behaupte zwar, daß die Anzahl der Bürger und Kolonisten am Cap noch viel beträchtlicher sey; allein wenn man bedenkt, daß seit sehr langer Zeit die
Agenten der Kompagnie und vorzüglich die Diener der Kompagnie von zweyten Range sich mit den Töchtern der Bürger
verheirathet haben, und daß die Mädchen, welche in diesen E-
hen erzeugt wurden, sich auch mit Bürgern verheiratheten, so begreift man leicht, daß diese Race von Zwittern, wenn man
mir den Ausdruck erlauben will, — eine Klasse der Bewohner des Caps, die man weder zu den Bürgern noch Agenten der
Kompagnie zahlen darf, — sich schon sehr vergrössert haben muß,
und daß es nur wenig bemittelte Familien am Cap geben könne, welche nicht mit den Mitgliedern der Regierung nahe oder
weitläuftig verwandt sind; nimt man nun noch hinzu, daß es
am Cap viele Bürger aus den untern Klassen giebt, welche
von der Regierung begünstigt werden, daß einige von dem Hrn
Gouverneur, andere von dem Hrn Untergouverneur, diese
von dem Hrn Fiskal, jene von dem Hrn Kassierer, wieder einige vom Hrn Depensier, andere vom Hrn Kellermeister, oder E-
quipagemeister, oder vom Hrn Sekretair, oder von dem Hrn
Landdrosten u. s. w. in Schutz genommen werden und der
Freundschaft dieser Herren geniessen, so wird man leicht nicht
nur den Grund von der geringen Anzahl derjenigen einsehen,
welche die Bittschrift unterschrieben haben, sondern man wird
auch erstaunen müssen, daß 500 Familienhäupter Muth, Un-
erschrockenheit, Uneigennützigkeit, ja man kann sagen, Tugend genug besaßen, um sich zur Unterschrift und zur Anklage
irrdischer Halbgötter zu entschliessen, welche mit ihren Blitzen
sie niederschmettern werden, wenn ihnen der Souverain
nicht

nicht die Hände bindet und ihre Macht in ihre gehörige Schranken zurücktreibt. Diese fünfhundert Bürger und Kolonisten sind meiner Meinung nach fünfhundert Helden, welche der größten aller Gefahren trotzen und alles wagen würden, wenn es möglich wäre, daß die Kompagnie und der Souverain sich weigerte, ihre Klagen anzuhören und ihnen Recht zu verschaffen.

Der Hr Fiskal fühlte die Stärke des Beweises, den man gegen ihn führen könnte, wenn man sich der Benennung bediente, welche er selbst den Bürgern und Kolonisten am Cap giebt, indem er sie freye Leute nennt. Um sich aus dieser Verlegenheit zu reissen, nimmt er zu einer kindischen, verhaßten und für die Kolonisten und Bürger höchst beleidigenden Distinktion seine Zuflucht. Er giebt zu, daß die Bürger und Kolonisten freye Leute sind, blos weil sie keine Diener der Kompagnie wären, das heißt, weil sie nicht von der Kompagnie wie die Agenten und Diener derselben besoldet würden. In der That eine sonderbare Bedeutung, eine bessere hätte der Fiskal für die Worte freye Leute nicht aussinnen können. Seiner Meinung nach darf man unter dem Ausdruck freye Leute nicht das verstehen, was man unter demselben, wenn man ihn von den Einwohnern der Sieben Vereinigten Provinzen gebraucht, zu verstehen pflegt. Diese Auslegung der angeführte Worten ist so seltsam, daß ich fürchte, mir bey meinen Lesern den Verdacht der Falschheit und Bosheit gegen den Hrn Fiskal zuzuziehen, und um diesen zu vermeiden, sehe ich mich gezwungen, die Stelle selbst herzusetzen. „Man würde mächtig irren, sagt der Hr Fiskal, wenn man eine Vergleichung zwischen den Einwohnern einer Kolonie, wie die am Cap ist, und den priviligirten Einwohnern der grossen Städte in der Republik anstellen wollte, und man würde noch mehr irren, wenn man von diesen Folgerungen auf jene, zu ihren Gunsten, ziehen wollte.„ (S. 43). Ich will hier dasjenige nicht wiederholen, was ich schon oben, gleich im Anfange gesagt habe,

um

um zu beweisen, daß die ersten Emigranten aus Europa, welche die Kolonie am Cap bevölkerten, die Versicherung erhielten, daß sie am Cap eben die Vortheile der Freyheit geniessen sollten, welche sie in der Republik genossen hatten, und
daß die Nachkommen Erben auch der Freyheit seyn müssen,
welche man ihren Vätern gegeben hat. Der Fiskal vermengt
hier absichtlich die Bürger am Cap, welche Abkömmlinge der
ersten, von dem Souverain nach dieser Kolonie geschikten,
Kolonisten sind, mit den Bürgern am Cap, welche anfangs
Diener der Kompagnie waren und sich, nachdem sie der Kompagnie als Soldaten oder Matrosen oder auf eine andere Art
gedienet hatten, das Bürgerrecht erwarben. Er behauptet,
daß diese letztern nur mit Beding Bürger wären, und daß die
Kompagnie, indem sie ihnen ihre Freyheit verkaufte oder schenk-
te, sich stillschweigend ihr altes Recht über sie vorbehalten hätte. Eine abgeschmackte Behauptung! Es ist entschieden gewiß, daß jeder Soldat, der seine Zeit ausgedient, oder sich
seinen Abschied vor dem Verlauf der Zeit gekauft hat, die er
zu dienen sich verpflichtet hatte, wieder in den Besitz aller Rechte der Freyheit tritt, welche er vorher besaß; jeder Soldat also, der nicht mehr in Diensten der Kompagnie steht, und sich
das Bürgerrecht erworben hat, ist in dem Besitz aller der Rechte und Privilegien, die die Bürger, welche niemals in Diensten der Kompagnie waren, besitzen. Die Erstern machen ein
und dasselbe Corps mit den letztern aus, und in Betreff der
bürgerlichen Privilegien findet kein Unterschied zwischen ihnen
Statt *). Beyläufig will ich hier nur noch bemerken, daß
die pestilentialisch despotische Luft, welche der Hr. Fiskal während seines Aufenthalts am Cap einhauchte, ihm die Idee von
unserer republikanischen Freyheit gänzlich verdunkelt hat. Er
scheint vergessen zu haben, daß, als er Europa verließ, nicht
nur

---

*) Auch nach Kolbens, Hrn. Mentzels und Hrn. P. Sparr-
manns Versicherung kann das Bürgerrecht auf die Art erlangt
werden. **L.**

nur die Bewohner der grossen Städte in unserer Republik privilegierte und freye Menschen waren, sondern daß selbst der ärmste Landmann in dem unbedeutendsten Dorfe der Republik gerade in eben dem Grade die Rechte der Freyheit genießt, gerade eben so frey ist, als der mächtigste Bürgermeister der größten Stadt in unserer Republik. Hoffentlich wird der Hr. Fiskal seine Begriffe von öffentlicher Freyheit jetzt berichtigen, da er sich selbst in den Schoos der Freyheit zurückgezogen hat, und ohnstreitig wird er hier eben so eifersüchtig für die Erhaltung derselben, wie jedes andere freye Mitglied der Republik, machen.

Der Hr. Fiskal häuft Beweise auf Beweise, von denen aber glücklicher Weise der eine so wenig überzeugend wie der andere ist, nur einen einzigen von ganz neuer Art erlaube man mir anzuführen. Die Kompagnie, sagt er, ist der Souverain am Cap, also sind die Einwohner des Caps Unterthanen der Kompagnie, also kann die Kompagnie mit ihnen verfahren, wie es ihr beliebt. Aus diesen Sätzen zieht er einen allgemeinen Schluß; jeder Diener der Kompagnie, sagt er, ist ein viel angesehneres Mitglied als ein Bürger am Cap und dieser muß daher jenem in allem den Vorzug einräumen. „Denn, setzt „er auf eine höchst unschickliche Art hinzu, diese Wahrheit „ist so ausgemacht daß sie keiner verkennen kann, der „eine richtige Idee von der ursprünglichen Verfassung „dieser Kolonie hat, der weiß, daß das ganze Etab„lissement einzig und allein von der Kompagnie ab„hängt, daß es blos ihrer Willkühr unterworfen, und „daß die Einrichtung und Regierung des Landes nur „den Händen der Diener der Kompagnie anvertrauet „ist„ u. s. w. (S. 56) Der Souverain der Republik hat also nach Hrn. Boers Behauptung nichts am Cap zu sagen! Ich zweifle sehr, daß der Souverain dies neue System billigen werde. Hr. Boers, der dies System auf die ursprüng-

li-

liche Verfassung der Kolonie bauet, irret gar sehr. Hätte er nur einen Blik auf die die Kolonie betreffenden Verordnungen geworfen, so würde er gefunden haben, daß das Kollegium der General staaten der Souverain der Kolonie
am Cap sey *). Zwar hat er Recht, wenn er behauptet, daß
die

---

*) Eine würklich mehr als lächerliche Behauptung, die auch so
viel ich weiß, außer dem Hrn. Fiskal, noch Niemand so übertrieben
aufzustellen gewagt hat. Schon die Ertheilung des Freybriefs,
welchen die Kompagnie am 20 März 1602 von den Generalstaaten empfing, enthält den offenbarsten Beweis der Oberherrschaft der Republik über die Kompagnie und ihre Besitzungen und die unzweydeutigste Unerkennung derselben von der Kompagnie selbst. Wäre die Kompagnie würkliche Besitzerinn mit
völliger Oberherrschaft der Länder, nach welchen sie ausschlies-
send handelt, wozu dann noch eine mit fünf und zwanzig tausend Gulden bezahlte Erlaubniß, einen ausschliessenden Handel
nach denselben treiben zu dürfen? Die Verpflichtungen, welche in dem erwähnten Freybriefe der Kompagnie auferlegt werden und sie verbinden, alle Bündnisse mit den indianischen
Völkern im Nahmen der Generalstaaten zu schliessen, alle ihre
Truppen auch den Generalstaaten den Eyd der Treue schwören
und durch die Befehlshaber ihrer zurückgekommenen Flotten
die Generalstaaten von dem Zustand der Sachen in Ostindien
Bericht abstatten zu lassen; — die Vertheidigung der Rechte
der Kompagnie von den Generalstaaten, welchen die Kompagnie, um nur ein Beyspiel anzuführen, die im J. 1731 erfolgte Aufhebung der zu Ostende errichteten Handlungsgesellschaft
verdankt; — der Verlust von Negapatnam und die den Engländern zugestandene freye Schiffarth in den moluccischen Ge-
wässern, — die wiederholten, aber niemals unentgeltlich wiederholten, Erneuerungen des Freybriefes, von welchen die letzte noch in die neuesten Zeiten, in das Jahr 1776 fällt; — das
zu verschiedenen Mahlen und noch zuletzt im Jahr 1743 von
den Generalstaaten ausgeübte Recht, die ältern, der Kompagnie gegebenen, Gesetze zu verändern und ihnen neue Gesetze bey-
zufügen; und endlich die Ueberlieferungen der Rechnungen von
den

die Einrichtung und Regierung des Landes den Agenten der
Kompagnie anvertrauet ist; aber es fand sich auch die Bedingung dabey, daß die Agenten der Kompagnie und die Kompagnie selbst dem Souverain Rede und Antwort zu geben schuldig seyn sollten. Dieses ist so sicher, als es gewiß ist, daß die
Kompagnie jährlich ihre Rechnungen dem Souverain zur Untersuchung und Billigung übergiebt *). Man setze einmal
den Fall, daß das Cap gegenwärtig so wie Negapatnam in
den Händen der Engländer sey, und daß die Engländer bey
einem allgemeinen Frieden es nicht herausgeben wollten, würde es in dem Falle die Kompagnie seyn, die den Frieden mit
den Engländer unterschriebe und die erzwungene Abtretung des
Caps öffentlich ratifizierte? Allerdings müßte dies die Kompagnie thun, wenn sie wie Hr. Boers behauptet, mit voller
Souverainität Besitzerin des Caps wäre. Aber in der That
würde sich die Sache, wenn der erwähnte Fall einträfe, ganz
anders verhalten, die GeneralStaaten würden alsdann,
vermöge ihrer Souverainität, Unterhandlungen mit Großbritannien unterhalten und diesem Reiche, selbst wieder den Willen
der Kompagnie, das Etablissement abtreten, wenn die Republik sich in einer so unglücklichen Lage befände, daß ein solches
Opfer unvermeidlich wäre **). Es ist also ein Irrtum und ein

Irr-

---

den Einnahmen und Ausgaben der Kompagnie an die Generalstaaten, — diesalles beweiset unwiedersprechlich, daß sowohl
in ältern als in neuern Zeiten nicht die Kompagnie sondern die
Generalstaaten als Souverain in den genannten Ländern aner-
kannt wurden. M. s. Pestel Commentarii de Republ. Batava §. 162 und 163, und allgemeine Geschichte der Vereinigt.
Niederlande Th. IV. B. 34. S. 174 u. s. f. L.

*) Von der Uebergabe der Rechnungen an die Generalstaa-
ten und den Abgaben der Kompagnie sehe man Pestel a. a.
O. §. 163. L.

**) Die Ehre, mit zu den Berathschlagungen über die Ab-
tretung Negapatnams gezogen zu werden, war alles, dessen
die

Irrthum von ganz neuer Art, wenn man behauptet, daß die Kompagnie die Souverainität über das Cap besitze; denn die Kompagnie ist nur der Verwahrer des Caps und führt die Regierung über dies Land nur mit Genehmigung der Generalstaaten. Aber wir wollen einmal auf einen Augenblick dem Hrn. Fiskal diese chimärische Souverainität der Kompagnie über das Cap zugestehen; denn zur Wiederlegung dieses ungegründeten und für den Souverain beleidigenden Satzes eine Menge Beweise anführen, hieße selbst den nur wenig unterrichteten Leser herabwürdigen; wir wollen kurz die schimpfliche Folge untersuchen, welche der Fiskal gegen die Bürger daraus hergeleitet hat. **Ein Agent der Kompagnie, sagt er, der im gleichen Range mit dem Bürger steht, hat durchaus den Vorzug vor dem Bürger; ein Soldat im Dienste der Kompagnie hat den Vorzug vor einem Soldaten der Bürgerschaft. (S. 50).** Es ist unwiedersprechlich, daß der Hr. Gouverneur und der Erste nach dem Gouverneur den Vorzug in Ansehung der Ehre vor jedem Bürger hat, welchen Rang auch dieser unter der Bürgerschaft haben mag, weil diese beyden Herren mehr den Souverain vorstellen, als die Kompagnie selbst. Aber es ist nicht unwiedersprechlich, daß der Hr. Fiskal den Vorzug vor einem würklichen Bürgermeister hat, dies ist wenigstens der Fall, wenn der Hr. Fiskal nicht im grossen

---

die Deputierten der ostindischen Kompagnie von den in Paris negociirenden holländ. Gesandten gewürdigt wurden; aber die Generalstaaten waren es, welche am 28 August 1783 ihre Gesandten authorisierten, auch in die Abtretung Negapatnams zu willigen, wenn anders die Krone Großbritannien dieselbe durchaus verlangte; auch heißt es im IV Artikel der Friedenspräliminarien ausdrücklich, die Generalstaaten der Vereinigten Provinzen cedieren und garantieren Sr Großbritannischen Majestät als völliges Eigenthum die Stadt Negapatnam mit ihren Zubehörden. M. s. Politisches Journal J. 1783. B. 2. S. 899—903 und 906. L.

sen Polizeysenat als Richter sitzt, welcher, bestimmt ausgedruckt, eigentlich das Gouvernement am Cap bildet. Denn
ich gebe gern zu, daß die in dieser Versammlung sitzenden
Mitglieder ein ihrer öffentlichen Würde angemessenes Ansehen haben müssen. Aber in Beziehung auf alle übrige Stellen und Aemter der Kompagnie behaupte ich geradezu, daß es
ein abscheulicher Mißbrauch sey, daß die Diener der Kompagnie von der zwoyten Klasse, z. B. der **Kassierer, De-**
pensier, Kellermeister, Buchhalter u. s. w. wenn sie
nicht im grossen Polizeysenat sitzen, das heißt, ausserhalb des
Versammlungszimmers dieses Senats, den Vorzug vor
rechtschaffenen Bürgern behaupten, welche mit der Ehre von
Bürgerärthen bekleidet, oder als **Offiziere** unter der Bürgermiliz angestellt sind. Was die gemeinen Soldaten im Dienste der Kompagnie betrist, so können diese nur einen Vorzug
vor den Caffern und Trabanten behaupten, welche der Hr Fiskal zur Ergreifung krimineller Bürger in Dienste genommen
hat. Ich möchte doch wohl wissen, was Hr. **Boers** unter
dem Ausdruck **Soldaten der Bürgerschaft** eigentlich
versteht; es giebt am Cap keine **Soldaten der Bürger-**
schaft, man hat dort nur eine Bürgermiliz, deren Mitglieder alle freye Leute sind und die man daraus nicht Soldaten nennen darf. Der Ausdruck **Bürgersoldat** enthält
wahrhaftig einen handgreiflichen Widerspruch. Es kann keiner **Soldat** seyn, der nicht im Solde irgend eines Souve-
verains steht und von diesem bezahlt wird, um Waffen und
Uniform zu tragen. Die Bürger am Cap tragen Waffen,
ohne dafür bezahlt zu werden, sie stehen durchaus in gar keinem Solde; *) Die Kompagnie hat sie sich ganz wieder alle

Kon-

---

* Auch bekommen sie von der Kompagnie keine Mondierung.
Es mag ein lustiger Anblik seyn, die Bürgermiliz am Cap
exerzieren zu sehen; so bunt wie sie, findet man wohl kaum
ein Corps in der Welt. Sparrmann S. 50. **K.**

H

Konstitution unterworfen und ihnen Dienste, ohne sie ihnen zu vergelten, abgedrungen, ein Mißbrauch, der abgeschaft werden sollte, eine Erniedrigung, worüber die Bürger laut klagen. Hr Boers hat vergessen, daß die Bürgermiliz in der Republik nur angestellt ist, um für die Erhaltung der Gü= ther der Gesellschaft zu wachen, um ihre Privilegien gegen je= den Usurpateur zu vertheidigen und um im äussersten Noth= fall die Waffen zu ergreifen und sich mit den regulierten und vom Staate besoldeten Truppen zu vereinigen, um einen Feind zurückzutreiben, welcher die Besitzungen der Republik anzu= greifen droht. Kurz es giebt am Cap keinen Bürgersolda= ten und mithin läßt sich die Frage, ob ein gemeiner Soldat der Garnison am Cap einen Vorzug vor einem Bürger, gleich viel von welchem. Stande, habe, gar nicht aufwerfen; der Bürger ist durchaus mehr als ein gemeiner Soldat, denn je= ner ist ein Eingebohrner und Herr für sich, dieser nur ein Aus= länder, der bezahlt wird um Waffen und Monbirung zu tra= gen, welche die Kompagnie ihm giebt.

Jetzt wird es nun wohl nicht mehr unbegreiflich seyn, wie der Hr Fiskal (S. 7.) es wagen konnte, zu sagen, daß die Klagenden es für gut gefunden hätten, sich mit Hintansetzung ihres gesetzmässigen Sou= verains geradezu an die Kompagnie selbst zu wenden, — und (S. 9.) daß sie die Pflichten mit Füssen getreten, deren pünktliche Beobachtung sie, die Bürgerräthe sowohl wie die Offiziere der Bür= gerschaft, heilig beschworen hätten. Kaùm einen Augenblick vorher, hatte der Hr Fiskal behauptet, daß die Kompagnie der Souverain am Cap sey, und jetzt behau= ptet er, daß die Regierung am Cap der Souverain der Kolo= nie sey. Welch ein unglückliches Geschöpf ist doch der, welcher eine schlechte Sache vertheidigen soll! Ein falscher Grundsatz führt den andern herbey, aus einem Irrthum stürzt man in den andern Die Regierung ist's, gegen welche sich die Bürger beklagen, gegen den Gouverneur, gegen den Fiskal, gegen alle Agen=

ten

ten der Kompagnie ersterer Ordnung sind die schreienden
Klagen der Kolonie gerichtet, und nach der Behauptung
des Fiskals ist es gleichwohl die Regierung, an die sich die
Klagenden, um Genugthuung zu erhalten, hätten wenden
sollen! Wer hat je eine ungereimtere Behauptung aufgestellt?
Der Diener eines grossen Herrn mißbraucht zu seinem Vortheil den Schutz seines Herrn, dessen Liebling er ist; und
raubt mir mein Eigenthum, beschimpft mich, mißhandelt
mich, schlept mich ins Gefängniß, kurz kränkt mich auf alle
ihm nun mögliche Arten; soll ich nun zu diesem Bösewicht mit
meinen Klagen hineilen?" soll von ihm die Entscheidung meines Schicksals abhängen? Jeder, der nur auf gesunden Menschenverstand Anspruch macht, wird mich an den Herrn dieses
treulosen Dieners verweisen; und weigert sich dieser, mir Gerechtigkeit zu verschaffen, so wird jeder vernünftige Mensch,
mich an den Souverain verweisen. Der Fall, im welchen
sich die Bürger am Cap befinden, ist ganz der nehmliche. Sie
haben sich zuerst an den Herrn der Agenten, welche sie quäl-
ten, das ist, an die Kompagnie gewandt, und sollten hier ihre
Klagen würkungslos bleiben, so werden sie sich an den Souverain wenden. Die Deputierten der Bürger und Kolonisten am Cap haben bereits deshalb ausdrückliche Befehle von
denen, welche sie absandten, erhalten.

Man erlaube mir noch einen von den paradoxen Sätzen
des Hrn Fiskals anzuführen, die er mit einer Zuversicht aufstellt, über die durchaus jeder Mensch nur von gewöhnlichen
Geisteskräften erstaunen muß. Hr Boers macht den Bürgern am Cap nicht nur das Recht streitig, am Cap zu wohnen, sondern er behauptet auch, daß ihr Aufenthalt daselbst
von gar keinem Nutzen sey: er will sie von dort vertreiben,
ohnstreitig in der Absicht, um die Regierung und die einzelnen Mitglieder derselben von einer Menge von Augenzeugen
ihrer Quälereyen und Ungerechtigkeiten zu befreyen, „Denn,
sagt er, die Diener der Kompagnie sind die Ersten unter allen Einwohnern und für die Kom-

H 2 pagnie

pagnie am unentbehrlichsten, und die Bürger (wie ich oben gezeigt habe) sollten der ursprünglichen Einrichtung gemäß und nach dem allgemeinen Endzweck, den man sich zu erreichen vorsetzte, hier nicht seyn (d. h. sie sollten am Hauptort nicht wohnen S. 68),, Der Wille des Fiskals ist also, daß der Hauptort nur von einem Volke kleiner Tyrannen bewohnt werde, welche die armen, in den übrigen Kolonien zerstreuten, Kolonisten mit dem Gewicht ihrer vereinigten Macht unterdrücken. Ich gestehe es, dies System würde den Hrn Agenten sehr grosse Vortheile gewähren, aber daß es der Kompagnie, wie der Hr Fiskal behauptet, vortheilhaft seyn würde, das läugne ich durchaus; denn da die Kompagnie so gar jetzt von ihren eigenen Agenten am Kap bestohlen wird, so würde sie noch mehr von ihnen bestohlen werden, wenn die Agenten nicht mehr befürchten dürften, von den Bürgern beobachtet und von ihnen bey der Kompagnie als Räuber angegeben zu werden.

Die ganze Replik des Fiskals beruht auf folgenden Sätzen: 1) Die Bürgerräthe und Seemräthe sind nicht die Repräsentanten der Bürgerschaft am Cap; also haben die Bürger keine Repräsentanten; also haben sie auch nicht das Recht, einige Deputierte zu ernennen und abzuschicken, um ihre Klagen der Kompagnie zu übergeben. 2) Die Kompagnie ist der Souverain am Kap, alle Bürger sind also durchaus von ihr abhängig; also kann sie dieselbe regieren lassen, wie es ihr beliebt; also hat der Bürger das Recht nicht sich zu beklagen 3) Die Regierung am Cap repräsentiert wenigstens den Souverain, und die Mitglieder, welche die Regierung bilden, sind die einzigen Ausleger des absoluten Willens der Kompagnie, also müssen alle Klagen, welche die Bürger gegen die Regierung einreichen wollen, der Regierung selbst

selbst übergeben werden. Wären diese Säße wahr und
unverwerflich, so wäre es entschieden, daß die gegenwärtig
klagenden Bürger und Kolonisten gefehlt hätten, und ihr
Schritt würde dann kriminel und strafwürdig seyn, so wie
er es nach der Versicherung des Hrn Fiskals seyn soll, der
deswegen auch die Herren Direkteurs ersucht, hierauf ihre besondere Aufmerksamkeit zu richten; dieser Umstand, sagt
er, ist äusserst wichtig in Rücksicht auf alle Klagen und in Rücksicht auf die Art, auf welche
man sich zu beklagen für gut fand. Aber alle
diese Säße sind falsch und verwerflich, und mithin ruhet die
ganze Replik auf morschen Stützen, und der Endzweck, welchen der Fiskal durch die Replik zu erreichen suchte, ist völlig verfehlt, denn ich schmeichle mir, bewiesen zu haben, 1)
daß die Bürgerräthe und Seemräthe die natürlichen Repräsentanten der Bürger und Kolonisten am Cap sind, welche ein einziges Volk bilden, und daß mithin die Bewohner des
Caps das Recht haben, einige aus ihrer Mitte zu Deputierten
zu ernennen und durch diese ihre Klagen gegen die Regierung
am Cap und gegen die Agenten, welche diese Regierung bilden, oder im Dienste der Kompagnie stehen, der Kompagnie überreichen zu lassen, ohne sich an das Gouvernement der
Kolonie zu wenden. 2) Glaube ich gezeigt zu haben, daß
die Kompagnie für nichts weniger als für den Souverain des
Caps gehalten werden kann, und daß also die Bürger nicht
in dem Grade von ihr abhängig sind, daß sie sich nicht an
den Souverain wenden könnten, wenn ihre bürgerliche Freyheit von dem Gouvernement und den Agenten gekränkt wird, und
sie unterdrückt und mißhandelt werden und die Kompagnie
sich weigert, ihnen Gerechtigkeit wiederfahren zu lassen: und
3) glaube ich die handgreifliche Abgeschmacktheit dargestellt
zu haben, welche in der unvernünftigen Behauptung des Fiskals liegt, daß die Regierung am Cap der Souverain repräsentiere, und zwar in dem Grade repräsentiere, daß sie als letzte Instanz über die Klagen entscheiden müsse, welche das

H 3   Corps

Corps der Bürgerschaft gegen die Regierung selbst vorgebracht hat.   Ich habe also bewiesen, daß die Replik des Hrn Fis, kals unzureichend ist, und daß sie beleidigend für den Souverain und die Kompagnie durch die Behauptung wird, daß weder der Souverain noch die Kompagnie als kompetente Richter bey der Erkennung über die Klagen der Bürgerschaft gegen die Regierung angesehen werden könnten.   Diese Behauptung ist nicht nur in sehr deutlichen Worten auf der oben angeführten Seite ausgedrückt, sondern der Hr Fiskal behauptet sie auch auf eine noch entscheidendere Art in der zweyten der Replik angehängten rechtfertigenden Akte.   Es erhellet aus dieser Akte, daß die Regierung der Bürgerschaft die Erlaubniß verweigert habe, Deputierte nach Europa zu schicken, um ihre Klage der Kompagnie geradezu überreichen zu lassen, eine Erlaubniß, um welche man in der Bittschrift auf die ehrerbietigste Art gebethen hatte.   Alles, was die Regierung auf diese Bittschrift that, bestand darin, daß sie den Bürgern erlaubte, sich an den grossen Justizsenat zu wenden und diesem ihre Klagen vorzulegen.   „Der Senat, das war die Antwort, die man den Bürgern gab, kann den Supplikanten ihre Bitte nicht verwilligen, doch soll es den Supplikanten vergönnet seyn, sich an den Senat zu wenden, wie sie es für gut finden werden, um ihre Klagen über die Punkte vorzubringen, in welchen die Bürgerschaft gekränkt zu seyn glaubt.„ *)   Weil nun die Bürgerschaft dieses Verboth übertreten, und ungeachtet des Verboths der Regierung, Deputierte nach Europa geschickt hat, so behandelt der Herr Fiskal die Bürger als Rebellen und behauptet, daß sie ihre Pflichten gegen ihren rechtmäßigen Souverain, das Gouvernement am Cap, verletzt hätten.

Ehe

---

* M. f. Piece justificative. N. a.

Ehe ich zur Zergliederung der andern Gründe übergehe, welche der Hr Fiskal zu seiner Vertheidigung angeführt hat, muß ich noch eine Frage aufwerfen, welche der Hr Fiskal wohl schwerlich auf eine genugthuende Art wird beantworten können; eine Frage, die ihm das Ungegründete seiner Behauptung, daß die Regierung den Souverain bilde, hinreichend zeigen wird. Derjenige, welcher eine Bedienung bekleidet, welche unabhängig von der Regierung ist, unter deren Augen er die Pflichten derselben wahrnimt, ist dieser Regierung keine Rede und Antwort von seinen Amtsverrichtungen schuldig; nun aber besizt der Fiskal sein Amt und übt die Pflichten desselben unabhängig von der Regierung am Cap aus, also ist er der Regierung auch keine Rede und Antwort von der Art schuldig, wie er die Pflichten seines Amtes erfüllet. Diese Behauptung, die sich selbst auf die Kommission des Fiskals gründet, ist in allen ihren Theilen unstreitig richtig. Dies nun vorausgesezt, frage ich den Hrn Fiskal independant, ist es möglich, daß er pflichtvergessen oder gegen seine Pflichten handeln könne? und wann das ist, und er würklich einmal gegen seine Pflichten handelt, an welches Tribunal soll die von ihm beleidigte Person sich wenden? An die Regierung am Cap kann sie sich nicht wenden, denn der Hr Fiskal independant ist ihr keine Verantwortung von seinen Amtsverrichtungen schuldig. Die Kompagnie und den Souverain in dem Fall um Hülfe anrufen, ist eben so unthunlich, denn der Hr Fiskal behauptet, daß die Souverainität der Regierung am Cap dadurch gekränkt werden würde. Nun an wen denn soll man sich wenden? Wahrhaftig, will der Hr Fiskal seinen Grundsäzen treu bleiben, so muß er antworten, man kann sich an keinen Menschen, an kein Tribunal in der Welt wenden, um mich zu verklagen. Und daraus würde denn folgen, daß der Hr Fiskal, weil er unabhängig ist, das Recht habe, nach Belieben Geldstrafen aufzulegen, einzukerkern zu lassen, das Bürgerrecht zu rauben, die rechtschaffenen freygebohrnen Bürger zu Soldaten und Matrosen

H 4 der

der Kompagnie zu machen, zu exilliren und zu verbannen, mit einem Wort, daß er alles thun könne, ohne verpflichtet zu seyn, irgend jemanden die Ursachen aller dieser Bestrafungen anzugeben; ja das unglückliche Geschöpf das er zur Schlachtbank führte, würde durchaus kein Recht haben, sich weder bey dem Gouverneur, noch bey der Kompagnie, noch bey dem Souverain zu beklagen. Giebt der Hr Fiskal alle Folgerungen zu, welche aus diesen Sätzen fließen, so dürfen weder das Gouvernement, noch die Kompagnie, noch der Souverain sich um die Polizey am Cap weiter bekümmern; verwirft er aber diese Folgerungen, so muß er auch gestehen, daß die Bürger am Cap mit ihren Klagen, wenigstens mit denjenigen, welche ihn betrafen, sich anders wohin, als an die Regierung am Cap, wenden mußten, weil der Fiskal unabhängig von dem Gouverneur und der Regierung ist; auch muß er dann zugeben, daß die Regierung am Cap eine Ungerechtigkeit begieng, da sie den Bürgern die Erlaubniß verweigerte, ihre Klagen der Kompagnie zu überreichen. Welche Partie nun aber auch der Hr Fiskal ergreifen mag; so bleibt er immer in einer gleich verwickelten, unangenehmen Lage.

Ehe ich weiter gehe, muß ich nur noch einen falschen Satz des Hrn Fiskals untersuchen, den er, selbst wenn er die ausgemachteste Wahrheit enthielte, mit keiner grössern Zuversicht hätte aufstellen können. „Die Bürger am Cap, sagt er, haben schlechterdings kein Recht einen Handel zu treiben, und die Frage also, ob sie ein Recht haben mit Ausschliessung der Diener der Kompagnie zu handeln, läßt sich nicht einmal aufwerfen, und mithin fällt die Beschuldigung weg, daß die Regierung dieses vorgebliche Recht, das nirgends existiert, gekränkt habe.„ (S. 57) Entweder muß der Hr Fiskal ganz nichts von den Verordnungen wissen, welche über den Handel gemacht worden sind, und in welchen den Bürgern am Cap das Recht gegeben wird, mit Fremden einen uneingeschränkten Handel mit

ihren

ihren Lebensmitteln zu treiben, und nach welchen den Agenten der Kompagnie aller Handel verbothen ist, und sie eidlich zu versprechen verpflichtet sind, daß sie gar keinen Handel treiben wollen; oder der Hr. Fiskal verwirft die Gültigkeit dieser den Bürgern günstigen und für die Agenten strengen Verordnungen. Man darf annehmen, daß der Hr Fiskal diese Verordnungen kennet, und mithin muß man schliessen, daß er ihre Gültigkeit verwirft. Daß aber diese Verordnungen würklich nicht die Kraft der Gesetze am Cap haben, daß die Kompagnie kein Recht habe, den Bürgern einen freyen Handel zu verwilligen und ihren Agenten und Dienern allen Handel zu verbiethen, das muß der Hr Fiskal noch erst mit Beweisen darthun, und bis dahin kann man immer gegen ihn behaupten, daß das Recht der Bürger am Cap auf einen ausschliessenden Handel kein vorgebliches Recht, sondern ein Recht sey, daß im höchsten Grade gültig ist und in dessen Besitz die Bürger nicht eher gestöhrt wurden, als bis es dem Gouvernement und den einzelnen Agenten der Kompagnie und vorzüglich dem Fiskal gefiel, sie in demselben zu stöhren und es ihnen ganz zu entreissen, oder wenigstens diesem Rechte Einschränkungen zu geben, die in gleichem Grade für die Bürger schimpflich und nachtheilig, und für die Agenten der Kompagnie vortheilhaft waren. Doch man darf wohl nur zur Wiederlegung des Hrn Fiskals seine eigene diesen Satz erläuternde Worte anführen. Der Unterzeichnete, sagt er, S. 61, bemerkte, daß, als er hieher (nach dem Cap) kam, zu seinem grossen Erstaunen, fast jeder Einwohner von Rang und Stande, selbst einige von denen, welche die ersten Würden bekleideten, der eine mit dieser, der andere mit jener Waare, entweder direkt oder durch Kommission handelte, und die geringste Veränderung, welche er in diesem Punkte hätte vornemen wollen, würde den gänzlichen Sturz der ganzen Kolonie zur unausbleiblichen Folge gehabt haben. (S. 61) — — — Er hat also die

Sa:

Sachen auf dem alten Fuß gelassen, so wie sie einer sehr alten Gewohnheit nach waren, die so
lange Statt gefunden hat als Menschen denken
können, und die durch eine stillschweigende Billigung alle Kraft der Gesetze erlangt zu haben
schien u. s. w. (S. 62) Das Glück der Kolonie hängt also nach
des Hrn Boers Behauptung von dem uneingeschränkten
Handel der Kolonisten ab; ihn unterstützen hieße nach ihm, die
Kolonie gänzlich ruinieren. Ohnstreitig der Grund, der Riebeek, van Goens und andere bewog, jene weisen Verordnungen zu machen, die zu Gunsten der Bürger des Caps
zu wiederholten Malen erneuert wurden, wenn die Agenten
der Kompagnie sie in Ausübung des Rechts eines ausschliessenden Handels hindern wollten. Nur Schade, daß der Hr
Fiskal noch hinzusetzt, daß alle ältere, diesen Gegenstand betreffende Gesetze abgeschaft wären, wenigstens daß sie alle Kraft und Würksamkeit durch
eine Gewohnheit verlohren hätten, welche selbst seiner Aussage nach durch Mißbrauch eingeführt wurde; *) er
hätte richtiger und wahrer geredet, wenn er gesagt hätte, daß
das Gouvernement und die Agenten der Kompagnie sich stets
bestrebt hätten, die ältern Gesetze, Verordnungen
und Reglements, durch welche man den Bürgern stets das ausschliessende Recht zu handeln
zusicherte, abzuschaffen und würkungslos zu machen.

Das Corps der Bürgerschaft am Cap beklagt sich mit
Recht; denn durch die Unterdrückung, über welche jedes
Mitglied der Kolonie unter einer willführlich gewordenen Regierung seufzt, ist die Kolonie in einen Verfall gerathen der
einen

---

* En alle anterieure wetten ten dien opzigten geabo-
leert en te niete gedaan hebben; sind die Ausdrücke des
Fiskals.

einen nahen Untergang ganz offenbar ankündigt. Eine traurige Wahrheit, deren Gegentheil der Hr Fiskal vergebens dar-
juthun sucht, indem er die Bürgerschaft förmlich Lügen straft,
mit einer beyspiellosen Dreistigkeit den Zustand der Kolonie
als im höchsten Grade glücklich darzustellen sucht, und im Ton
des Propheten den undankbaren Einwohnern des Caps den
Zorn des Allmächtigen ankündigt, weil sie es wagten,
mitten im Schoos des Ueberflusses sich über Mangel und Armuth zu beklagen.   Ich mag die Geduld meiner Leser nicht
durch diese Stelle des pathetischen Fiskals ermüden, mit
welcher er die ganze neunte und zehnte Seite seiner Replik an-
füllet.   Ich will ihm nur ein Wort erwiedern, ihm nur sagen, daß sein Gewäsch vom Lür hier nichts beweise; herrscht
wirklich Lür am Cap, so herrscht er nur unter den Agenten
der Kompagnie und unter den Bürgern, welche entweder von
den Agenten begünstigt werden, oder mit ihnen verwandt sind,
oder in Handlungsverbindungen mit ihnen stehen. Wahrlich
diese dürfen den Zorn des Himmels fürchten! Nur in dieser
Klasse zeigt sich der Lür in seiner ganzen Grösse, nur hier
herrscht Ueberfluß, nur hier genießt man unverschämt alle Vortheile eines glänzenden Glücks auf Kosten der
Bürger und der Kolonisten und selbst auf Kosten der
Kompagnie! — Der Hr Fiskal nutzt den Augenblik der
Ruhe, welchen die Kriegserklärung zwischen Frankreich und
Großbritannien der Kolonie am Cap gewährte, um ihren gegenwärtigen Wohlstand übertrieben darzustellen. Er hat Recht,
daß in diesem Augenblik, das heißt seit dem Anfange dieses
Krieges, oder bestimmter ausgedruckt, seit der Ankunft der
französischen Truppen am Cap die Kolonisten nicht so sehr unterdrückt werden, als sie in Friedenszeiten unterdrückt wurden, daß die Kolonisten mit hinlänglicher Freyheit ihren Handel treiben, daß sie sich gewisser Maassen durch den hohen
Preis bereichert haben, zu welchem sie ihre Lebensmittel verkauften, und daß sie mit einem Wort, sich in einer günstigen und glücklichen Lage befinden.   Aber dieses Glück ist nur

zu-

zufällig, nur vorübergehend; nach geendigtem Kriege wird der Geist der Unterdrückung auf's neue erwachen und das E-lend drückender und vielfacher als jemals wüthen. Dies war der Fall in und nach allen vorhergehenden Kriegen. Und dann ist es nicht der gegenwärtige Zustand, der nur zu bald verändert seyn wird, über welchen sich die Kolonisten beschweren; sie beschwerten sich zu einer Zeit, da sie die gerechtesten Ursachen zu klagen hatten, und sie drangen bey der Kompagnie auf die Ergreifung der nachdrücklichsten Mittel, damit sowohl Bürger als Kolonisten zu allen Zeiten sowohl im Kriege, als in Frieden, die Rechte der bürgerlichen Freyheit, der Vortheile ihrer Konstitution, der Freyheit eines erlaubten und gesetzmässigen Handels, der freyen Disposition der Früchte ihrer Arbeit geniessen können; mit einem Wort, Sicherheit in ihren eigenen Häusern, so lange sie ruhig und als rechtschaffene Menschen leben; Abstellung der Gewaltthätigkeit, sie als Soldaten in die Dienste der Kompagnie und als Matrosen auf die Schiffe derselben zu schleppen; Abstellung der Abscheulichkeit, sie ungehört und unschuldig und ohne ihre Sache von dem hohen Justizsenat untersucht und sie von ihrem Verbrechen überführt zu haben, zu mißhandeln, zu verdammen und zu beschimpfen, das ist es was die Kolonisten und Bürger verlangten und noch verlangen; und kann man ihnen diese Forderung ohne Ungerechtigkeit verargen? kann man sie ihnen abschlagen?

Der Hr Fiskal glaubt die Ursache des Ruins der Kolonien an einem ganz andern Orte suchen zu müssen, er glaubt, daß der Mißbrauch der Reichthümer, welche die Bürger jetzt aufhäuften und die sie zur Befriedigung ihres Stolzes und ihres Luxes und in Aufführung stolzer Gebäude und unnützer Verschönerung am Hauptort und auf andere Art verschwendeten, einst Ursache des Falls der Kolonie seyn werde. (S. 10) Aber

1)

1) raifonlert der Hr Fiskal hierauf eine sehr unpoliti-
sche Art über die Reichthümer der Bürger am Cap, wenn
er anders nicht im Scherz geredet hat; doch gläublicher ist's
er raisonniert als Agent, der mit neidischem Auge auf den
Wohlstand der Bürger herabsieht, die er gern erniedrigt und
im Elend schmachten sähe, weil dadurch der ausschweifend hohe Lur der Agenten der Kompagnie desto schöner glänzen und
ihrer Verschwendung selbst neue ergiebige Quellen dadurch geöfnet werden würden. Jemehr der unumschränkte Minister
eines Souverains durch seinen Aufwand Aufsehen erregt, desto mehr fürchtet ihn der Unterthan, der selbst nicht einmal
den Wohlstand der unteren Klassen der Bürger kennet, und
der größte Theil der Menschen sucht mehr durch äussere Mittel,
durch Pomp und Aufwand, als durch innern Werth und durch
würkliche Verdienste, Ehrfurcht und Achtung andern abzuzwin-
gen und leyder gelingt dies auch bey dem größten Theil der
Menschen nur zu sehr.

2) Muß es für alle Souverains, deren Unterthanen
in dem Boden, den sie bebauen, ihre Reichthümer finden, ein
erfreulicher Anblick seyn, wenn diese Reichthümer durch Be-
quemlichkeit und so gar durch Lur in ihren Staaten selbst verbreitet werden, wenn anders die Bequemlichkeiten, die man
verlangt, und der Lur, dem man sich ergiebt, das Geld der Einwohner ihrer Staaten nicht in fremde Länder führt, das heißt
mit andern Worten, wenn nur die Gegenstände des Lures im
Lande selbst erzeugt werden: und dies ist gerade der Fall am
Cap, selbst nach dem Eingeständniß des Hrn Fiskals. (S. 10)
Der Lur, die Baulust führt hier das Geld aus den Kasten der
Reichen in die Hände der Künstler, der Handwerker der Arbeiter am Cap. Dieser Lur also, von dem der Hr Fiskal behauptet, daß er die Grundsäulen der Kolonie untergrabe,
giebt derselben vielmehr neue Stärke, denn er ernährt eine
grosse Anzahl Familien, die ohne ihn nicht leben könnten, Familien, die nur von ihrer Industrie und ihrer Arbeit leben.

3)

3.) Zeigt sich der Hr Fiskal, indem er den Aufwand ver=
dammt, eben nicht sehr als ein dem Interesse der Kompagnie
ergebener Diener; denn alle die schönen Gebäude die seiner
Versicherung nach am Cap aufgeführt werden, können auf
keine Art nur einen gewissen Grad von Vollkommenheit und
Schönheit erreichen, wenn nicht eine grosse Menge Eisen
bey ihrer Aufführung verbraucht wird, und dieses Eisen
müssen die Bürger stets zu einem sehr hohen Preise von
der Kompagnie selbst kaufen, welche, wenn keine Gebäude
weiter aufgeführt würden, einen wichtigen Handlungszweig
verliehren müßte. Was aber die andern Gegenstände des
Luxes betrift, die wir uns nur durch grosse Reichthümer ver=
schaffen können, so werden sich die Bürger am Cap niemals
durch diese ruiniren. Die Kompagnie hat schon dafür gesorgt;
denn 1) hat sie den Kolonisten allen Handel von Wichtig=
keit mit den Ausländern verbothen, und die Kolonisten ge=
zwungen, von ihr selbst alles zu kaufen, was aus Europa
oder aus dem Auslande kömmt, und in die Klasse der
Bedürfnisse und Bequemlichkeiten gehört; und 2) hat die
Kompagnie sehr bestimmte Verordnungen den Lux betreffend
gegeben *). Uebrigens läßt sich auch sicher annehmen,
daß

---

* Auch der Verfasser des gegenwärtigen Zustandes der Be=
sitzungen der Holländer in Ostindien, wirft den Dienern der
holländisch=ostindischen Kompagnie den übertriebensten Pomp
und Aufwand vor, leitet ihn aus den thörichten Begierden
der lächerlichsten Eitelkeit her, und wünscht, daß man in Eu=
ropa darauf denken möchte, diesem Mißbrauch durch irgend
eine gute Einrichtung abzuhelfen Ob man aber diesen sogenann=
ten Mißbrauch, der sich aber immer noch aus politischen Gründen
vertheidigen liesse, würklich in Ostindien abgeschafft, kann ich nicht
bestimmen, aber am Cap hat man den hier ganz unnützen Lux
durch eine besondere Verordnung einzuschränken gesucht, die
der Hr Verfasser] des Afriq. holld. seinem Werke in einer Ue=
ber=

daß niemals die Reichthümer der Bürger am Cap die Ursache des Ruins der ganzen Kolonie werden können, sondern
es ist vielmehr gewis, daß diese Reichthümer allen Einwohnern der zweyten Ordnung, das heißt, allen weniger begü-
therten Einwohnern ihr Auskommen auf eine leichtere Art
verschaffen werden.

Das dritte Mittel, welches der Hr. Fiskal zu seiner
Vertheidigung gewählt hat, besteht darin, daß er die starken ihn betreffenden Beschuldigungen von sich ablehnt,
daß er die Regierung im allgemeinen wegen der Unterdrückungen entschuldigt, über welche die Bürger sich beklagen, und daß er endlich die ersten Agenten der Kompagnie
wegen des Handels rechtfertiget, den sie sich ganz gegen
ihren Eid erlauben. Ich werde mich nicht weiter mit der
Untersuchung der beyden letztern Punkte abgeben, ich würde sonst schon einmal gesagte Dinge wiederholen müssen.
Ich schmeichele mich hinlänglich gezeigt zu haben, daß die
Regierung am Cap, im allgemeinen betrachtet, im höchsten
Grade drückend für den Bürger wie für den Kolonisten ist;
auch habe ich gezeigt, daß die Agenten der Kompagnie nicht
nur nicht ein Recht, Handlung zu treiben, haben, sondern
daß ihnen durchaus aller Handel verbothen ist, und daß sie
mit einem feierlichen Eide zu versprechen verbunden sind,
durchaus keinen Handel zu treiben. Nur mit wenigen Worten will ich den Werth der Entschuldigungen untersuchen, die
der Hr. Fiskal für sich anführet. Ich bin völlig überzeugt,
daß diese Entschuldigungen unzureichend sind, und daß sie
die Rechtmässigkeit der gegen ihn eingereichten Beschwerden
nichts weniger als entkräften, aber ich bin auch zu gleicher Zeit überzeugt, daß das Uebel, welches daraus entsteht,
daß der Fiskal und die andern Agenten der Kompagnie ihre
                                                      Auf-

---

bersetzung angehängt hat und die ich auch dieser Uebersetzung
am Ende aber nicht in einer zweyten Uebersetzuug beyfügen
werde. L.

Auktorität mißbrauchen, mehr der Kompagnie selbst als den einzelnen Mitgliedern der Regierung zugeschrieben werden muß. Es ist die Schuld der Kompagnie, wenn die Agenten gegen ihre Pflicht handeln, denn 1) die Besoldungen, welche die Kompagnie ihren Dienern giebt, sind sehr mässig *); 2) wacht die Kompagnie nicht genug über die Handlungen ihrer Diener; noch bestraft sie sie so nachdrücklich, daß diejenigen, welche den bösen Beyspielen ihrer Vorgänger folgen, durch Furcht geschreckt werden könnten; 3) schickt die Kompagnie ihren Dienern stets geheime und entscheidende Befehle, welche zum Theil an den Unordnungen schuld sind, über welche sich die Bürger beklagen, und die oft den Agenten zugeschrieben werden; 4) sind die Agenten stets entweder Anverwandte, Freunde oder Klienten der Herren Direkteurs **), wel-

---

*) Eben dies ist auch der Fall bey den Dienern der Kompagnie in Ostindien, und die Folgen sind auch hier die nehmlichen. Alleinhandel, sagt der Hr. Verf. der oben angeführten franz. Schrift S. 58, Ungerechtigkeiten, Ränke, Diebereyen, kurz alles wozu ein verdorbenes Herz nur fähig ist, ist angewandt worden, um sich Schätze zu sammeln. Aeußert ja einmal ein rechtschaffener Mann seinen Unwillen darüber, so sagt man ihm, in Holland weiß man das alls! und wahrlich so verhält es sich würklich; wollte man auch diese Betrüger und Blutigel nicht strafen wie sie es verdienen, so könnte man sie doch wenigstens von Zeit zu Zeit ausdrücken wie einen Schwamm, und das würde immer ein Vortheil für die Kompagnie seyn, mit der es ohnehin immer bergab geht. u. s. w. L.

**) Oder, welches sehr häufig der Fall, und eben so schlimm, wo nicht noch schlimmer ist, Leute, die sich einzig und allein durch ihr Geld eine Bedienung verschaft haben. In Batavia lebt — vielleicht noch jetzt — ein Schöppen der im niedrigsten schmutzigsten Judenstande gebohren war, dann Kutscher in Judien wurde, darauf den Handel anfing, und sich durch seine unrecht erlangten Reichthümer zu der Würde eines

welche sie aus Europa schicken mehr ist der Absicht, damit
sie ihr Glück machen und ihre verfallene Familie wieder emporheben sollen, als in der Absicht, zum
Wohl der Kolonisten und zum würklichen Vortheil der
Kompagnie zu arbeiten. Es würde mir nicht schwer werden, noch andere eben so wichtige Gründe anzuführen, um
zu beweisen, daß die ersten Stellen in den Etablissements
der Kompagnie mit gar zu weniger Sorgfalt vergeben werden, und daß Verwandtschaften und Privatverbindungen zu
mächtigen Einfluß auf die Ernennung der ersten Diener
der Kompagnie haben, aber ich glaube schon Gründe genug
angeführt zu haben und will jetzt wieder zu dem Hrn. Fiskal zurückkehren.

Nach einer Vorrede, welche mit der eilften Seite der
Replik anfängt und mit der fünf und zwanzigsten Seite sich
endigt, nach einer Vorrede, die so unnütz als lang ist,
fängt der Hr. Fiskal endlich an, sich in Ansehung dreyer
Handlungen zu rechtfertigen. Die Erste betrift eine Geld-
summe oder die Prozeßkosten, welche ein gewisser J. van
Rheenen ihm, dem Fiskal, hatte bezahlen müssen, damit
er einen Kriminalprozeß nicht weiter fortsetzte, welchen er
gegen

eines Schöppen emporschwang, und das ist nur einer von solchen Fällen, die sich dutzendweis aufführen liessen. Was aber
läßt sich von Leuten erwarten, deren gänzlichen Mangel an
Verdiensten ihr voller Beutel oder das Geld und das Ansehen
ihrer Anverwandten und Gönner ersetzen muß, und deren Gierigkeit es unverwehrt bleibt, sich eine so unübersehbare Menge
von Kanälen zu eröfnen? Kann man noch an dem Ausspruch
des grossen Johann de Witt zweifeln, der es in Holland laut
und unverhölen sagte, daß der größte Theil der Diener der Kompagnie in den Ostindischen Besitzungen und Kolonien nur Ab-
schaum des Volks, liederliche, hungrige, gottlose, diebische und
weggeworfene Menschen wären? (Gegenwärt. Zustand der
Besitz. d. Holländer in Ostindien S. 51 und 63. A.

J

gegen den Sohn deß J. van Rheenen und gegen einen
Sohn eines der ersten Diener der Kompagnie, die beyde
Mitschuldige ein und desselbe Verbrechens waren, angefangen
hatte. Die zweyte Handlung betrift erstens eine Geldstra
fe von funfzehen hundert Reichsthalern, welche ein gewisser
C. P. Brand hatte erlegen müssen, und von welcher Summe
der Hr. Fiskal ihm die Hälfte geschenkt hatte, und zweytens
eine Geldstrafe von zwölf hundert Reichsthalern, die ein gewisser Holtmann erlegt hatte, und von welcher Summe der
Hr. Fiskal auch ihm den dritten Theil zu erlassen die Güte
gehabt hatte; und die dritte Handlung betrift gleichfalls eine Geldbusse von dreyhundert Reichsthalern, die ein gewisser Olivier, aber ohne etwas davon zurückzubekommen,
hatte bezahlen müssen. Ich glaube es dem Hrn. Fiskal auf
sein Wort, daß die Bürger verdient hatten, so hart gestraft
zu werden, aber niemals werde ich es allen seinen Versiche-
rungen glauben, daß diese Geldstrafen nur Bagatellen und
Kleinigkeiten sind, denn dafür und für nichts anders giebt
der Hr. Fiskal sie aus. Es schmerzt mich tief in der
Seele, sagt er, daß ich mich genöthigt sehe, mich
wegen solcher Kleinigkeiten und Bagatellen zu rechtfertigen und zu vertheidigen; man sollte glauben, es
wäre von äusserst wichtigen Dingen die Rede ic. u.
s. w. S. 25.

Der Hr. Fiskal muß sehr beträchtliche Gebühren einnehmen und sehr grosse Geldstrafen auflegen, weil er 500,
1500 und 1200 Reichsthaler, die verschiedene Partikularen
bezahlt hatten, weil sie nur ein einziges Mahl auf frischer That
waren ertoppt worden, für eine Kleinigkeit hält. Und was die
300 Thaler betrift, welche Olivier bezahlen mußte, so behaupte ich geradezu, daß sie dem Mann mit dem größten
Unrecht abgedrungen wurden. Der Fall war folgender.
Olivier, ein Kolonist aus einem der Distrikte der capischen
Kolonie, hatte, gleich allen andern Menschen, ein unstreiti-
ges Recht mit seinen eigenen Lebensmittel zu handeln, und
kam,

kam, weil er es für vortheilhafter hielt sein Korn mahlen zu
laſſen und es als Mehl zu verkaufen, als es in Natur zum
Verkauf nach dem Kap zu bringen, mit einem Fuder Mehl
am Cap an; hier aber ergriff man ihn, brachte ihn zum Fiskal, und dieſer legte ihm die erwähnte Geldbuſſe auf, und
zwar aus dem Grunde — weil Olivier kein Certifikat vom
Müller habe aufzeigen können. Frägt man, wozu hier ein
ſolches Certifikat? Die Kompagnie, antwortet der Hr. Fiskal (S. 24), hat eine Zwangmühle am Cap, und die
Regierung muß dahin ſehen, daß die Koloniſten ſie ordentlich
beſuchen, und ob dies gehörig geſchieht, davon kann man von keinem beſſer als von dem Müller ſelbſt benachrichtigt werden,
den Privatintereſſe die Wahrheit zu ſagen zwingt. Eine
Zwangmühle! ein neuer Beweis, daß in der Kolonie nichts
weniger als die Freyheit des Mutterlandes herrſcht. Aber
dieſe Zwangmühle gehört nicht der Kompagnie, die Kompagnie hat nicht das geringſte Recht auf dieſelbe, die
Bürgerſchaft beſitzt die Mühle mit völliger Eigenthüm-
lichkeit, und die Bürgerräthe haben ſie zum Vortheil der Bürgerſchaft am Cap verpachtet; und dann iſt die Strafe, welche demjenigen zuerkannt iſt, welcher überführt wird, daß
er anderswo habe mahlen laſſen, auf zehen und nicht auf
drey hundert Thaler feſtgeſetzt, welche zehen Thaler alsdann in die Kaſſe der Bürgerſchaft und nicht in die des
Hrn. Fiskals geliefert werden ſollten, wie die Natur der
Sache ſelbſt es hinreichend lehrt. Es iſt alſo höchſt unſchicklich und thöricht, daß der Hr. Fiskal in der Zwangsgerechtigkeit der Mühle, welche einzig und allein zum
Vortheil der Bürger iſt, die Rechtfertigung ſeines Urtheils
ſucht, welches er gegen den ganz unſchuldigen Olivier ausge-
ſprochen hatte. Allein nach der Verſicherung des Fiskals mußte
er auch die Verachtung beſtrafen, welche Olivier gegen die Auf-
torität der Regierung zeigte, indem er demjenigen, der ihn
anhielt, ſagte, daß er eine ausdrückliche Erlaubniß

zu paſſieren habe, da er doch in der That keine hatte. (S. 24) Eine thörichte lächerliche Rechtfertigung! Man höre nun, wie die Sache zuſammenhing. Die Zwangsmühle der Bürgerſchaft war beſchädigt, ſo daß auf einige Zeit alles Mahlen durchaus unmöglich war; Olivier, der zehen Meilen von der Mühle entfernt wohnte, hatte ſich mit einer ſchriftlichen Erlaubniß von den Bürgerräthen verſehen, ſein Mehl nach dem Cap bringen zu dürfen, welches er auf kleinen Mühlen in ſeinem Diſtrikt hatte machen laſſen, und von welchem er dem Müller der Zwangmühle der Bürgerſchaft das Seinige entrichtet hatte. Dem zufolge war er nun ſchon mit einer Laſt Mehl paſſiert, ohne angehalten zu werden, aber als man ihn bey ſeiner zweyten Fuhr, unterdeß die Mühle, aber ohne daß Olivier es wußte, wieder ausgebeſſert worden war, anhielt, ſo glaubte er ſich immer noch durch die obengenannte Erlaubniß geſichert, und berief ſich alſo auf dieſelbe. Wie weit war alſo Olivier von dem Verbrechen entfernt, welches der Hr. Fiskal ihm aufbürdet! Zeigt ſein Verfahren von Verachtung der Auktorität der Regierung? war es ein Verbrechen, das mit 300 Thalern gebüßt werden mußte? Wahrhaftig, war jemals jemand berechtigt, Verzeihung und Nachſicht zu fordern, ſo war es hier Olivier; er hatte gefehlt, aber ohne es zu wiſſen; und war jemals jemand unrechtmäſſiger und ungerechter Richter, ſo war es hier der Hr. Fiskal! Die Kompagnie hat eben ſo wenig ein Recht, die Einfuhr des Mehls zu verbiethen, welches die Koloniſten von ihrem eigenen Getraide gewonnen haben, als ſie ein Recht beſitzt, die Einfuhr des Weins, des Getraides und anderer Produkte zu unterſagen. Mit einem Wort, alle Produkte, welche in den Ländern der Kolonie erzeugt werden, können, — die Konſtitution ſelbſt giebt den Koloniſten das Recht dazu — nach dem Hauptort gebracht werden, wenn die Koloniſten der Kompagnie den Zehnten entrichtet haben und die Kompagnie verſichert, daß ſie mit Getraide hinreichend verſehen ſey, oder wenn

wenn sie sich weigert, dem Kolonisten den Ueberrest seiner
Produkte abzukaufen. Wenn sich also der Hr. Fiskal durch
die Zwangsgerechtigkeit der Mühle zu retten sucht, so
benutzt er zu seiner Vertheidigung einen Irrthum, dem alle
diejenigen ausgesetzt sind, welche nicht genau von der Lage
der Sachen unterrichtet sind. Und wie viele sollte man wohl
in Europa finden, die sich rühmen könnten, eine Kenntniß von der Kolonie am Cap zu haben, welche sich selbst
bis auf Gegenstände der Art erstreckte? Vielleicht findet
man unter tausend kaum einen Einzigen.

Ganz obenhin berühret der Hr. Fiskal einen andern
Theil der Anklage, der meinem Ermessen nach gerade der-
jenige ist, der am ersten seine ganze Aufmerksamkeit ver-
dient hätte, denn dieser Theil der Anklage betrift eine That,
die durch die Geldstrafe, welche der Hr. Fiskal in diesem
Fall auferlegte, eine der ungerechtesten ist, wenn gleich der
Fiskal auch diese Geldbusse für eine Kleinigkeit hält.
Hier das Faktum selbst, man lese und urtheile, ob hier von
Bagatellen die Rede seyn könne.

Johann Schmit Juriaanszoon ist ein Bäcker und
Bürger in der Capstadt. Dieser Mann fehlte gegen eine
Polizeyverordnung, nach welcher es allen Bürgern des Caps
verbothen ist, in den Backöfen oder auch anderswo, alte
trockne Binsen zu brennen, welche zur Bedeckung der Häuser gedient haben. Die Ursachen, aus welchen dieses Reglement gegeben wurde, sind höchst triftig; denn vorzüglich
in Städten und grossen Vestungen kann man Brand zu
verhüten nie vorsichtig genug seyn. Die Geldstrafe, welche
der Uebertreter dieser Verordnung erlegen muß, ist auf
fünf und zwanzig Reichsthaler für einen blossen Bürger festgesetzt, aber der Bürger, welcher zugleich Bäcker
ist, muß nicht nur im Fall der Uebertretung dieses Verboths
fünf und zwanzig Thaler erlegen, sondern er verliehrt auch
das Recht zu backen. Der Hr. Fiskal, durch die erwähnte
Verordnung bevollmächtigt, ließ den Johann Schmit die

J 3   gan-

ganze Strenge der Strafe der Uebertreter dieser Verordnung fühlen; und sein Verfahren würde fern von allem Tadel seyn, wenn er nur nicht mehr gethan hätte. Aber Johann Schmit ist ein reicher Bäcker, und seine Börse konnte ihm Mittel genug geben, die Strenge des Hrn. Fiskals zu mildern. Ob nun Johann Schmit ein Mittel zur Vereinigung vorgeschlagen, oder ob der Hr. Fiskal den Johann Schmit habe benachrichtigen lassen, daß er sich würde handeln lassen, das kann uns hier gleichgültig seyn; kurz es kam zwischen beyden zum Vergleich; Johann Schmit sah sich gezwungen dem Hrn. Fiskal tausend Reichsthaler zu bezahlen, um ferner das Recht, Brodt backen und verkaufen zu dürfen, genießen zu können. Der Hr. Fiskal war schlechterdings nicht berechtigt, diese Sache für eine Bagatelle von tausend Reichsthalern zu schlichten und noch weniger durfte er sich unterstehen, sie für seine Börse zu nutzen; er hätte den Bäcker bey dem kompetenten Tribunal angeben, dort den Prozeß verfolgen und das Urtheil erwarten sollen, welches über den erwähnten Schmit von diesem Tribunal gesprochen werden würde. Aber es schien dem Hrn. Fiskal, daß die Sache schneller geendigt werden könne, wenn er die tausend Reichsthaler in seine Tasche steckte und den Bürger dann ohne weiteres völlig in sein altes Recht wieder einsetzte.

Eben der nehmliche Johann Schmit hatte das Unglück, noch einmal dem nehmlichen Hrn. Fiskal in die Hände zu gerathen, aber diesmal wurde die Sache für den einen wie für den andern um vieles ernsthafter. Johann Schmit sollte nach der Aussage eines Kerls, der auch zu den treuen Trabanten des Hrn. Fiskals gehörte, sich eines Diebstahls schuldig gemacht, oder eigentlich einige Güther in sein Haus getragen haben, welche die Wellen nach dem Schiffbruch eines englischen Schiffes an das Ufer getrieben hatten, welches im Gesicht des Caps (aux atterrages) zertrümmert war. Kaum hatte der Trabant seinen Bericht geendigt, so ließ auch

schon

schon der Hr. Fiskal den Schmit vorfordern. Schmit erschien, der Fiskal drohte, die Sache kriminaliter zu behandeln, und machte ihm eine Vorstellung von der zu erduldene
den Strafe, die nicht schrecklicher für den Unglücklichen und
nicht schimpflicher für die Familie desselben hätte seyn können,
wenn er sich nicht zu einem heimlichen Vergleich bequemen
wollte. Schmit zitterte vor Angst, sah schon den für ihn
errichteten Galgen, fühlte sich schon in den Händen der Cas-
fern, glaubte schon in's Gefängniß geschleppt zu werden und
bebte schon vor dem Henker mit dem Strick in der Hand,
der das Todesurtheil an ihm vollziehen sollte. Er verstand
sich zu einem Vergleich, fest überzeugt, daß sein Beutel ihm
noch ein sicheres Mittel, die Wuth des Fiskals zu besänftigen,
darreichen werde, und ohne weitere Umstände traten nun beyde
in Negoziationen, und das Ende davon war, daß der unglückliche Schmit eine Obligation von nicht weniger als
funfzehn tausend Gulden unterschreiben mußte, und
diese Kleinigkeit verlangte der Hr. Fiskal nicht als Strafe, sondern als Darlehn; mit andern Worten, Schmit
mußte schriftlich versichern, daß er von dem Hrn. Fiskal eine
Summe von funfzehn tausend Gulden an baarem Gelde empfangen habe und diese in Terminen zurückbezahlen wolle.
Schmit kehrte nach Haus zurück und erzählte einem seiner
Freunde sein Schicksahl, dieser zeigte ihm, daß er eine Narrheit begangen habe, und rieth ihm, die erwähnte Obligation
nicht zu bezahlen, weil sie unwiederspredlich erzwungen sey.
Eine Schuld von funfzehn tausend Gulden, auf diese
Art gemacht, bezahlt Niemand gern, wenigstens nicht ohne den größten Unwillen. Schmit hörte also auf den
Rath seines Freundes, fand ihn vernünftig und beschloß,
ihn zu befolgen. Der Fiskal forderte die Wiedererstattung
der vorgeblich geliehenen Gelder, und Schmit weigerte sich,
sie zu bezahlen. Der Hr. Fiskal, seiner Hoffnungen beraubt
und betrogen von einem Manne, den er zu sehr in Schrecken
gesetzt hatte, wandte sich mit seiner Sache an den Justiz-

J 4   se-

fivat und fing eine förmliche Klage gegen Schmit an. Es
entstand ein langer Prozeß daraus, der noch nicht sein Ende erreicht hat, aber alles hat eine Wendung genommen, welche uns erwarten läßt, daß der Ausgang des Prozesses zur
Schande und zum Nachtheil des Fiskals gereichen werde.
Auf die Akten des Prozesses, welche nach Europa geschickt
worden sind, hat einer der Deputierten der Bürgerschaft des
Caps drey verschiedene Konsultationen eingeholt, welche alle
den Prozeß zu Gunsten des Johann Schmit entscheiden
und den Fiskal zum Verlust seiner Forderung an den Johann Schmit verdammen, mit Vorbehaltung des Rechts
die Sache kriminaliter zu verfolgen. Die erste dieser Entscheidungen ist von den Advokaten, dem Hrn. Ploos van
Amstel und dem Hrn. Decker, beyde sehr berühmte Advokaten in Amsterdam: die zweyte ist von einem der geschicktesten Advokaten der Republik, von dem berühmten El. Luzac, dem Advokaten des Hofes von Holland. Die dritte,
ohnstreitig die entscheidendste von allen, der wir das mehr-
ste Gewicht einräumen können, und die unser unumschränkte-
stes Zutrauen verdient, ist die, welche die berühmte juristische
Fakultät der Universität Leyden vor kurzem gegeben hat, und
die öffentlich bekannt gemacht worden ist. Sie ist von drey
gelehrten Professoren der Rechtsgelahrtheit dieser Universität
unterschrieben und mit dem kleinen Siegel der Universität in
rothem Wachs versehen. Die Herren Pestel, Voorda und
van der Keessel haben sie unterschrieben. Man darf, den-
fr ich, wohl annehmen, daß eine feierliche Entscheidung, welche drey Männer gegeben haben, welche mit allem Recht die
Ehre verdienen, die sie durch ihre Gelehrsamkeit sich in
der Republik und im Auslande erworben haben, den Ausspruch eines Tribunals lenken müsse, welches am Cap vergebens Beleuchtungen und Entwicklungen dieses Prozesses suchen
wird, die im Stande wären dem Ausspruch der juristischen
Fakultät der Akademie zu Leyden das Gleichgewicht zu halten. Man hofft auch, daß der Hr. Fiskal diese Entscheidung

dung nicht mit der Verachtung aufnehmen werde, welche er
gegen die der Herren Ploos van Amstel und Decker zeigte (S. 18).   Durch diese letzte Entscheidung der Fakultät zu
Leyden wurde der Hr. Fiskal verdammt, dem erwähnten Johann Schmit die Obligation von funfzehen tausend Gulden
zurückzugeben und alle Kosten des Prozesses zu bezahlen; und
dem Gouvernement am Cap wurde die Untersuchung der Anklage anheimgestellt, welche der Hr. Fiskal gegen den Johann Schmit vorgebracht hatte.

Was die Händel des Bürgers Vos mit dem Hrn. Fiskal betrift, die ich oben angeführt, und über die ich dem Hrn.
Fiskal noch etwas zu erinnern mir vorgesetzt habe, so bemerke ich, 1) daß der Hr. Fiskal das Faktum in der Haupt-
sache nicht läugnet, (S. 27) und daß seine ganze Vertheidigung darauf hinausläuft, daß er sagt, Vos habe ihn nur
um die Erlaubniß ersucht, zwanzig bis fünf und zwanzig Flintenläufe von grossem Kaliber kaufen zu dürfen, es habe sich aber gezeigt, daß Voß zweyhundert fer-
tige Flinten gekauft habe, und für diese so gewaltige Betrügerey habe er ihm eine Geldstrafe von zweyhundert Thaler auferlegt (S. 28). 2) Bemerke ich in Betreff dieses Punkts,
daß der Hr. Fiskal keinen einzigen Beweis anführt, durch
welchen die Wahrheit des Faktums, so wie er es vorstellt,
dargethan wird, da doch die Anklage wegen dieser That sich
auf zwey feyerliche Deklarationen stützt, welche als rechtfertigende Akten den Memoiren der Deputierten der Bürgerschaft angehängt sind, (M. 6 und 7) und auf welche Hr. Boers
selbst sich auf der 26ten Seite seiner Replik beruft.   So groß
auch immer die Wahrhaftigkeit des Hrn. Fiskals seyn mag,
rechtfertigenden oder beweisenden Akten hätte er immer, um
den ungläubigen Leser zu überzeugen, ähnliche Akten entgegensetzen sollen.   Dies würde mehr gewürkt haben, als die Anführung der acht und zwanzigsten Fabel des Philephus; denn
es ist hier nicht von einer Fabel, sondern von einem Faktum
die Rede.

Durch

Durch ein sehr langes Raisonnement sucht dann der Hr Fiskal zu beweisen, daß es besser sey, die Bürger, welche eines Diebstahls wären überführt worden, mit Geld zu bestrafen, als sie schmerzhaften und beschimpfenden Strafen zu unterwerfen, oder sie gar an dem Ufer, wo sie ihr Verbrechen begangen hätten, aufhangen zu lassen. Das Erstere ist seinem Urtheil nach, menschlicher, schicklicher und der Ehre der ganzen Kolonie gemässer, in welcher alle Familien durch die Ehen, welche täglich geschlossen werden, mit einander verbunden sind. (S. 34. 35. 36) Wahrhaftig es ist schwer, hier nicht den Hrn Fiskal wegen dieser Denkart mit Lobsprüchen zu überhäufen; aber nur zum Unglück für ihn scheint diese Denkart sehr verdächtig, weil alle Geldstrafe in enger Verbindung mit seiner Börse stehen. Wenn die Geldstrafen statt beschimpfender Strafen oder selbst statt der Todesstrafen bey den Armen anwendbar wären, oder wenn sie einen Vortheil dem gemeinen Besten gewährten, so wäre es unstreitig gewiß, daß der Hr Fiskal sich hinreichend gerechtfertigt haben würde, indem er sich auf das Mitleiden mit dem Delinquenten und seiner Familie beruft; aber wenn der Hr Fiskal, der Edelmuth und menschliches Gefühl genug besitzt, um aus eigener Autorität eine beschimpfende Strafe in eine Geldbuße zu verwandeln, nicht Edelmuth genug fühlt, um die Summen aufzuopfern, welche er für die Verwechslung der Strafe fordert, so ist man immer berechtigt, die Aufrichtigkeit seiner Absichten in diesem Fall zu bezweifeln. Was noch diesen Argwohn vermehrt, ist der Umstand, daß er in Betreff der Geldstrafen von funfzehn Tausend Gulden, von der ich oben gesprochen habe, eine Vorsicht brauchte um dem Tadel zu entgehen, den er verdient hatte, weil er durch ein schändliches Mittel sich funfzehn Tausend Gulden von dem erwähnten Schmit erpreßte; und dieser Argwohn wird noch mehr vergrößert werden, wenn man ein wenig über die Geldbusse von zwey hundert Reichsthalern nachdenkt, die er dem Bürger Vos wegen der gekauften Flinten abdrang, und dem er die größte Verschwiegenheit anempfahl. Doch

Doch darf auch hier ein Umstand nicht unberührt gelaſſen werden, welcher den Hrn Fiskal auf gewiſſe Art rechtfertigt;
es muß gerühmt werden, daß es dem Hrn Fiskal, nachdem
er den Herren Direkteurs der Kompagnie verſprochen hatte,
die Strenge der Geſetze jeden ohne Unterſchied fühlen zu laſſen und keinen Verbrecher, welcher eine exemplariſche und
beſchimpfende Strafe verdiente, mit Geldſtrafen mehr zu be-
legen (S. 36), unmöglich war, die lebhaften Regungen ſeines menſchenfreundlichen Herzens ſo ſehr zu unterdrücken, daß
er dieſes ſein Verſprechen hätte erfüllen können, und daß er,
um nicht dieſer harten Nothwendigkeit unterworfen zu ſeyn,
den Hrn Directeurs Wort zu halten und faſt die ganze Kolonie zu beſchimpfen, wenn er den Bürgern körperliche
Strafen auflegte, ſein Amt niederlegte und ſich nach Europa zurückbegab. Dieſer Schritt des Hrn Fiskals gereicht ſeiner Denkart und ſeinem Herzen zu unendlicher Ehre; dieſer
Schritt enthält meinem Urtheil nach die beſte Rechtfertigung,
die man für ihn nur ausſinnen kann, eine Rechtfertigung,
welche einen groſſen Theil der Flecken auslöſcht, welche die
Ungerechtigkeiten, deren man ihn beſchuldigt, auf ſeinen Charakter geworfen haben.

Der Hr Fiskal füllet faſt funfzehn volle Seiten ſeines
Memoirs an, um ſein Verfahren zu rechtfertigen, welches
er gegen den Bürger Buytendag beobachtete. Aus alle
dem, was Hr Boers über dieſen Gegenſtand ſagt, erhellet,
daß Buytendag ſchon ſeit langer Zeit die Ruhe der Kolonie
Stellenboſch ſtöhrte; daß Buytendag auf die Klagen, welche
der Landdroſt und die Heemräthe dieſer Kolonie dem Gou-
verneuram Cap eingereicht hatten, ſein Etabliſſement ganz wieder
alle Erwartung verkaufte, ſich nach dem Cap begab und dort
ſein unordentliches Leben fortſetzte; daß, da Buytendag der
wiederholten Erinnerungen des Hrn FiskalsBoers ungeachtet
ganz ſo blieb wie er war, der Hr Gouverneur ihn, den Fiskals inſtändigſt gebethen habe, das über Buytendag geſproche-
ne Urtheil der Verbannung zu vollziehen, und daß er ihn auf
dieſe

diese Erlaubniß in seinem Hause habe gefangen nehmen und
nach Batavia als Soldat der Kompagnie mit neun Gulden
monathlichen Soldes habe bringen laſſen. Dies iſt das We-
ſentliche des ganzen Wuſtes, mit dem der Hr Fiskal funfzehn
Seiten ſeines Memoirs ausgefüllt hat (S. 36—51). Vier
rechtfertigende Akten unterſtützen den Bericht des Hrn Fiskals
und ſollen die Wahrheit deſſelben darthun. Meiner Meinung
nach ſtützt ſich dieſe Rechtfertigung des Hrn Beers auf einem
falſchen Grundſatz. Der Landdroſt von Stellenbosch, die
Heemräthe dieſer Kolonie, der Fiskal independant und
ſelbſt der Gouverneur nehmen an, daß die Kompagnie das
Recht habe, alle Koloniſten, Einwohner und Bürger des E-
tabliſſements zu ihrem Dienſt zu enrollieren, ſie ihrer Rechte
als Freybürger zu berauben und ſie nach ihrem Belieben
zu verſchicken, um in irgend einer Qualität ihr zu dienen, und
eine Zeit ihr zu dienen, deren Beſtimmung nur von ihr abhängt. Dieſer Grundſatz iſt abgeſchmackt, grauſam, unmenſchlich und verderblich für jede Geſellſchaft, welche aus freyen
Leuten beſteht, kurz ein Grundſatz, der den ſchrecklichſten
Despotismus ankündigt. Ich will hier das nicht wiederholen, was ich bereits geſagt habe. Ich werde nur noch einige
Bemerkungen hinzuſetzen, welche den Bericht des Hrn Fiskals
betreffen.

Nach der Supplik vom 6ten May 1776, welche der Hr
Gouverneur Plettenberg von dem Landdroſten und den
Heemräthen der Kolonien Stellenbosch und Dra-
kenſtein empfing, wurde Buytendag als ein der Kolonie
höchſt ſchädlicher Unterthan aufgeſtellt, und dies entweder wegen ſeiner Unmäſſigkeit im Trinken, oder wegen des
ſchlechten Betragens, welches er gegen ſeine Frau, Kinder,
Sklaven und gegen die Hottentotten, die in ſeinem Dienſte waren, beobachtete, oder endlich wegen der Händel, die er mit
ſeinen Nachbahren ſuchte, und wegen der wenigen Achtung,
die er gegen den Hrn Landdroſten von Stellenbosch gezeigt zu haben ſcheint. Ich gebe zu, daß alle dieſe Gegen-
ſtän-

ständе der Klage wichtig genug waren, aber ich läugne es, daß
sie so wichtig waren, daß derjenige Kolonist, der sich aller dieser
Fehler und Untugenden schuldig gemacht, verdiente aus seinem
Vaterlande verjagt und nach Europa oder Ostindien als Soldat im Dienst der Kompagnie gebracht zu werden. Buytendag hätte sollen in ein Gefägniß gesperrt *) und dort so lange
streng gehalten werden, bis man Zeichen einer Besserung an
ihm bemerkt und mit Grunde hätte vermuthen können, daß
diese Züchtigung ihn vor künftigen Fehltritten bewahren werde;
dies wäre das erste Mittel gewesen, durch welches man ihn zu
bessern hätte versuchen sollen. Hatte Buytendag Händel mit
seinen Nachbahren angefangen, hatte er sie durch beleidigende
Ausdrücke oder auf andere Art gekränkt, so war es ja dem
beleidigten Theil vergönnet, sich an die Obrigkeit zu wenden
und eine der Beleidigung angemessene Genugthuung zu fordern, und diese war um desto leichter zu erhalten, da Buytendag ein Etablissement besaß und mithin wenigstens die Prozeßkosten hätte bezahlen können. Was aber die Mißhandlung
seiner Sklaven und der bey ihm dienenden Hottentotten betrift,
so ist dies blos eine häusliche Angelegenheit, die nur den Buytendag betraf, wenn er sich anders nicht so weit vergaß, daß
er einen von seinen Sklaven oder Hottentoten verstümmelte
oder gar ermordete. Unglücklicher Weise sind die Sklaven
ihrem Herrn das, was ihm seine Ochsen, Kühe und alle seine häuslichen Thiere sind; die Natur verabscheuet zwar ein
solches Eigenthumsrecht und jede billigdenkende Seele erbebt
bey dem Worte Sklave, aber so lange der Sklavenhandel
nicht durch eine einstimmige Einwilligung aller civilisierten
Nationen abgeschaft ist, kann jeder Herr, der Sklaven besitzt,
die-

*) Wenn ich nicht sehr irre, so hat man am Cap nicht ein-
mal ein Gefängniß, wenigstens zu Kolbens Zeit hatte man
keines. Man macht den Prozeß kurz und gut und hängt
den Delinquenten auf. L.

dieselben behandeln, wie es ihm gefällt,' — Verstümmelungen
und Todschlag ausgenommen — ohne daß die Obrigkeit ein
Recht hat, sich der Unglücklichen anzunehmen. Wenn alle Kolonisten, welche ihre Sklaven mißhandeln, aus dieser Ursach aus ihren Besitzungen vertrieben werden sollten, so würden bald alle Etablissements zu Einöden werden. Buytendag wurde nicht in der Kolonie Stollenbosch gelebt; ich
glaube so gar, daß er den Haß seiner Nachbaren, des Hrn
Landdrosten und der Heemräthe verdiente, aber man
weiß auch, daß mit Beschwerden angefüllte Suppliken, welche gegen den gerichtet sind, den man nicht liebt, stets zu sehr
übertrieben sind, und daß man die in denselben angeführte Fakta stets vergrössert. Dies ist ganz unverkennbar der Fall bey
der Supplik, welche der Landdrost und die Heemräthe von Stellenbosch dem Hrn Gouverneur überreichten. Buytendag, sagt Hr Boers, hat zu wiederholten Malen den Charakter des Hrn Landdrosten ge-
tadelt und die Auktorität des Kollegiums, welches der Hr Landdrost und die Heemräthe bilden,
lächerlich gemacht u. s. w. (S. 39). Unweise ist es allerdings, den Charakter eines Landdrosten und vorzüglich
eines Landdrosten in Diensten der ostindischen Kompagnie in der Lage und den Verhältnissen des
Buytendags zu tadeln; der Inhalt der Supplik gegen
Buytendag beweiset, daß man sich nicht ungestraft an einem Mann von dem Range reiben darf, aber dem ungeachtet beruhet diese Supplik auf sehr unrichtigen Grundsätzen,
aus denen man eine schimpfliche Entfernung des erwähnten
Buytendag folgert.

Hr Boers gesteht auch die geringsten Umstände
der gewaltsamen Wegschleppung des Buytendag, er sucht
sie nur dadurch zu rechtfertigen, daß er sagt, Buytendag habe sich nicht sogleich auf seinen Befehl eingestellt. Aber Befehle, welche im wörtlichsten Verstande durch einen ganz in-
kompetenten Bothen überbracht werden, Befehle, die mehr

Ein-

Einladung als Befehle zu seyn scheinen, enthalten die ihrer
Natur nach eine Verpflichtung, so gleich, auf der Stelle zu erscheinen? Kann ein, nur eine einzige Stunde langer, Aufschub
der Vollziehung dieser Befehle, den sehr wichtige Gründe nothwendig machen, ein Verbrechen genannt werden, ein Verbrechen von so schwarzer Art seyn, daß es durch eine mit der
schändlichsten Behandlung verbundene persönliche Gefangenneh-
mung gebüßt werden muß? Welcher Mensch von gesundem
Menschenverstande wird die Rechtfertigung des Hrn Fiskals
wegen dieses Verbrechens genugthuend finden! Der Hr Fiskal macht es dem Buytendag zum Verbrechen, daß er seinem
Trabanten verächtlich begegnet habe, als dieser zum zweyten
Male, von vier Schindersknechten begleitet, ankam und ihn
benachrichtigte, daß er Befehl habe, ihn mit Gewalt fortzu-
bringen. Aber wo ist der ehrliebende Bürger, wo der Mensch
vom sanftesten, nachgiebigsten Herzen, der nicht dem Trabanten eben das nehmliche, oder dem etwas ähnliches geant-
wortet hätte, was ihm Buytendag erwiederte? Nach dem
heftigen und ungestümen Charakter des Buytendag, nach
der Schilderung, die man uns von ihm aufstellt, und nach welcher man ihn uns als einen zu allem fähigen lasterhaften vorstellt, finde ich, daß Buytendag in diesem Fall mit sehr
vieler Mäßigung verfuhr, und der Trabant kam meiner Meinung nach noch ganz gut davon. Ist es möglich, daß ein
freyer Bürger, dem ein niedriger Mensch erklärt, daß er
nun nicht mehr Bürger sey, daß er, ohne es zu wissen, Soldat der Kompagnie geworden, daß er als ein solcher sich auf
der Stelle wegbegeben solle, um als Soldat der Kompagnie zu dienen, ist es möglich, sage ich, daß ein freyer
Bürger bey solchen Erklärungen sich fassen könne? Kann man
verlangen, daß er eine solche Ankündigung, die Ankündigung
eines willkürlich über ihn ausgesprochenen Urtheils ruhig anhö-
ren soll? Kann er sich's sagen lassen, daß er sich auf der
Stelle gutwillig wegbegeben solle, oder daß man
ihn im entgegengesetzten Fall mit Gewalt weg-
schlep-

schleppen werde (S. 41), und dabey kalt bleiben? Hr. Boers mag alle diese Fragen beantworten, wie es ihm be= liebt, es ist mir genug zu wissen, und fest versichert zu seyn, daß jeder, der die Rechte kennet, welche die Natur ihm ge= geben hat und der ihre ganze Wichtigkeit fühlt, mir eingeste= hen wird, daß das Verfahren des Hrn Fiskals ungerecht und tyrannnisch war, und daß es den Buytendag durchaus empören mußte.

Ein gewisser Oppermann, der Bürger und Brauer in der Capstadt war, wurde von dem Fiskal auf eben die Art wie Buytendag zitiert, Oppermann antwortete dem, der die Kühnheit hatte, ihn vorzufordern, daß er ihn, wenn er nicht gleich ginge, mit der Kugel auf den Kopf schiessen wolle; der Trabant, der eben nicht Lust hatte, sein Leben zu wagen, ging und benachrichtigte den Fiskal von dem Vor= falle; der damalige Fiskal erkannte sein Unrecht und schickte den Gerichtsdiener der Stadt mit einigen Zeugen *), und nun gehorchte Oppermann, weil er sah, daß man ihn als Bürger behandelte.

Die Erklärung des Fiskals, welche die sechszehnte Nu= mer der rechtfertigenden Belege ausmacht, beweiset nichts zu Gunsten seiner Unschuld noch zu Gunsten der Sache, wel= che Hr. Boers vertheidigt; sie ist in jeder Rücksicht ganz unver= kennbar verdächtig. Hr. Boers, der sich sehr bemühet, die Rechtfertigungsschriften verdächtig zu machen, welche die De= putierten der Bürgerschaft des Caps ihrem, der Kompagnie überreichten, Memoir angehängt haben, hätte voraus sehen sollen, daß man sein Argument mit dem größten Vortheil gegen ihn hätte wenden können. Hr. Boers erklärt, daß er aus Achtung für die Familie des Buytendag und aus Schonung der Person des Buytendag alles Aufsehen zu ver= meiden gesucht habe; eine Schonung, die allerdings lobens= würdig ist, aber heißt das bey dem Hrn. Fiskal alles Aufse=

hen

*) racors Zeugen, welche die Handlungen eines Gerichtsdie= ners mit ansehen. A.

fehen vermeiden, wenn er zu einem Bürger einen Mann von
dem Schlage mit dem entscheidenden Befehl schickt, daß er
sich auf der Stelle aufmachen und sich zu dem Hrn Fiskal begeben solle, zu dem man, wenn man auf diese Art gerufen
wird, nur kommt, um unangenehme Komplimente zu erhalten?

Wie es sich auch immer mit der Wahrhaftigkeit der Alle-
gate verhalten mag, durch welche Hr Boers den Vorwurf, daß
er als Tyran gegen die Person des Bürgers Buytendag gehandelt habe, zu entkräften sucht, so bleibt es immer ein gewisser und ausgemachter Saß, daß weder der Hr Gouverneur noch der Hr Fiskal das geringste Recht hatte, den
Buytendag, oder einen andern Bürger, oder irgend eine Kolonisten des Etablissements am Cap, als Soldat im Dienste
der Kompagnie, vom Cap zu entfernen. Die Kompagnie
muß ein solches Verfahren mißbilligen, und wann sie es nicht
mißbilligen will, so muß der Souverain solche ungerechte Handlungen verbiethen und sich der Sache aller derer annehmen, gegen welche sich das Gouvernement am Cap in Zukunft solche Handlungen einer willkührlichen, ungerechten und
grausamen Auktorität anmaßt.

Ich weiß wohl, daß die holländisch-ostindische Kompagnie sich in dieser Rücksicht auf einen Mißbrauch beruft, der
in Holland Statt findet. Schändliche und unehrliche Menschen, die selbst in Holland mit der ausgezeichnetsten und gerechtesten Verachtung behandelt werden, treiben einen abscheulichen Handel mit Menschen, die sie auf eine hinterlisti-
ge Art rauben, und sich der schändlichsten Mittel oft selbst
der Larve der Rechtschaffenheit bedienen, um diese unglücklichen Schlachtopfer zu betrügen; diese Schurken und Men-
schenhändler, unter dem Nahmen *Zeel-Verkoopers* bekannt, verkaufen ihren Raub an die Kompagnie, welche diese
armen Geschöpfe als Soldaten oder Matrosen nach Ostindien
schickt. Aber dies ist ein Mißbrauch, über den der Souverain die Augen zudrückt, und aus einem Mißbrauch kann nie

K ein

ein Recht erwachsen. Auch weiß ich es sehr wohl, daß die Magistrate in den Städten es zuweilen erlauben, daß der Kompagnie Gefangne, verdorbene Menschen, Uebelthäter, die
zu einer langwierigen und oft ewigen Gefangenschaft verdammt sind, übergeben werden. Menschen, von denen der
größte Theil oft durch schreckliche Laster ihr abscheuliches Leben verwürckt haben, Menschen, die fast alle öffentlich aus-
gepeitscht worden sind und die auf ihren Rücken ein Brandmark tragen, den Beweis ihrer verübten Büberey; aber
dieser besondere Fall ist gar sehr von dem unterschieden, in welchem sich das Gouvernement am Cap befindet, wenn es
ohne allen förmlichen Prozeß, nur auf eine bloße Anklage, einen Bürger verdammt, der Kompagnie als Matrose oder Soldat zu dienen. Hr Boers beruft sich noch
auf eine andere authentische Schrift, um darzuthun, daß
das Gouvernement das Recht habe, einen Bürger, den
sie stürzen will, oder einen Bürger, der nicht auf eine
anständige Art lebt, als Matrose oder Soldat im Dienst der
Kompagnie vom Cap wegzuschicken. Diese Schrift, auf welche Hr Boers sich beruft, ist die siebzehnte unter den
Rechtfertigungsschriften. Nur Schade, daß sie einmal
nichts gegen Buytendag beweiset und zweytens nur neue
Beweise liefert, daß das Gouvernement immer mehr und
mehr seine Auktorität mißbraucht.

Ich sage, sie beweiset nichts gegen Buytendag, denn
der Fall, in dem Buytendag war, ist ganz von dem ver-
schieden, in welchem sich Johann Heinrich Gans von
Lippolsberg befand, von dem dort die Rede ist. Dieser
Letztere hatte, nachdem er der Kompagnie als Soldat treu
gedienet, das Gouvernement am Cap ersucht, ihn zum Lohn
seiner geleisteten Dienste unter die Zahl der Bürger dieser Kolonie aufzunehmen; man verwilligte ihm auch seine Bitte, a-
ber mit der Einschränkung, daß er nicht unterlassen
solle, sein Handwerk als Schneider fortzusetzen,
— daß es ihm nicht vergönnet seyn solle, sich
Län-

Ländereyen der Kompagnie als Eigenthum anzu-
kaufen, und daß es dem Gouvernement in allen
Fällen erlaubt seyn solle, ihn, wenn man seiner
Dienste bedürfe, oder wenn er sich nicht so auf-
führte, wie er sich aufführen sollte, wieder in die
Zahl derer, die im Dienste der Kompagnie ständen, aufzunehmen, und zwar mit der nehmlichen
Besoldung, die er vorher als Soldat erhalten habe. Es war also ein besonderer konditioneller Vertrag, der
hier zwischen J. H. Gans von Lippolsberg und dem Gouvernement errichtet wurde, jener unterwarf sich diesen Bedingungen, die, ich gestehe es, in der That grausam und ungerecht waren, aber er gieng sie doch ein, und es galt also
die Regel gegen ihn volenti non fit iniuria. Aber hatte
Buytendag einen Kontrakt der Art mit dem Gouvernement
geschlossen? Nein durchaus nicht! Buytendag war Bürger
und hatte alle bürgerliche Rechte, welche die andern Bürger
besitzen. Buytendag war ein freyer Bürger das Wort
in seiner ganzen Ausgedehntheit genommen; J. H. Gans
von Lippolsberg war das nicht, er hatte nur auf eine un-
bestimmte Zeit seinen Abschied erhalten, und wenn er gleich
den Buchstaben nach Bürger war, so war er im eigentlichen
Verstande Soldat der Kompagnie ohne Besoldung.
Er war schlechterdings kein Freygelassener, er blieb immer
Unterthan der Kompagnie, weil diese ihn zu ihrem Dienst auf-
fordern konnte, wenn es ihr gefiel. Der Befehl, sein Handwerk nicht liegen zu lassen, die Unmöglichkeit, liegende Gründe als ein Eigenthum zu besitzen, die Verpflichtung die Waffen wieder zu ergreifen, wenn die Kompagnie es befehlen würde, alles dies ist ein unwidersprechlicher Beweis, daß J. H.
Gans von Lippolsberg nicht in dem Besitz der Rechte war,
die das Eigenthum eines freyen Menschen und mithin derer
sind, welche den Ehrennamen Bürger tragen. Wie läßt
sich also zwischen ihm und dem Buytendag eine Parallel ziehen? Dieser besaß liegende Gründe, konnte jedes Handwerk
trei-

K 2

treiben, welches ihm am vortheilhaftesten schien, kurz dieser war frey dem Worte nach und in der That, jener aber war nur dem Nahmen nach frey, und wer ihm den Titel eines Bürgers gab, mißbrauchte ein ehrwürdiges Wort, das Freyheit bezeichnet.

2) Beweiset diese Schrift, daß das Gouvernement am Cap seine Auktorität immer mehr und mehr mißbraucht. Bey allen polizierten Nationen, selbst in Staaten, wo gewisse Personen aus gewissen Ständen Soldaten von Geburth sind, kann jeder Soldat, der seinen Abschied bekommen hat, — er mag ihn nun gekauft oder geschenkt erhalten haben entweder wegen seiner geleisteten Dienste, oder aus andern Ursachen — seine Talente und seine Kräfte auf jede ihm beliebige Art gebrauchen; es ist ihm erlaubt eine Lebensart zu wählen, die ihm die vortheilhafteste scheint; mit einem Wort, sein Abschied setzt ihn wieder in den Besitz aller der Rechte der Gesellschaft, auf welche er durch sein Engagement Verzicht that; ein solcher Mensch gehört nicht mehr zum Militair und man hat kein Recht, ihn zum Dienst zu zwingen, wenn er anders nicht zum zweyten Male Dienste nimmt. Dies ist ein Satz, den jeder annehmen muß, der sich nicht lächerlich machen will. Das Gouvernement am Cap mißbraucht also im höchsten Grad seine Auktorität, wenn es dieselbe gegen freye Leute unter dem Vorwande ausübt, daß sie im Dienste der Kompagnie gestanden hätten, und wenn es diese zwingt, auf's neue Dienste zu nehmen, nachdem sie von denselben befreyet waren und die Zeit ausgedient hatten, welche zu dienen sie sich verpflichteten. Mich deucht, das alles sind Behauptungen, die wohl keiner weiteren Beweise bedürfen.

Um zu beweisen, daß das Gouvernement am Cap berechtigt sey, den Bürger, der nicht ordentlich in der Kolonie lebt, in die Dienste der Kompagnie zu nehmen, führt der Hr. Fiskal Boers in der Rechtfertigungsschrift, welche unter der achtzehnten Nummer beygebracht ist, ein Verzeichniß von den Unglücklichen an, welche dieses Schicksahl am Cap zu ver=

verschiedenen Zeiten getroffen hat. Ein Verzeichniß das neue
Beweise von dem unglaublichen Mißbrauch aufstellt, welche
das Gouvernement am Cap von seiner ihm anvertrauten Gewalt macht. Ich bemerke hier nur, daß dieser Mißbrauch
am 16 December 1738. seinen Anfang am Cap genommen
hat; also vor dieser Epoche glaubte das Gouvernement zu solchen Aeusserungen seiner Gewalt nicht berechtigt zu seyn, also lassen sich diese Aeusserungen der Macht nicht durch die Konstitution der Kolonie selbst rechtfertigen, mithin sind sie
nichts anders als Mißbräuche. Eine zweyte Bemerkung ist,
daß die vier in dieser Liste genannten Kolonisten, welche in
diesem Jahre verdammt wurden, wieder in die Dienste der
Kompagnie zu treten und vom Cap weggeschickt zu werden,
dieses Urtheil auf Ansuchen des bügerlichen Kriegsrathes am Cap erhielten. Dieser Umstand ändert die Lage der Sache gar sehr. Es ist hier nicht sowohl das Gouvernement als vielmehr die Bürgerschaft, welche
vier, ohnstreitig verdorbener Mitglieder, aus ihrer ehr-
würdigen Gesellschaft verbante. Hr Boers giebt uns
hier den im höchsten Grade authentischen Beweis von
den Privilegien der Bürgerschaft, die in den übrigen Stellen seines Memoirs so tief erniedrigt wird.
Dieser Beweis von den Privilegien der Bürgerschaft ist
um desto auffallender, da von den drey und dreyssig in dem
erwähnten Verzeichniß angeführten Kolonisten, welche im
Dienst der Kompagnie gewesen sind, oder welche Einge-
bohrne des Caps waren und ohne jemals der Kompagnie
gedient zu haben, vom Jahr 1738 bis zum Jahr 1774. in
Dienst der Kompagnie genommen und vom Cap weggeschickt
wurden, nur vier und zwanzig diese Strafe auf Bitten und
Ansuchen des bürgerlichen Kriegsraths und der Bür-
gerräche bekamen. Wollte man nun auch dieses ungerechte Recht einen Bürger mit Gewalt zu engagieren und
ihn wieder seinen Willen zu zwingen, in die Dienste der Kompagnie zu gehen, als gültig annehmen, so würde dies doch im-

mer

mer ein Recht seyn, auf welches die Bürgerschaft gegründe-
tere Ansprüche als die Regierung am Cap machen könnte.
Aber meiner Meinung nach läßt sich ein solches Recht unmöglich vertheidigen; weder die Bürgerschaft noch die Regierung kann in dem Besitz eines solchen Rechts seyn. Es giebt
noch so viele andere Mittel einen schlechten Unterthan zu
strafen und so gar ihn zu verbannen; aber ihm gewaltthätig
die Dienste der Kompagnie aufzubringen, dies ist eine Strafe die empöret. Einen neuen Beweis, daß ein solches Recht
unmöglich vertheidigt werden kann, finde ich in den Folgen,
die aus der Einführung desselben entstehen müssen. Es
giebt noch jetzt verschiedene ansehnliche Familien am Cap,
welche von bloßen Matrosen oder Soldaten, die ihren Abschied und das Bürgerrecht gekauft haben, abstammen;
wenn nun die Kompagnie das Recht hat, alle Abkömmlinge von ehemaligen Soldaten und Matrosen zu ihrem Dienste zu enrollieren, so folgt daraus, daß der größte Theil der
gegenwärtig am Cap lebenden Bürger verpflichtet ist, der
Kompagnie als Soldaten zu dienen. Wer sieht nicht die Unordnungen, welche daraus entstehen müssen? darf man's
noch erst zeigen, daß die Kompagnie sich dadurch der Gefahr, die ganze Kolonie im Aufruhr zu sehen, aussetzen
würde?

Hr Boers kommt dann auf sein Landhaus und sucht
sich deshalb zu vertheidigen (S. 55). Alles, was der Hr
Fiskal hier sagt, und das sieben und zwanzigste Stück der
Rechtfertigungsschriften ist sehr wohl abgefaßt, und ich bin
weit entfernt dem Hrn Fiskal ein Hauptverbrechen daraus zu
machen. Ich behaupte nur, daß der Hr Fiskal nach den Rechten der Kolonisten und ohne ihre Genehmigung weder ein
Landhaus noch einen Garten besitzen darf, und um diese meine Behauptung darzuthun, bedarf es weiter nichts, als dem
Hrn Fiskal die Verordnungen der Kompagnie, welche sie in
Betreff dieses Gegenstandes zu verschiedenen Zeiten gab,
entgegen zu setzen. „Wir befehlen, so lautet der sechste Artikel

tikel des Schreibens der Kompagnie an das Gouvernement am Cap vom 30 Oktober 1706, daß
er (Adrian van der Stel) alle diejenigen Gebäude
niederreißen laſſen ſoll, welche nur der Pracht
wegen, und mehr zum Lür als zum Nutzen von
den Agenten der Kompagnie erbauet worden ſind.
— — Die Diener der Kompagnie, (Art. 12) vom
Erſten bis zum Letzten herab, ſollen durchaus
keine Ländereyen beſitzen, und wir befehlen hier-
mit, daß alle diejenigen von ihnen, welche Ländereyen beſitzen, ſich derſelben aufs baldigſte entle-
digen, unter Strafe der Konfiskation, wenn ſie
ſich nicht nach unſern Befehlen und denen in dieſer Rückſicht in unſerer Verſammlung am 26 A-
pril 1668 gemachten Verordnungen richten: in welchen ausdrücklich geſagt iſt, daß keiner der Agenten der Kompagnie irgend ein Stück Land als
Eigenthum beſitzen oder es in Pacht nehmen oder
es auf irgend eine Art nutzen ſoll. Hieraus mache ich
nun den Schluß, daß Hr Boers ganz unrecht hat, wenn
er ſich über die Anklage ſo gewaltig entrüſtet, welche man
gegen ihn wegen ſeines Landhauſes geführt hat, indem dies
Haus nur zum Lür dient und ein Werk des Stolzes und
der Pracht iſt. Ich kann verſichern, daß das Landhaus
ſehr artig, ſehr bequem und ſehr prächtig iſt, daß es einen ſehr begüterten Beſitzer ankündigt und daß es ganz ohnſtreitig in die Klaſſe der Gebäude gehört, welche den Verordnungen nach, die ich ſo eben angeführt habe, niedergeriſſen
werden ſollten. Man glaubt am Cap, daß das Haus und
die Meublen, der Garten und die Auszierungen deſſelben mit
Statüen, der Stall für zwanzig Pferde, mit einem Wort
alles, was zum Hauſe und zu ſeiner Verzierung gehört, nicht
weniger als 80,000 Gulden gekoſtet hat, wobey man noch
annimmt, daß das wichtigſte von alle dem von den Handwerkern der Kompagnie gemacht worden ſey, welche für einen A-

genten

genten der Kompagnie stets zu einem ungleich wohlfeilern Preise arbeiten, als die bürgerlichen Handwerker arbeiten können.
Der Grund davon ist unverkennbar. Es ist hart für die bürgerlichen Handwerker, sich von den Handwerkern der Kompagnie das Brod aus den Händen reissen zu sehen, und des
Hrn Boers Rechtfertigung in dieser Rücksicht ist bey weitem
nicht hinlänglich. Er klagt über den Stolz und die Faulheit der bürgerlichen Handwerker am Cap. Was den Stolz
betrift, so ist sein Tadel nichts weniger als gegründet, und
es würde thöricht von den Bürgern seyn, Stolz äusserlich
blicken zu lassen, denn die Agenten der Kompagnie sorgen
schon dafür, daß er gedemüthigt und grausam unterdrückt
wird; und was die Faulheit betrift, so liesse sich wohl kein
schicklicheres Mittel, diese Faulheit zu nähren, ausfinnen, als
dem Bürger die Gelegenheit zu arbeiten dadurch zu nehmen, daß
man andern Handwerkern Arbeit giebt, welche kein Recht zu
arbeiten haben. Man ist am Cap völlig überzeugt, daß der
Fiskal und der Gouverneur diesen ungeschickten Bürgern eine
Idee vom europäischen Luxe haben geben wollen, der Erstere,
indem er vor ihren Augen ein Meisterstück der schönen und
prächtigen Architektur aufstellte und der Zweyte, indem er das
Hotel des Gouverneurs und den stolzen Garten der Kompagnie beträchtlich vergrösserte und verschönerte.

Der übrige Theil des Memoirs des Hrn. Fiskals enthält eine kleine politische Abhandlung über die häusliche Polizey des Etablissements am Cap, über den Handel der Einwohner und der Agenten der Kompagnie und über andere
hieher gehörige Gegenstände. Ich werde ihm nicht weiter
mit meinen Wiederlegungen folgen. Es ist jedem vergönnet, seine Ideen über diese verschiedenen Gegenstände anzunehmen; die Kompagnie ist es, welche diesen Plan befolgen
oder verwerfen muß. Auch ich werde ihr den meinigen übergeben, nachdem ich vorher die Gefahr nur berührt habe,
die der Kompagnie jetzt würklich den Verlust des wichtigen
Etablissements am Cap drohet.

§. II.

§. II.

Drohende Gefahr für die Kompagnie das Etablissement am Cap zu verliehren.

Die Gefahr, in welcher die holländisch-ostindische Kompagnie schwebt, das Etablissement am Cap zu verliehren, ist um so viel grösser, da sie von zwo Ursachen bewürkt wird, welche in gleich hohem Grade diesen Verlust beschleunigen und befördern müssen. Bey dem schlechten Zustande, in welcher sich die Vestung befindet, bey den wenigen Truppen, die im Stande seyn würden, sich einer Landung zu widersetzen, und bey der geringen Neigung zum Fechten, welche die Kolonisten bey einem Angriffe zeigen würden, kann sich ein Feind immer sicher dem Cap nähern und sich ohne viele Mühe dieser wichtigen Besitzung bemächtigen; die erste Ursache der Gefahr, welche der Kompagnie den Verlust des Caps drohet. — Der Groll, der in den Herzen der Kolonisten gegen das Gouvernement tobt, und die Macht, welche die Kolonisten in Händen haben, das drückende Joch der Kompagnie abzuwerfen, kann die Bewohner der Kolonie bewegen die Truppen niederzuhauen, welche das Gouvernement im Fall einer Empörung ihnen entgegen stellen möchte; die zweyte Ursache der der Kompagnie drohenden Gefahr, das Cap zu verliehren. Ich werde mit der möglichsten Kürz nur noch die Beweise hinzusetzen, welche die Wahrheit dieser beyden Sätze darthun; zum Unglück für die Kompagnie sind diese Beweise in einem so hohen Grade überzeugend, daß man nur wenig über sie nachdenken darf, um bis zur Evidenz überzeugt zu werden *).

K 5

1)

---

*) Bis jetzt sind die Holländer trotz ihrer strengen ungerechten Regierung so glücklich gewesen, daß weder ihre ersten

1) Die Veſtung am Cap, die einzige Vormauer, die zur Vertheidigung dieſer Beſitzung gegen einen plötzlichen Anfall dient, iſt in dem elendeſten Zuſtande; dies iſt ein Faktum, von deſſen Wahrheit alle überzeugt ſind, welche die Veſtung beſichtigt haben. Nicht blos am Cap bemerkt man mit Erſtaunen die Nachläſſigkeit der Kompagnie oder die Nachläſſigkeit der Agenten der Kompagnie, welche ſich ſo auffallend bey der Unterhaltung der Veſtungen in den orientaliſchen Beſitzungen zeigt; dieſe Nachläſſigkeit findet man ganz unverkenbar in allen Beſitzungen der Kompagnie *). Alle Reiſende, die keine Holländer ſind, und den Zuſtand der holländiſchen Beſitzungen in Indien ſelbſt kennen gelernt haben,

kom-

ſtens Diener noch die Koloniſten in ihren Etabliſſements Verſuche zur Zerreiſſung der Bande gewagt haben, die ſie an ihr Mutterland knüpft. Mangel an Herzhaftigkeit und Kräften bewürkte, wie Hr. Peſtel (Commentar. §. 161.) glaubt, dieſe glückliche Ruhe nicht allein, mehr Antheil daran hatte wohl unter andern der Umſtand, daß das Intereſſe der Koloniſten ſo himmelweit von dem Intereſſe der Agenten der Kompagnie verſchieden iſt. L.

*) M ſ. hierüber auch die Bemerkungen des Verfaſſers des Gegenwärtigen Zuſtandes der Beſitzungen der Holländer in Oſtindien S 96 und des Hrn. Gouverneur v. Imhoff Betrachtungen über den gegenwärtigen Zuſtand der holländiſch oſtindiſchen Geſellſchaft, vorzüglich den 26ten Abſchnitt. — Nur an den Veſtungswerken am Cap haben die Franzoſen in den neueſten Zeiten ſehr vieles verbeſſert und ſo viele Batterien und Schanzen aufgeworfen, daß die ganze Bay damit wie umzäunt iſt. Vom Salzrevier bis zum Löwenſchwanz hin iſt jetzt alles Batterie, mit ſchweren Geſchütz beſetzt. Rund ums Cap ſind Linien gezogen mit Graben, Paliſaden, bedeckten Wegen und ſpaniſchen Reutern wohl verſehen; auch an dem Fuſſe des Tafelbergs ſieht man jetzt eine ſtarke Schanze, und alle Zugänge ſind durch Abſtechungen und Pfahlwerke geſperrt. M. ſ. Polit. Journal J. 1783. B. 2 S. 741. L.

kommen alle in der Versicherung, überein, daß die Kompagnie auf die unbegreiflichste Art durchaus alle Vestungen habe verfallen lassen, welche man zur Vertheidigung ihrer Besitzungen erbauete. Alle Reisende, besonders der Hr von Bougainville, versichern uns, daß es blos auf die Engländer ankomme, sich aller holländischen Besitzungen sowohl auf den Küsten Asiens, als auch auf den Molukken und in andern Gegenden zu bemächtigen. Der gegenwärtige Krieg, der sich so schimpflich für die Holländer endigt, giebt uns den unwidersprechlichsten Beweis, daß das holländische Indien schon längstens ganz und gar in die Hände der Engländer gefallen seyn würde, wenn es blos von Nationalmacht vertheidigt worden wäre. Die wenigen Eroberungen, welche den Engländern mit einer so schwachen Macht gelungen, beweisen unwiderleglich, daß diese Nation, wenn sie nicht gegen Frankreichs und Hyder Alys Macht zu kämpfen gehabt hätte, den Verlust, den sie in Amerika erlitt, auf Kosten der Holländer ersetzt und die Holländer aus beyden Indien verjagt haben würde, so wie sie selbst von den Amerikanern fast von dem ganzen festen Lande der neuen Welt vertrieben wurden. Frankreich wird vielleicht nicht immer geneigt seyn, der Kompagnie seinen Beystand zu verkaufen, wie dies in dem gegenwärtigen Kriege der Fall ist, und die Engländer werden nicht immer wie jetzt mit einem Hyder Aly und den Maratten zu fechten haben; alsdann werden die Engländer kühn genug zu gefährlichen Unternehmungen werden, und wenn sie es werden und die Kompagnie ihre Besitzungen in dem kläglichen Zustande läßt, in welchem sie schon lange versunken liegen, so darf man wohl eben kein grosser Staatsmann seyn, um es mit Gewißheit vorherzusehen, daß die Engländer die Holländer aus ganz Asien vertreiben werden.

Nicht nur die Vestung am Cap befindet sich in einem schlechten Zustande, auch die Truppen, welche zur Vertheidigung derselben gehalten werden, sind nicht hinreichend, um einen tapfern Widerstand zu thun. Ich habe schon bemerkt,

daß

daß die Kompagnie nicht mehr als fünf hundert Mann Truppen am Cap unterhält *). Einmal ist diese Anzahl zu unbeträchtlich, als daß sie die Dienste, welche die Vestung fordert, leisten und die andern Oerter auf der Küste, welche zu einer Landung geschickt sind, gehörig bewachen könnte. Wer an Ort und Stelle gewesen ist, kann schlechterdings nicht an der Wahrheit dieses Satzes zweifeln. Zweytens sind diese fünf hundert Mann, auch angenommen, daß sie stets komplet sind, fast niemals in der Vestung bey einander. Das Gouvernement giebt ohne Schwierigkeit der Hälfte der Soldaten den Urlaub, welche dann als Arbeiter sich auf's platte Land begeben, weil sie es für ungleich vortheilhafter halten, den Kolonisten und Landbauern zu dienen, als sich mit dem Solde der Kompagnie zu begnügen, und mithin steigt die Anzahl derer, welche zum Dienst der Vestung gehalten werden, ohngefähr auf zweyhundert und funfzig Mann. Die beurlaubten Soldaten verliehren bald im Dienst der Kolonisten alle Lust zum militairischen Dienst; sie vergessen und vernachlässigen ihre militairische Uebungen, kehren mit Wiederwillen zu ihrer Garnison zurück, wenn sie gefordert werden, und sie würden, mit einem Wort, die Vestung lieber den Händen eines Feindes überliefern, als ihr Leben in der Vertheidigung derselben wagen; diese Arbeiter, welche eine sehr lange Zeit hindurch der militairischen Disziplin entzogen worden sind, können offenbar nur sehr schlechte Soldaten seyn. Und nun erwäge man noch, aus was für Menschen diese Truppen bestehen. Jedermann weiß es, daß der größte Theil dieser Leute Auswurf der Europäer ist, — daß sie als schlechte Unterthanen Europa zu verlassen und nach Asien zu gehen gezwungen wurden, und daß ein grosser Theil von ihnen durch List und Gewalt angeworben ist. Man kann ohne Furcht zu irren annehmen, daß unter hun-

*) Oben S. 43 und die Anmerkung. L.

hundert Soldaten im Dienst der Kompagnie nicht vier
Mann gefunden werden, welche gutwillig Dienste nehmen
und Lust zum Kriegsdienst haben.   Wie groß kann also wohl
das Zutrauen seyn, welches die Kompagnie auf diese Soldaten setzen darf, die auch, wenn man sie nicht mißhandelte,
mit dem größten Wiederwillen dienen würden!

Die einzigen Rettungsmittel der Kompagnie in dem
Falle würden dann die Treue und Liebe der Kolonisten seyn.
Diese könnten durch ihre Tapferkeit und von Liebe ange-
feuert den Mangel der Fortifikationen und der regulierten
Truppen ersetzen; aber weder am Cap noch an andern Oertern darf die Kompagnie darauf rechnen, daß die Kolonisten ihre Besitzungen vertheidigen werden.   Die Regierung
unterdrückt die Kolonisten in Zeiten des Friedens und hat
ihnen dadurch allen Muth und alle Lust geraubt, in Zeiten des Krieges zu dienen; die Regierung behandelt sie
auf eine Art, daß ihnen ein Dienst anekeln muß, der einzig und allein das Interesse der Kompagnie zum Endzweck hat, und der für die Kolonisten nichts anders zur
Folge hat, als daß sie, nachdem sie den Feind zurückgetrieben haben, neuen Quälereyen unterworfen werden, daß
das Joch, welches sie drückt, noch um vieles erschwert
wird, und daß endlich das Gouvernement ein neues Mittel
bekömmt, sie in einer schimpflichern Sklaverey als jemals
zu erhalten.

Es erhellet also wohl aus diesen wenigen Bemerkungen hinreichend, daß im Fall eines Angriffs die Kompagnie
die größte Gefahr läuft, das Cap zu verliehren.   Die Kompagnie würde ohnstreitig schon die traurige Erfahrung davon gemacht haben, wenn nicht der Hr. Suffren glücklich
genug gewesen wäre und den stolzen und vermessenen Jonstone nach einer der Inseln des Capvert vertrieben hätte,
wenn der brave und kühne Kommandant nicht Unerschrocken-
heit genug gehabt hätte die englische Flotte, welche in dem
Hafen von St. Jago unter der Bedeckung des Portugie-
sischen

sischen Forts vor Anker lag, anzugreifen und sie in einen Zustand zu versetzen, der es ihr ohne eine Ausbesserung des erlittenen Schadens unmöglich machte, ihren Lauf nach dem Cap fortzusetzen. Ja wahrhaftig diese kühne That des Hrn. von Suffren rettete den Holländern das Cap. Dieser Kommandant wollte lieber, den erhaltenen Befehlen gemäß, den Verlust der Flotte durch einen mit so vieler Gefahr verbundenen Angriff der englischen Flotte wagen, als den Schmerz erdulden, welchen ihm seine zu späte Ankunft, um das Cap zu retten, dem er einen mächtigen Sekours zu bringen kam, verursacht haben würde. Man kann mit aller Zuverlässigkeit annehmen, daß Jonstone, wenn er nur einen Tag früher als der Hr. von Suffren, angekommen wäre, sich des Etablissements am Cap ohne einen Schwertstreich bemächtigt haben würde, denn er würde nur einen schwachen Wiederstand von der unbedeutenden und ohnmächtigen Garnison ge funden, und die Kolonisten würden sich förmlich geweigert haben, die Waffen zu ergreifen, oder wenn sie sie auch ergriffen hätten, so würden sie dieselben nicht mit dem Nachdruck gegen die Engländer geführt haben, mit dem sie sie geführt haben würden, wenn sie nicht in einem so hohen Grade gegen das Gouvernement aufgebracht wären. Es scheint, die Kompagnie war schon damals von der Ungeneigtheit der Kolonisten für die Vertheidigung des Landes zu fechten, unterrichtet, denn sonst würde sie sich nicht entschlossen haben, fremde Truppen sowohl zur Vertheidigung der Kolonie, als auch um die Kolonisten durch den Anblick einer sehr ansehnlich gewordenen Macht in der Unterwürfigkeit zu erhalten, in Sold zu nehmen. Ich wage es unverholen zu behaupten, daß die Kolonisten mit Freuden den Feind des Staats als ihren Befreyer würden empfangen haben Ein trauriger Blick in die Zukunft für die Kompagnie!

2) Die Kolonisten können sich ohne den Beystand irgend einer fremden Nation gegen die Regierung empören, und sich von der Kompagnie unabhängig machen. Zum Beweis

weis dieser Behauptung sollen nur unter andern die Folgerungen dienen, die ich aus einer Stelle des Memoirs des
Hrn. Boers ziehen werde. „Er sagt, daß, als einst die
„Bürgerschaft das Gouvernement in einer Bittschrift ersuchte,
„die gegenwärtigen Bürgerräthe ihre Aemter noch ferner
„verwalten zu lassen, ein grosser Theil der Bürgerschaft, wo
„nicht gar die ganze Bürgerschaft, in den Waffen gestanden,
„weil es gerade in der Exerzierzeit gewesen wäre — und
„im Fall der Weigerung mit einem der guten
„Ordnung nachtheiligen und gewaltthätigen Ver-
„fahren gedrohet hätte u. s. w.; daß man sich gezwun-
„gen gesehen; ihre Bitte zu erfüllen und ihr zu versprechen,
„daß man den Bürgerräthen unter der Bedingung noch Ein
„Jahr ihre Stellen lassen wolle, daß die Bürgerschaft in
„Zukunft sich nicht mehr solcher Schritte erlauben sollte,
„durch welche die der Regierung schuldige Hochachtung so
„sehr verletzt würde. Daß aber ein Jahr darauf die Bür-
„gerschaft die nehmlichen Umstände zu nutzen gesucht und gleich-
„sam nur der Form wegen um die Bestätigung der nehmli-
„chen Bürgerräthe einige Wochen vor der Exerzierzeit gebethen
„hätte; daß sie gerade in der Zeit wo sie die Waffen wieder hätten
„ergreiffen sollen, eine zweyte Bittschrift von eben dem In-
„halt als die erste und mit eben so weniger Schonung überreicht
„hätte u. s. w. S. 15 „ Man sehe hier nach dem förmlichen Geständniß eines Agenten, der sehr wohl von dem unterrichtet seyn mußte, was die Bürgerschaft am Cap gegen
die Regierung vermag, man sehe hier, sage ich, einer Seits
die Macht der Kolonisten gegen die Macht der Regierung,
und anderer Seits die Schwäche des Gouvernements gegen
die bewaffnete Bürgerschaft des Caps. Als die Amerikaner
im Begriff waren, sich ihre Freyheit zu erfechten, waren sie
nichts weniger als zum Kriege vorbereitet oder in den Waffen
geübt, sie besassen weder Waffen noch Kriegsmunition; die
Kolonisten am Cap sind sehr gut in den Waffen geübt, sie
be-

befitzen Waffen im Ueberfluß und können Munition genug Bekommen, um die Feindseligkeiten mit Vortheil anzufangen
und sich aller Magazine und Arsenäle der Kompagnie zu bemächtigen; die Amerikaner waren in einem unermeßlich
grossen Lande zerstreuet, sie gehörten zu dreyzehen verschiedenen Staaten, sie konnten sich einander nicht verstehen, und es
ist äusserst befremdend, daß sie bey alle dem die Revolution be-
würkten. Die Amerikaner hatten von ihren, den Engländern
noch treu gebliebenen, Brüdern eben so viel und noch mehr
als von den Truppen Großbritanniens selbst zu befürchten;
die Amerikaner konnten an mehreren Oertern angegriffen werden, sie liefen Gefahr durch Hunger und aus Mangel des
Nothwendigen umzukommen, wenn die Engländer ihnen alle
Kommunikation mit Europa oder wenigstens mit den Inseln
Amerikas abgeschnitten hätten; mit einem Wort, die Amerikaner fingen ihren Aufstand mit den schwächsten Hoffnungen
an das grosse Werk ihrer Freyheit zu vollenden; die Kolonisten am Cap führen selbst Waffen und bedienen sich ihrer mit
dem grösten Vortheil, sie befinden sich in einem geründeten
Lande und zehen oder zwölf Tage sind hinreichend, um wenigstens 20,000 Mann bewafnet, Reuterey und Fußvolk,
in ein einziges Corps zu vereinigen. Die Kolonisten am Cap
werden durch ein und dasselbe Interesse vereinigt, und ihre
Anzahl ist zu klein, als daß Uneinigkeit sich unter sie mi-
schen könnte; keinen falschen Mitbruder dürfen sie fürchten, sie
sind alle unterdrückt worden, und sie alle sehnen sich in gleichem
Grade nach dem Augenblick ihrer Befreyung; es ist keiner
von ihnen, den Schmeicheley oder ehrgeizige Entwürfe auf
die Seite der Regierung zur Verrätherey des allgemeinen Interesse der Kolonie zu treiben vermögen; sie sind alle Land-
bauer, fern von allem Gefühl eines Strebens nach Würden
oder nach einträglichen Stellen, in deren Besitz die Agenten der Kompagnie sich gesetzt haben und von denen sie durchaus ausgeschlossen sind. Die Kolonisten am Cap können nur
von

von der Meerseite her angegriffen werden, und sie kennen ihre
Küsten vollkommen, die im Vergleich mit den Küsten Amerikas nur einen sehr kleinen Strich ausmachen und leicht von
Leuten vertheidigt werden können, deren Waffen dreymal weiter treffen, als die Waffen der Europäer: ein Bauer ist hier
im Stande in einer Entfernung von fünf hundert Schritt einen Menschen zu erschleßen; zwölf tausend Mann mit Waffen
und geübt wie die Kolonisten am Cap können eben das ausrichten, was 30,000 Mann mit europäischen Waffen thun
können.   Die Kompagnie hat in der That keine 30,000
Mann guter Truppen, welche sie ihnen entgegen setzen könnte, und hätte sie sie auch, so lassen sich doch 30,000 Mann
nicht so leicht und mit so wenigen Kosten vom Texel nach
dem Cap transportieren als sich eine Armee von dieser Grösse
von Portsmouth nach Neuyork bringen läßt.   Die Kolonisten am Cap können nicht durch Hunger bezwungen werden.   Korn, Gemüse, Getraide aller Art, Wein, Fleisch,
mit einem Wort alles besitzen sie im Ueberfluß, und eine Armee, die man von Europa schickte, um die Kolonisten wieder zur Unterwürfigkeit zu bringen, würde der größten Gefahr ausgesetzt seyn, wenige Tage nach ihrer Ankunft auf den
südlichen Küsten Afrika's vor Hunger umzukommen; denn
woher würde diese Armee Lebensmittel und Erfrischungen bey
ihrer Ankunft am Cap erhalten können? Wahrhaftig, der Anführer bey dieser gefährlichen Expedition würde nicht wie Cä-
sar sagen können, veni, vidi, vici!   Ich könnte die Vergleichung zwischen der Lage, in welcher sich die Amerikaner
gegen die Engländer befanden, und zwischen der Lage noch
weiter fortsetzen, in welcher sich die Kolonisten am Cap gegen
die Kompagnie befinden werden, wenn die Kompagnie sie zur
Empörung zwingt.   Die Parallel würde durchaus zum Vortheil der Kolonisten ausfallen, allein das bereits gesagte wird
schon hinreichend seyn.

Nur einen einzigen Einwurf könnte man mir entgegenstellen, aber auch nur einen Einwurf, der sich schon selbst wiederlegt. Man könnte mir einwerfen, daß die Agenten der Kompagnie wegen ihrer so häufig zwischen ihnen und den Bürgern durch Heirathen geschlossenen Verbindungen und weil es nur wenige Bürger am Cap giebt, welche mit den Dienern der Kompagnie nicht in einiger Verbindung stehen, mit Grunde hoffen können, selbst am Cap eine sehr grosse Anzahl von Anhängern zu finden, welche sich den Unternehmungen ihrer Mitbürger entgegensetzen würden. — Auf diesen Einwurf erwiedere ich 1) daß es ganz und gar nicht scheine, daß die Kompagnie sich auf diese mit den Agenten verwandte Bürger sehr verlassen könne, weil einige wenige von ihnen gegen das Verfahren von fünf bis sechs hundert ihrer Mitbürger protestiert haben, denn in der That haben sie sich nur geweigert, durch ihre Unterschrift diesen Schritt zu billigen, und diese ihre Weigerung selbst beweiset wenigstens auf eine indirekte Art, daß sie, selbst Zeugen der Unterdrückung, sehr erfreuet seyn würden, wenn ihre Mitbürger sich von dem sie drückenden Joche befreyeten. Wären sie in der That von Liebe für das Gouvernement beseelt, so würden sie froh herbeigeeilt seyn und eine Gegenschrift unterschrieben haben, um die Beschuldigungen der klagenden Bürger zu entkräften oder zu wiederlegen. 2) Sind diese Alliirte der Agenten der Kompagnie, oder, wenn man mir den Ausdruck erlauben will, diese neue Race von Bürgern, nur mit den Dienern der Kompagnie von niedrigem Range, mit den Handwerkern, welche die Kompagnie besoldet, verwandt, und nur einige von ihnen, deren Anzahl aber sehr gering ist, können sich der Ehre der Verwandtschaft mit den Agenten der Kompagnie von etwas erhabenerem Range rühmen, und selbst diese Diener der Kompagnie würden froh seyn, wenn man sie ihres Dienstes entledigte und sie ihre Freyheit, welche sie der Kompagnie verpfändet haben, wiedererhielten; denn es würde tausendmahl vortheilhafter für sie seyn, zu der Zahl der freyen Leute, als zu der Zahl der Lohndiener

der

der Kompagnie gerechnet zu werden; sie würden vielleicht
die hartnäckigsten und unermüdetsten Kämpfer in der Vertheidigung der Freyheit seyn und den unbezwinglichsten und
unwiederstehlichsten Trieb zum Genuß der Freuden und Süs-
sigkeiten der Freyheit zeigen.   3) Könnte die Kompagnie
höchstens nur am Hauptort der Kolonie einige Anhänger zu
finden hoffen; aber diese würden auf das erste von ihnen gegebene Zeichen zum Streit für die Kompagnie von der bey
weitem überwiegenden Menge ihrer mit den Kolonisten vom
platten Lande verbundenen Mitbürger niedergemetzelt werden.
Der nordamerikanische Krieg hat uns Gelegenheit gegeben
nicht nur mit der Schwäche der Kompagnie am Cap bekannt
zu werden, sondern er hat uns auch die Kühnheit der Kolonisten gegen das Gouvernement und die Mittel kennen gelehrt, in dessen Besitz die Kolonisten sind, die Mittel, sich
selbst Gerechtigkeit zu verschaffen, wenn die Kompagnie sie ihnen verweigern sollte, kurz wir haben uns durch unsere eigene Augen überzeugt, daß das Etablissement am Cap nur an
einem sehr feinen Faden hängt, und daß die Kompagnie,
wenn sie sich nicht ernstlich und thätig bemühet, sich wieder
den Besitz der Liebe der Kolonisten zu verschaffen, den Gewaltthätigkeiten des Gouvernements Einhalt zu thun, die
Vestungswerke wieder in gehörigen Stand zu setzen und eine hinlänglich grosse Garnison am Cap zu unterhalten, um
bey einem gefährlichen Eräugniß das Cap entweder gegen
die Unternehmungen der Bürger und der Kolonisten, oder
der Engländer, oder der Franzosen, vertheidigen zu können,
dieses wichtige Etablissement auf ewig und zwar in sehr kurzer Zeit auf ewig verliehren werde.   Die Kolonie schwebt
in der größten Gefahr, und nichts als die dringendste und kläg-
lichste Nothwendigkeit kann den unbedachtsamen Schritt der
Kompagnie und das äußerste und gefährliche Mittel entschuldi-
gen, welches sie ergriff, indem sie die Vertheidigung dieses Etablissements französischen Truppen anvertrauete.   Diese haben
am Cap Gewohnheiten eingeführt, die für die Kompagnie äu-

L 2   ßerst

ßerst gefährlich sind; sie sind mit der größten Freundlichkeit
von den Bürgern aufgenommen; die Franzosen leben mit
den Holländern am Cap in einem so herzlichen Einverständniß,
und es zeigt sich zwischen ihnen jene nachgebende Biegsamkeit,
welche eine Simpathie ankündigt, die, man kann es dreist
behaupten, in einem höhern Grade für die Kompagnie gefährlich ist, als sie der Natur selbst zu widersprechen scheint; wenigstens muß man sie für etwas einem Wunder ähnliches
halten, wenn man die so weit von einander abstehenden Ver-
schiedenheiten bedenkt, welche die Natur selbst in die Cha-
raktere dieser beyden Nationen verwebt zu haben scheint.
Dieses wahrhaftig außerordentliche brüterliche Betragen, welches die Bürger am Cap und die französischen Truppen gegen
einander beobachten, kann seinen Grund nur in dem unbe-
zwinglichen Abscheu haben, welcher die Bürger am Cap gegen
das Gouvernement empört, und gerade dieser Umstand ist
es, welcher das Einverständniß zwischen den Franzosen und Bürgern am Cap für die Kompagnie am gefährlichsten macht. Ent-
stünden Uneinigkeiten zwischen Frankreich und Holland ehe
noch die Kolonisten mit dem Gouvernement am Cap völlig aus-
gesöhnt wären, so dürften sich die Franzosen nur mit einer sehr
schwachen Macht am Vorgebürge der guten Hoffnung zeigen, und die Einwohner selbst würden ihnen das Cap überliefern; und wären die Franzosen einmal im Besitz dieses E-
tablissements und lebten sie mit den Kolonisten in guter Harmonie, so begreife ich wahrhaftig nicht, wer im Stande seyn
würde, es ihnen wieder zu entreißen.   Man glaube nicht,
daß dies blos Muthmaßungen sind; ein Augenzeuge und ein
Mann, der mit kaltem Blute in einem Zeitraum von fast
zwey Jahren die Neigungen und die Denkart der Bewohner
des Caps erforscht hat, ein solcher kann meiner Meinung nach
mit Richtigkeit und Präcision über dasjenige urtheilen, was
unvermeidliche Folge seyn wird, wenn die Kompagnie nicht
bald und schnell die abscheulichen Mißbräuchen der Macht ab-

stelle,

stellt, deren sich das Gouvernement am Cap schon seit sehr langer Zeit schuldig gemacht hat.

§. III.

**Von den Mitteln, welche die Kompagnie zur Ab-
helfung der Beschwerden, sowohl ihrer eigenen
Sicherheit wegen, als auch zum Wohl der
Kolonisten und Bürger am Vorgebürge
der guten Hoffnung, ergreifen muß.**

Jedes Etablissement, kein einziges ausgenommen, ist
Mißbräuchen unterworfen, welche sich allmählich einschlei-
chen, sich dann schnell vergrössern und endlich so tief ein-
wurzeln und sich so allgemein verbreiten, daß es schlechterdings nicht möglich ist, sie zu vertilgen und das Etablissement wieder in seinen ursprünglichen Zustand zu versetzen,
ohne dasselbe auf eine starke und gewaltthätige Art zu er-
schüttern. So kritisch und schwer aber auch diese politische
Operation seyn mag, so muß man sich gleichwohl sie zu unternehmen entschliessen, wenn man den Kummer vermeiden
will, auf die untergrabenen, morschen Grundsäulen ein politisches Gebäude niederstürzen zu sehen, dessen Erhaltung
für den Staat, der dies Gebäude zum Wohl, zum Nutzen
und zum Ruhm der Nation erbauete, so unendlich wichtig
ist. Dies ist der Fall, in welchem sich nach dem Eingeständniß aller, die holländisch-ostindische Kompagnie in Ansehung
aller asiatischen Etablissements und ganz vorzüglich in Ansehung des afrikanischen Etablissements am Vorgebürge der
guten Hoffnung befindet, welches gleichsam der Schlüssel zu
denen in dem Meere Indiens zerstreueten Inseln ist.

Die Bürgerschaft am Cap verlangt die Abhelfung ihrer
Beschwerden, und sie zeigt die Mittel an, welche sie für die
schicklichsten zu diesem Endzweck hält; auch der Hr. Fiskal
Boers gestehet ein, daß Mißbräuche in der Kolonie herr-
schen und schlägt gleichfalls Mittel vor sie abzustellen. Oh-

ne

ne blind das von den Bürgern vorgeschlagene Syſtem durchaus anzunehmen, und ohne das Syſtem des Hrn. Fiſkal
Boers ganz und gar zu verwerfen, habe ich mir einen Plan
zur Abhelfung der Beſchwerden entworfen, einen Plan welcher mir am ſchicklichſten ſchien, das Intereſſe der Kompagnie mit dem Intereſſe der Koloniſten zu vereinigen, und deſſen Befolgung der Kompagnie eine hinlänglich genug ausge-
dehnte und rühmliche Macht über die Koloniſten zuſichert und
zu gleicher Zeit den Koloniſten eine bürgerliche Freyheit
genießen läßt, die ſie auf immer gegen die Gewaltthätigkeiten des Deſpotismus ſchützen kann, welche ſie ſeit dem Tode
Riebecks bis auf den heutigen Tag ſo oft haben erdulden
müſſen.   Ich will nun meinen Leſern dieſen meinen Plan ſo
mittheilen, wie ich ihn entworfen habe; wegen ſeiner Sim-
plizität kann er vielleicht zum Entwurf des Plans dienen, welchen die Kompagnie befolgen wird; denn ich zweifle nicht im
geringſten , daß die Kompagnie irgend einen Plan befolgen
werde, ſie iſt ſchlechterdings dazu gezwungen, wenn ſie nicht,
wie ich in dem vorhergehenden Paragraph bemerkt habe, ſich
auf ewig des wichtigſten ihrer Etabliſſements beraubt ſehen
will.

Die Kompagnie muß den Anfang damit machen, daß
ſie die ausſchweifend hohe Macht des Gouvernements am
Cap einſchränkt, welche es ſich vielleicht wieder Wiſſen und
Willen der Kompagnie allmählig anmaßte, und unter Vorge-
bungen anmaßte, welche bey den Unterſuchungen , die man
deshalb in Europa anſtellte, nur wichtig ſcheinen konnten, weil
ſie auf eine meiſterhafte Art vorgetragen waren und die Koloniſten es niemals wagten auf eine ſo feierliche Art dagegen
zu proteſtieren wie ſie es gegenwärtig thun.   Um dieſe Macht
des Gouvernements einzuſchränken und die Grenzen deſſelben
auf eine dauerhafte Art feſtzuſetzen, iſt es , meiner Meinung
nah, nothwendig:

1) Daß ein Gouverneur am Cap ſeine Würde nicht
länger als fünf Jahre bekleide, am Ende dieſes Zeitraums
muß

muß jeder Gouverneur zurückgerufen und seine Stelle mit
einem andern besetzt werden, wenn anders die Kolonisten und
Bürger sich nicht vereinigt und nachdrücklichst bey der Kompagnie um eine Verlängerung der für diese Würde bestimmten Zeit verwenden. Ist der Gouverneur in Europa angelangt, so muß er einer sehr scharfen Untersuchung von unpar-
theyischen Richtern wegen der Verwaltung seines Amts unterworfen werden und dies muß vorzüglich dann geschehen,
wenn so wichtige und so authentische Klagen gegen ihn eingereicht worden sind, daß man ihnen durchaus nicht eine ernsthafte Erwägung und genaue Untersuchung versagen darf. Würde der Gouverneur nach diesem Examen von der Kompagnie eines Betrugs entweder gegen die Kompagnie selbst, oder gegen einzelne Kolonisten oder gar gegen das ganze Corps der Kolonisten
überführt, so müßte sich die Kompagnie der Reichthümer, welche
der Gouverneur während der Zeit seines Gouvernements ge-
sammlet, als einer Geldstrafe bemächtigen und diese Geldstrafe müßte zum Besten derer, welche der Gouverneur betrog, verwandt werden. Würde aber der Gouverneur nach dieser Untersuchung unschuldig erfunden, so müßte ihm die Kompagnie
ein öffentliches Zeugniß geben und ihn nach Gefallen und in
Ruhe seine Reichthümer genießen lassen; ich sage Reichthümer, denn fünf Jahre sind für einen Gouverneur am
Cap mehr als hinreichend, sich auf eine rechtschaffene Art, ohne Uebertretung seiner Pflichten und ohne Verübung schreien-
der Ungerechtigkeiten, zu bereichern. Die Würksamkeit
dieses Mittels ließe sich leicht zeigen, ja auf's unwidersprech-
lichste darthun; ich begnüge mich aber, es blos angezeigt zu
haben, und überlasse es der Kompagnie, über meinen Vorschlag
weiter nachzudenken, ihn anzunehmen oder ihn zu verwerfen.

2) Dem Zweyten im Range oder dem sogenannten
Untergouverneur könnte immer von der Kompagnie ohne
irgend einigen Nachtheil so lange seine Würde gelassen werden,
als er sein Amt als ein rechtschaffener Mann und als ein Mann
von Ehre bekleidete, und fände man in ihm alle die Talente

L 4   ver-

vereinigt, die zu einem Gouverneur durchaus erfordert werden, so müßte man ihn, wenn ein Gouverneur wäre zurückgerufen worden, allen übrigen bey der Besetzung dieses
rühmlichen Postens vorziehen. Die Hoffnung, einstens bis
zu dieser erhabenen Würde emporsteigen zu können, würde für ihn ein heilsamer Antrieb und ein mächtiger Beweg-
grund seyn, sein Verfahren nach den strengsten Regeln der
Menschlichkeit und der uninteressierten Gerechtigkeit einzurich-
ten, nach Grundsätzen also, nach welchen schlechterdings jeder Gouverneur einer entfernten Kolonie handeln sollte, nach
Grundsätzen, ohne welche ein Gouverneur, dessen Macht
so ausgedehnt ist, Zerstöhrer alles dessen werden muß, was
der Kompagnie am theursten und wichtigsten ist, und ohne
welche er die Kolonisten mit Elend überhäufen und bis zur
Verzweiflung treiben wird. Der Mann, welcher die Pflichten der Würde eines Untergouverneurs, die auf jene des
Gouverneurs eine so unmittelbare Beziehung hat, auf eine
rühmliche Art erfüllet hat, der wird gewöhnlich die Pflichten
eines Gouverneurs mit dem nehmlichen Ruhm erfüllen, und
alsdann würde die erste Würde am Cap nur Lohn der Verdienste eines rechtschaffenen Untergouverneurs, eines Mannes
werden, der durch Rechtschaffenheit und Talente sich dieses
erhabenen Postens würdig gemacht hat.

3) Umständlicher als beym Gouverneur und Untergouverneur muß ich hier beym Fiskal independant verweilen.
Die Erfahrung hat schon mehr als hinlänglich die schlechterdings nothwendige Reform dieser Stelle gezeigt. Ein von
dem Gouverneur unabhängiger Fiskal ist ein Mann, der
im Stande ist, alles Gute zu verderben und zu vernich-
ten, welches ein rechtschaffener Gouverneur in der Kolonie
stiften kann, wenn er, der Fiskal, nicht gleiche Absichten
mit dem Chef des Gouvernements für das öffentliche Wohl
hat. Ein Fiskal und ein Gouverneur, beyde in gleichem Grade uninteressiert, beyde von gleichem Eifer für das Wohl der
Kolonisten beseelt, beyde endlich in gleichem Grade für das
wah-

wahre Intereſſe der Kompagnie beſorgt, ſind wahrhaftig
zwey ſo ſehr ſeltene Menſchen, daß man würklich nicht mit
Grunde hoffen darf, ſie zweymahl in einem ganzen Jahr-
hunderte in einem Etabliſſ=ment, wie das am Cap iſt, zu-
ſammenzubringen. Selbſt dieſe moraliſche Unmöglichkeit, zu
gleicher Zeit einen tugendhaften Gouverneur und einen tugendhaften Fiskal zu finden, iſt es, welche die Kompagnie bewogen zu haben ſcheint, den Letztern von dem Erſtern unabhängig zu machen, damit dieſe beyden Chefs der Regierung
am Cap ſich einander bewachten und einer den andern fürch-
tete. Allein gerade das Gegentheil von dem erfolgte, was
die Kompagnie durch dieſe Einrichtung zu erreichen ſuchte.
Dieſe beyden Männer, Gouverneur und Fiskal, haben ſich
einander ſehr ſelten auf eine würkſame Art bewacht; ſie haben
unter ſich die unterdrückende Macht getheilt; jeder hat für ſich
ſeine Bemühungen für ſein eigen Wohl angewandt, und wann
ſich ihrer beyder Macht in gewiſſem Betracht im Gleichgewicht
befand, ſo gaben ſie wechſelweis einer dem andern nach; das
heißt mit andern Worten, jeder von ihnen drückte die Augen über das Verfahren des andern feſt zu, und jeder von
ihnen wandelte, ungeſtöhrt und ungehindert von dem andern,
ſeine Bahn zum Nachtheil der Koloniſten wie der Kompagnie. Ja noch mehr, einer entſchuldigte den andern wegen der Schandthaten, die er verübte. Beſchwerten ſich
die Koloniſten über das Verfahren des Hrn. Fiskals, ſo
war es eine ſehr natürliche Antwort des Hrn. Gouverneurs,
wenn er ihnen erwiederte "ich kann da nicht helfen,
der Hr. Fiskal iſt unabhängig von mir; ich fühle es ſehr wohl, daß der Hr. Fiskal hier ungerecht
gehandelt hat, aber meine Hände ſind mir von der
Kompagnie gebunden, ich kann dem Hrn. Fiskal
weder Vorwürfe machen, noch ihn beſtrafen, noch
Euch Gerechtigkeit verſchaffen, das einzige Mittel, das Ihr hier ergreifen könnt, beſteht darinn,
daß Ihr Euch bey der Kompagnie ſelbſt deshalb

be-

beschweret.„ Sich bey der Kompagnie selbst beschweren! Ein elendes schwaches Mittel für die Kolonisten,
die nur erst nach dem Verlauf von zehen langen Monaten eine Antwort erhalten können, wenn sie auch alles anwenden, ihre Klagen in Europa zu unterstützen und die Kompagnie auch alles thut ihre Klagen zu untersuchen und darauf
zu antworten; auch würde die Kompagnie nie fertig werden,
wenn sie auf's pünktlichste und mit höchster Sorgfalt über
alle einzelne Klagen erkennen wollte, die gegen ihre verschiedenen Agenten vorgebracht werden würden. Die Kompagnie sollte sich nur mit wichtigen Klagen und selbst nur mit
wichtigen, von einer vereinten Anzahl Kolonisten vorgebrach-
ten, Klagen beschäftigen, mit Klagen, welche denen ähnlich
sind, die man gegenwärtig ihrer Untersuchung übergeben
hat. Ich wünschte nicht, daß die Zeit der Verwaltung des
Fiskals, wie die eines Gouverneurs, auf gewisse Jahre festgesetzt würde, eine solche Bestimmung würde mit sehr grossen nachtheiligen Folgen verknüpft seyn, aber ich wünschte,
daß alle fünf Jahre bey der Einsetzung des neuen Gouverneurs
zwey Kommissarien aus Europa nach dem Cap geschickt und
bevollmächtigt würden, nebst dem Gouverneur alle Agenten
der Kompagnie einen nach dem andern vorzufordern, sie wegen der Art der Verwaltung ihrer Aemter zur Rede zu stellen, sich Rechenschaft von ihnen geben zu lassen, und die
Klagen, welche Kolonisten und Bürger gegen jeden Agenten der Kompagnie vorbringen würden, ruhig und aufmerksam
anzuhören, und daß von den Klagen, wenn sie wichtig und gegründet wären, der Kompagnie Bericht abgestattet würde, damit diese die treulosen Agenten absetzen oder bestrafen könnte, je nachdem das Verbrechen es verdiente. Ich glaube,
durch diese Einrichtung würde man, wenn man sie streng befolgte, im Stande seyn, Diener in thätigem Gehorsam zu
erhalten, welche wegen der weiten Entfernung von ihrem
Herrn so leicht zu Fehltritten hingerissen werden, besonders
wenn sie wissen, daß sie in einer gewissen Zeit keine Rechenschaft

ſchaft von ihrer Adminiſtration geben dürfen. Im Fall der
erwieſenen Untreue müßte man ſie abſetzen und ſie zwingen,
das unrechtmäſſig Erworbene wieder herauszugeben, das
heißt mit andern Worten, man müßte das Glied ſtra-
fen, mit welchem ſie geſündigt hätten. Dies ſcheint mir das
einfachſte und natürlichſte Mittel zu ſeyn, welches man gegen die Wuth der unerſättlichen Geldgier der Blutigel der
Kompagnie ergreifen kann. Solche Beyſpiele einer durchaus
nothwendigen Strenge würden ſowohl für die Kompagnie,
als für die Koloniſten von dem größten Nutzen ſeyn.

4) Muß die Kompagnie eine viel ſtärkere Garniſon
nach dem Cap ſchicken; welches gegenwärtig vorzüglich nothwendig iſt, da die mit dem Gouvernement unzufriedenen Koloniſten ſich nur mit dem größten Wiederwillen ſtellen würden,
wenn der Fall einträfe, daß man einen Feind zurücktreiben
müßte, der das Etabliſſement anzugreifen drohte. Meinem
Ermeſſen nach müßte die Anzahl der Truppen, welche zur
Vertheidigung des Caps gehalten werden, bis auf 1200 Mann
ſteigen, die wohl diszipliniert ſeyn und wohl beſoldet werden
müßten. Obgleich die Auſſenwerke der Veſtung gut und im
gehörigen Stande ſind, ſo iſt doch ſchlechterdings nothwendig
eine neue Veſtung nach einem ganz andern Plane zu bauen,
oder die gegenwärtige muß wenigſtens verbeſſert und reparirt
werden; ſo wie ſie jetzt iſt, iſt ſie nicht im Stande, den geringſten Wiederſtand zu biethen. Es iſt unbegreifliche Nachläſſigkeit, daß die Kompagnie dieſe einzige Veſtung, welche
ihr unſchätzbarſtes Etabliſſement vertheidigt, in einem ſo hohen Grade hat verfallen laſſen.

Dies ſind nun vier Artikel, welche unmittelbar das Intereſſe der Kompagnie betreffen, das heißt vier Mittel, welche die Kompagnie unabhängig vom Wohl der Koloniſten
ſchlechterdings ergreifen muß, oder Mittel denen ähnliche
die Kompagnie ergreifen muß, Mittel, welche ſie für die ſchicklichſten und würkſamſten hält, das Etabliſſement am Cap zu
einem blühenden Zuſtand emporzuheben. Dieſen will ich nun
die Mittel folgen laſſen, welche meinen Einſichten nach die

Kom-

Kompagnie für das allgemeine Wohl der Kolonisten ergreifen muß, das heißt, Mittel, durch welche die Kompagnie
das Eigenthum, den Wohlstand und die Freyheit der Kolonisten in Sicherheit setzen und das Zutrauen und die liebe
derselben wieder erlangen kann, mit einem Wort, Mittel,
die Kolonisten glücklich zu machen.

1) Muß die bürgerliche Freyheit der Bürger und
Kolonisten des ganzen Etablissements auf eine Art gesichert
werden, die durchaus alle Stöhrung unmöglich macht. Zu
diesem Endzweck, glaube ich, muß die Kompagnie dem MunizipalCorps erlauben auf dem Rathhause Versammlungen zu
halten, in dieser Versammlungen alles zu untersuchen, was
eine unmittelbare Beziehung auf die Angelegenheiten hat, welche die gesammten Bürger und Kolonisten des capschen Dis-
strikts direkt angehen; ihr erlauben, jährlich die Bürgerräthe zu ernennen, welche zu der Würde regierender Burgermeister erwählt werden müssen; von welcher zweyfachen Ernennung der Staatsrath benachrichtigt werden muß, und
wenn dieser nach bestätigter Wahl die Versammlung auf dem
Rathhause davon benachrichtigt hat, so müssen daselbst die ge-
wählten Magistrate so gleich in ihre Aemter eingesetzt werden. In allen diesen Versammlungen des MunizipalCorps
des Hauptorts muß der älteste regierende Bürgermeister den
Vorsitz führen. Um aber dem Gouvernement keine Ursach
zum Verdacht zu geben, scheint es mir nothwendig zu seyn,
daß stets ein vom Gouvernement ernannter Agent bey diesen
Versammlungen gegenwärtig ist und als beobachtender
Kommissair daselbst assistiert, aber eine deliberative Stimme darf ein solcher hier nicht führen; diese Vorsicht ist hinreichend, die Bürger abzuhalten etwas gegen die Kompagnie heimlich zu unternehmen. Das, was ich hier von der
Kolonie des capschen Distrikts gesagt habe, muß auch in den
übrigen beobachtet werden; auch den Kolonisten in diesen
Distrikten müssen freye Versammlungen zugestanden werden, in welchen sie ihre Heemräthe ernennen können, welche

che Repräſentanten der Koloniſten ſeyn müſſen, die vom
Hauptort getrennt und entfernt leben, ſo wie die Bürgerräthe
Repräſentanten der Bürgerſchaft und der Koloniſten des Caps
ſeyn müſſen.

2) Der groſſe Juſtizſenat, der kleine Juſtizſenat, die
Waiſenkammer ꝛc. müſſen getheilt werden, das heißt, von den
Mitgliedern, welche dieſelben bilden, muß die eine Hälfte
aus den Agenten der Kompagnie, und die andere Hälfte aus
den Bürgerräthen und dem Corps der Bürger gewählt werden. Den Vorſitz in dieſen Verſammlungen muß ein Agent
der Kompagnie von erhabenem Range führen, aber Unter-
präſident muß ſtets einer von den Bürgerräthen ſeyn. In
keinem Fall darf der Fiskal hier eine deliberative Stimme
haben, das heißt, niemals als Richter in einer dieſer Verſammlungen ſitzen. Er muß ſtets die öffentliche Partie
vorſtellen, aber niemals unmittelbaren Einfluß auf die Urtheile und Entſcheidungen haben; er darf die Richter beleh-
ren, aber niemals ſelbſt als Richter entſcheiden.

Der Kirchenrath oder das Konſiſtorium muß gleichfalls
getheilt werden; mit andern Worten, die eine Hälfte der
Aelteſten und Diakonen muß von den Agenten und Dienern
der Kompagnie, und die andre Hälfte von der Bürgerſchaft
ernannt werden. Der Aelteſte von den Geiſtlichen muß
den Vorſitz führen. Von wichtigen Angelegenheiten, Verordnungen u. ſ. w. muß der Gouverneur und der Staatsrath
benachrichtigt werden und dieſe müſſen die geſetzmäſſige San-
ction ertheilen.

3) Muß es ausdrücklich von der Kompagnie dem Gouvernement verbothen werden, irgend einen Bürger oder Koloniſten in dem ganzen Etabliſſement zu verpflichten, Dienſte
zu nehmen, ſo wenig als Soldat oder als Matroſe, unter
welchem Vorwand es auch immer ſeyn mag. Das Gouvernement ſelbſt darf nicht berechtigt ſeyn, einen Koloniſten oder
Bürger zu verbannen, ohne daß man ihm vorher einen Prozeß in aller Form Rechtens gemacht hat, und ohne daß er vor-

her

her zur Verbannung durch ein gegen ihn in dem grossen Justizsenat ausgesprochenes Urtheil verdammt worden ist. Es
muß dem Fiskal verbothen werden, einen Bürger oder Kolonisten in seiner Wohnung, oder auf den Gassen oder an irgend einem andern Ort durch einen von Caffern begleiteten
Geweldiger ergreiffen zu lassen. Ein Bürger und Kolonist am Cap darf nur von den Gerichtsdienern des Hauptorts,
und ein Kolonist in den andern Distrikten nur von den Gerichtsdienern dieser Distrikte in Verhaft genommen werden.
Die Caffern sollten nur dem Schinder bey Ausführung der
Urtheile hülfreiche Hand leisten.

4) Muß die Kompagnie dem Gouvernement untersa-
gen, sich das Recht anzumaßen, die Bürger und Kolonisten
zu Lehendiensten zu zwingen, und von ihnen zu fordern, ihre Sklaven, oder Geld statt ihrer, zu den Arbeiten herzugeben, welche die Kompagnie übernehmen muß. Auch sollte
es dem Gouverneur verbothen werden, die Bürgermiliz zu
zwingen, ihm auf irgend eine Art Dienste zu leisten, noch
von ihr Wachten auf den Küsten zu fordern, wenn ein fremdes
Schiff sich zeigt, um einzulaufen, oder ein Schiff auf den
Küsten Schiffbruch gelitten hat.

Durch diese vier Mittel würde man meinem Ermessen
nach, die bürgerliche Freyheit der Bürger und Kolonisten
in Sicherheit setzen; die Gerechtigkeit fordert die Kompagnie
auf, sie zu ergreifen, oder wenigstens solche Mittel zu gebrauchen deren Ergreifung ihr Billigkeit und Weisheit anräth;
was sie aber auch immer für Mittel erwählen mag, so müssen es wenigstens Mittel seyn, durch welche man eben so vollkommen den Endzweck erreichen kann, als man ihn durch die Ergreifung derer, welche ich vorgeschlagen habe, erreichen würde.

Ist für die Sicherheit der bürgerlichen Freyheit der Bürger und Kolonisten gesorgt, so muß man auch für die Sicherheit ihres Eigenthums sorgen. Zu diesem Endzweck muß
die Kompagnie die nachdrücklichsten Mittel wählen, durch
welche die unersättliche Raubgier ihrer ersten Agenten gebän-
digt

bigt werden kann. Vorzüglich muß sie den ausschweifend hohen und willkührlichen Geldstrafen Einhalt thun, zu welchen
der Fiskal die Bürger und Kolonisten der kleinsten Verbrechen
wegen verdammt. Man sage mir nicht, daß Geldstrafen
nicht ganz abgeschafft werden können, ich behaupte das nehmliche, aber ich behaupte auch, daß diese Strafen nicht einzig
und allein der Willkühr eines Mannes überlassen werden dürfen, dessen Interesse ihn unaufhörlich anspornet, sie zu vergrössern und zu vervielfachen.

Um dem Kolonisten und Bürger sein gehöriges Auskommen zu verschaffen, muß man ihm zuerst die Mittel, seine Abgaben zu entrichten, erleichtern; zweytens muß man
ihm eine anständige Handlungsfreyheit verwilligen; denn ohne Handel ist blühender Wohlstand unmöglich, und ohne Handel wird die Thätigkeit des Kolonisten ermatten, er wird ohne Handel den Anbau seines Ackers vernachlässigen und von
seinen Talenten keinen Gebrauch machen: mit einem Wort,
raubt man dem Kolonisten den Handel, so raubt man
ihm das Leben, er wird faul werden, sich Ausschwei-
fungen ergeben und vom schmalen Wege der Tugend auf die
Bahn des Lasters kommen; noch mehr, die Kolonisten werden aufrührisch werden, sich zusammen rotten und wenn sie
kein Mittel zu einem Handel mit Kontrebande finden, der
stets dem Souverain und dem Staate nachtheilig ist, so wird
der Müßiggang, in welchem sie ihr Leben hinbringen, sie
vollends zum Aufruhr bewegen. Es ist also höchste Nothwendigkeit, daß die Kompagnie ernstlich über diesen Gegenstand
nachdenkt. Ich will es versuchen, ihr einige Rathschläge
in dieser Rücksicht mitzutheilen.

1) Die Art, wie der Zehnte der Kompagnie entrichtet
wird, ist unendlich drückend und verderblich für den größten
Theil der Kolonisten, wie ich bereits oben gezeigt habe. Es
ist also nothwendig, daß die Kompagnie sich entschliesse, besondere Niederlagen in jeder besondern Kolonie zu errichten.
In diese Niederlagen müssen die Kolonisten der verschiedenen
Di-

Diſtrikte ihre Zehnten, welche ſie als Grundzins entrichten, und das Korn und den Wein liefern, welchen die Kompagnie für ihre Rechnung ihnen abkauft. Der Landdroſt jeder Kolonie, oder irgend ein anderer von der Kompagnie dazu ernannter Agent kann den Auftrag erhalten, die Lieferungen einzuſammlen. Sind dieſe Niederlagen angefüllt, und hat jeder Koloniſt ſeinen Beytrag entrichtet, ſo muß die Kompagnie auf ihre Koſten alle dieſe Lebensmittel nach dem Hauptmagazine am Cap bringen laſſen. Dieſer Transport würde der Kompanie um ſo viel leichter werden, da ſie Wagen und Ochſen, Sklaven und Domeſtiken und Handwerker zu ihrem Dienſte unterhält; und wenn ihre Anzahl nicht hinreichend wäre, ſo könnte ſie ſie leicht vergröſſern. Wenn die Kompagnie meinen Plan befolgte, den ich ihr zur Vergröſſerung der Garniſon vorgeſchlagen habe, ſo könnte ohne alles Hinderniß das Gouvernement ſeine eigenen Soldaten bey dieſen Fuhren gebrauchen. Es würde ein Mittel ſeyn, ſie zu beſchäftigen und ſie ſtark zu machen.

2) Die Kompagnie muß einen Preis für die Lebensmittel feſtſetzen, welche ſie von den Koloniſten kauft, ſie mögen nun in Getraide, Wein oder Gemüß, oder worin es ſonſt ſeyn mag, beſtehen. Dieſer Preis muß dem innerlichen Werthe der beſondern Lebensmittel angemeſſen ſeyn, er muß ſo beſtimmt werden, daß ſo wohl der Verkäufer als Käufer damit zu frieden ſeyn kann. Zwar darf der Koloniſt, wie es jetzt würklich der Fall iſt, nicht gezwungen werden, ſeine Produkte zu einem zu geringen Preiſe zu verkaufen, allein es iſt auch nicht billig, daß die Kompagnie dem Koloniſten zu dem nehmlichen Preiſe die Lebensmittel abkaufen ſoll, zu welchem ſie ein Fremder bezahlt. Auch muß durchaus kein Unterſchied in der Bezahlung der Lebensmittel gemacht werden, welche für Batavia beſtimmt ſind, und der Lebensmittel, welche man nach Europa ſchicken will, alle müſſen zu dem nehmlichen Preiſe bezahlt werden, für welchen Ort in der Welt man ſie auch immer beſtimmt hat; denn unter dem Vorwande

wande, daß die Kompagnie die für Europa beftimmten Le
bensmittel zu einem geringern Preife als diejenigen bezahle,
welche nach Batavia gefchickt werden, kann der Auffeher des
Magazins eine ungleich gröffere Quantität für Europa kaufen und vorgeben, daß man nach Batavia nur fehr wenig
fchicken werde. Durch eine folche Einrichtung würde man
diefem Agenten eine Gelegenheit zum Monopol geben, welches
zu nußen er niemals ermangeln würde, wie die tägliche Erfahrung fchon im voraus lehrt.

3) Die Abgaben, welche die Kompagnie auf die Weine gelegt hat, find zu übertrieben hoch, und der von ihr für
denfelben beftimmte Preis ift zu übertrieben gering, wie ich
am feinem Ort fchon gezeigt habe. Diefe Abgaben find überdem nur zum Vortheil und Nußen des Gouverneurs und des
Fiskals. Natürlicher wäre es, die Kompagnie lieffe fich
den Zehnten von dem Weine in Natur, fo wie den Zehente
vom Getraide geben.

4) Die Generalpächter, welche von der Kompagnie die
Erlaubniß erhalten haben, Wein in groffen und kleinen
Quantitäten zu verkaufen, müffen abgeftellt werden, denn
fie hindern den Handel der Koloniften auf eine zu harte Art.
Wollte die Kompagnie den Zehnten vom Wein nehmen, fo
würde dies weniger drückend für die Koloniften feyn und die
Kompagnie würde dadurch Vortheile erhalten, welche un-
endlich gröffer als diejenigen feyn würden, welche ihr diefe
Verpachtung des Weins gewährt. Nur die Pächter, der
Gouverneur und der Fiskal independant ziehen einen würklichen Vortheil von den Verpachtungen, die Koloniften wie
die Kompagnie leiden beträchtlich dabey.

Hat der Kolonift die der Kompagnie fchuldigen Abgaben entrichtet, fo ift er berechtigt mit feinen übrigen Lebensmitteln zu thun, was ihm gefällt, und einen folchen Handel
mit ihnen zu treiben, der ihm am vortheilhafteften zu feyn
fcheint. Aber nichts legt feinem Handel fo viele Hinderniffe
in den Weg, nichts zerftößt feinen Handel gewaltiger, als

M   die

die ungerechte, konstitutionswiedrige und für ihn wie für die
Kompagnie gefährliche Konkurrenz der Diener der Kompagnie selbst. Es scheint also schlechterdings nothwendig zu seyn,
daß die Kompagnie

1) ihren Agenten auf die nachdrücklichste Art verbiethe,
irgend einen Handel so wenig selbst und öffentlich, als unter
fremden Nahmen und im Verborgenen zu treiben. Es ist
unmöglich, daß der Kolonist diese Konkurrenz ertragen könne. Der Agent, oder sein Kommissionair oder Associirter
wird stets das Ansehen und die Vortheile nützen, welche sein
Amt ihm giebt, er wird zu einem niedrigen Preise einkaufen
und seine Waaren oder Produkte dem Ausländer oder der Kompagnie noch eher verkaufen, als der Kolonist benachrichtigt
werden kann, daß eine Gelegenheit zum Verkauf seiner Lebensmittel sich für ihn gefunden habe.

2) Muß der Kolonist wie der Bürger in dem Besitz
des konstitutionsmässigen Privilegiums eines ausschliessenden Handels mit Lebensmitteln und andern Gegenständen des
Handels auf eine nachdrückliche und würksame Art geschützt
werden.

Die Kompagnie muß noch mehr thun, sie muß das Gouvernement verpflichten, den Handel der Kolonisten und
Bürger so sehr zu begünstigen als es nur immer möglich ist;
sie muß alle die Schwierigkeiten und Hindernisse heben, welche die Agenten der Kompagnie und vorzüglich der Gouverneur und der Fiska' independant dem Handel der Bürger entgegen gesetzt haben, und durch welche sie ihn unaufhörlich
zu unterdrücken suchen; sie muß nur ihre Agenten berechtigen,
zu verhindern, daß die Kolonisten und Bürger nicht einen
Handel von der Wichtigkeit mit den Ausländern treiben, welcher dem Interesse der Kompagnie nachtheilig ist; zu B. einen
Handel mit Eisen und Holz, welches die Kompagnie selbst
ihnen verkauft. Aber zu gleicher Zeit muß die Kompagnie
auch den Preis dieser Waaren, welcher gegenwärtig willkührlich bestimmt wird, herabsetzen; denn die Agenten, welche

che den Verkauf dieser Waaren im kleinen besorgen, vorzüglich diejenigen, welche Eisen und Holz zu Arbeitszeugen verkaufen, fordern, was ihnen einfällt und legen der Kompagnie Rechnungen vor, die ganz nach ihrem Belieben und
Vortheil eingerichtet sind.

3) Die Kompagnie könnte sehr leicht dem inländischen
Handel des ganzen Etablissements neues Leben geben; sie
würde sich dadurch eine Quelle beträchtlicher Vortheile eröfnen und der Kolonist würde zum Genuß eines blühenden
Wohlstandes kommen, nach welchem er bisher vergebens
gestrebt hat. Die Distrikte der Capischen Kolonie haben
einen Ueberfluß am Wein und zwar einen Ueberfluß, der
oft so groß ist, daß der Wein zu einem sehr mässigen
Preise verkauft wird; die vom Hauptort des Etablissements
entfernteste und jenseits der Gebürge liegende Kolonie hat
einen gänzlichen Mangel an allen Weinen und die Bewohner derselben sind gezwungen, Wasser zu trinken; in der Nähe
dieser Kolonie sind Wälder von hohen Bäumen, die vortreflich als Schiffsbauholz gebraucht werden könnten, unter andern findet man dort einen Wald, der Antonnicqua genannt
wird und dreyssig Meilen lang ist; dieser Wald stößt an verschiedenen Seiten an das Meer und geht vorzüglich bis an
zwey vortrefliche und zum Ankern sichere Meerbusen, an die
sogenante Mosselbay und an die Plettenbergsbay. Warum nützt man nun nicht dieses Mittel zur Erleichterung des
Handels, ein Mittel, welches die Natur den Kolonisten des
Caps darbiethet. Ich glaube, jeder, der gesunde Grund-
sätze der Politik kennet, wird mit mir die Kompagnie auffor-
dern, die Kolonisten des Hauptorts zu verpflichten, den Ueberfluß ihrer Weine den entferntesten Kolonisten zuzuführen
und von diesen Bauholz zurückzunehmen, an welchem die
Capische Kolonie einen grossen Mangel leidet, und welches
aus dieser Ursach daselbst unglaublich theuer ist. Sechs
Schiffe würden zur Führung dieses inländischen Handels hinreichend seyn, eines Handels, der ohne alle Schwierigkeiten

vorzüglich in guten Jahrszeiten betrieben werden könnte.
Denn diese Schiffe könnten auf der Hinreise sowohl als auf
der Zurückreise ihren Weg immer in der Nähe der Küsten nehmen, ohne der geringsten Gefahr ausgesetzt zu seyn. Dieser
kleine Handel würde der Kompagnie, wie allen Kolonisten, un-
endliche Vortheile gewähren; der Kompagnie, weil aller Wein
des Caps verkauft, und die Abgaben, welche die Kompagnie
vom Weine erhält, dadurch vergrössert werden würden; auch
könnte die Kompagnie eine mässige Abgabe auf die Nutzung
des Holzes und die Einfuhr desselben am Cap legen. Das
Holz gehört der Kompagnie und es wäre also nichts weniger
als ungerecht, wenn sie von denjenigen, welche das Holz
zu ihrem besondern Vortheil nutzen, eine kleine Abgabe er-
hielte. Der Nutzen eines solchen Handels für die Kolonisten ist sichtbar. Die Kolonisten des Capischen Distrikts
würden auf eine vortheilhafte Art Absatz für ein Lebensmittel finden, welches ihnen sehr oft lästig wird, weil es
ihnen oft an Gelegenheit es zu verkaufen fehlt und dessen
Erzeugung ihnen beträchtliche Kosten verursacht; und die
entferntesten Kolonisten müssen sich zu einem mässigen und
vortheilhaften Preise ein Getränk verschaffen können, welches sie nur den Nahmen nach kennen, und welches ihnen
nothwendig ist, um es mit dem Wasser zu vermischen, welches,
unvermischt genommen, ihre Körper schwächt. Die Bevöl-
kerung dieser vom Hauptort entfernte Kolonisten würde schnell
steigen, weil sich ein neuer Zweig der Arbeit gefunden hätte,
und die Nutzung des Holzes starke und robüste Leute fordert.
Man würde nicht mehr Familien sich trennen und junge Leute
zu den Hottentotten laufen sehen, weil es ihnen an Beschäf-
tigungen fehlt. Ja, ich behaupte es mit Gewißheit, ein
solcher Handel würde dem ganzen Etablissement neues Leben
geben, und in der ganzen Kolonie eine Thätigkeit erzeugen,
die man vorher niemals daselbst gekannt hat. Die Kolonisten verlangen von der Kompagnie die Erlaubniß diesen Handel treiben zu dürfen, und die Kompagnie muß ihnen diese

Er-

Erlaubniß ohne Schwierigkeiten geben. Tauſend Hände,
die jetzt müſſig ſind, werden dadurch auf die nützlichſte Art
beſchäftigt werden, und dieſer Grund allein muß für die Kompagnie ſchon mehr als hinreichend ſeyn, dies Verlangen der
Koloniſten zu begünſtigen.

4) Eins der ſchicklichſten Mittel den Handel der Koloniſten am Cap zu erheben, beſteht in der Erlaubniß, welche allen Nationen gegeben werden muß, daſelbſt landen und
mit den Koloniſten handeln zu dürfen. Die unglaublichen
Vortheile welche daraus für die Kompagnie insbeſondere und
für alle Koloniſten im allgemeinen entſtehen würden, würden das Etabliſſement am Cap ſehr bald in den angeſehen-
ſten Zuſtand verſetzen. Das Etabliſſement würde der De-
poſitale aller Reichthümer Indiens werden; das Cap würde bald für alle Beſitzungen der Europäer in Indien das werden, was St. Euſtath in Amerika für alle engliſche, fran-
zöſiſche und holländiſche ꝛc. Kolonien iſt, das heißt mit andern
Worten, das Cap würde bald die allgemeine Niederlage aller Reichthümer Indiens und ein allgemeines Magazin von
Lebenmitteln werden   aus welchem ſich alle nach Indien reiſende europäiſche Völker verſorgen werden. Alsdann würde
die Kompagnie, wenn ſie auf die ein - und ausgehenden
Waaren mäſſige Abgaben legte, unendlich gröſſere Einkünfte
erhalten, als ſie jetzt, ſelbſt bey dem harten Druck der Koloniſten des Caps würklich erhält, und die Koloniſten würden ihre Lebensmittel zu einem hohen Preiſe verkaufen und verſichert
ſeyn können, daß der Ueberfluß derſelben ihnen niemals be-
ſchwerlich werden würde, welches jetzt häufig der Fall iſt, und
ſo würde auch die Volksmenge auf eine erſtaunenswürdige
Art ſteigen, denn mit dem Urbarmachen der Ländereyen würde die Anzahl der Bebauer ſich in gleichem Verhältniſſe
vermehren müſſen. Dieſer Gegenſtand der Verbeſſerung des
Etabliſſements am Cap erfordert vorzüglich die ungetheilteſte
und angeſtrengteſte Aufmerkſamkeit der Herren Direkteurs
der Kompagnie.

5)

5) Schon seit sehr langer Zeit führen die Bürger und Kolonisten des ganzen Etablissemens gerechte Klagen darüber, daß sie gezwungen sind, die Sklaven, welche sie kaufen, zu einem so übertrieben hohen Preise zu bezahlen. Schon seit langer Zeit haben sie um die Erlaubniß gebethen, ein oder zwey kleine für den Sklavenhandel eingerichtete Schiffe halten zu dürfen. Schon im Jahr 17 9 hielten sie um die Erlaubniß an, selbst auf der Insel Madagaskar und auf den umherliegenden Inseln Sklaven einkaufen zu dürfen; sie erhielten auch diese Erlaubniß würklich und schickten drey, der Sache kundige und auf der Insel Madagaskar angesehene Leute, zur Führung dieses Handels ab; allein da entweder das Gouvernement diesem Handel in der Folge Hindernisse in den Weg legte, oder, welches wohl mehr der Fall war, da die Franzosen sich zu Herren der Insel Maurice machten, daselbst eine starke Garnison anlegten und durch diese in den Stand gesetzt, den Handel der Kolonisten des Caps zu hindern, den Sklavenhandel selbst treiben wollten, wie sie ihn denn gegenwärtig auch würklich treiben, so sahen sich die Bürger und Kolonisten des Caps gezwungen, diese Unternehmung aufzugeben und so gar in einer Bittschrift das Gouvernement zu ersuchen, den Handel nicht länger zu erlauben. Aber jetzt haben die Umstände sich geändert, und ich sehe keinen Grund, welcher die Kompagnie bewegen könnte, den Bürgern und Kolonisten zu verbiethen, diesen Handel wieder anzufangen und für eigene Rechnung zu führen. Ich glaube so gar, daß die Kompagnie beträchtlich dabey gewinnen würde. Wenn die Sklaven durch diesen Handel im Preise gefallen wären, so könnten die Kolonisten eine ungleich grössere Anzahl derselben kaufen; derjenige, welcher jetzt nur zehen Sklaven hat, könnte dann zwanzig halten, die er nothwendig braucht; und Folge davon würde seyn, daß eine ungleich grössere Menge Ländereyen angebauet, und die gegenwärtig würklich gut angebauten noch besser bebauet werden würden; Folge, daß die Konsommation ungleich stärker

seyn

seyn würde, und Folge, daß der der Kompagnie zu entrichten-
de Zehente sich in eben dem Verhältnisse vergrössern würde.
Die Kompagnie wird also durch eigenen Vortheil sowohl,
als durch den Vortheil der Kolonisten aufgefordert, den
Sklavenhandel auf der Insel Madagaskar, den umherliegenden Inseln, und auf der abendländischen Küste Afrikas
den Kolonisten unter einigen kleinen Einschränkungen zu erlauben. Diese Willfährigkeit oder Gefälligkeit, die von
Seiten der Kompagnie nichts weiter als eine Handlung der
Gerechtigkeit seyn würde, würde unendlich viel dazu beytra-
gen, die Kompagnie wieder in den Besitz der erloschenen Liebe und Freundschaft der Kolonisten zu versetzen. Die unermeßlichen Vortheile, welche die Franzosen von den Sklaven haben, welche sie am Cap verkaufen, würden dann dem ganzen Etablissement zufliessen.

So hätte ich dann, ich fühle und gestehe es selbst,
nur einen schwachen Entwurf eines Plans zur Reform und
Verbesserung entworfen, welche die Kompagnie schlechterdings einführen muß. Man würde einen Beweis nachtheil-
liger Begriffe von den Einsichten, der Gerechtigkeit und dem
Eifer der Herren Direkteurs geben, wenn man ihnen die
Einrichtungen und Verordnungen vorschreiben wollte, die sie
ohnstreitig mit mehrerer Präcision als ein blosser Beobachter
treffen und entwerfen können. Drey Kommissaire, aus
den angesehensten Mitgliedern des Corps der Direkteurs gewählt, menschliche, tugendhafte Männer, Männer fern vom
Eigennutz und mit warmen gefühlvollen Herzen, diese werden, wenn man sie nach dem Cap schickte, um dort die nothwendigen Nachrichten einzuziehen und mit eigenen Augen die
Unordnungen oder wenigstens die Spuren und Zeichen der
Unordnungen anzusehen, über welche sich die Bürger und Kolonisten beklagen, mehr, als ein blosser Beobachter, im Stande seyn, ein Mittel vorzuschlagen, welches würksam, untrüglich und dem politischen Uebel ganz angemessen ist, das
nun schon seit sehr vielen Jahren das Etablissement am

M 4 Cap

Cap untergräbt und schwächt. Dieses gefährliche Uebel wüthet noch; dies ist eine unbestreitbare Wahrheit; — es drohet dem Etablissement einen nahen Sturz; eine zweyte
nicht minder ausgemachte Wahrheit. Die Kompagnie mit
Recht über einen so wirklichen herannahenden Verlust
erschrocken, muß wirksame Mittel ergreifen, ihm vorzubeugen, und dieses Etablissement nebst dem wichtigsten von allen, welche sie besitzt, in einen Zustand der Sicherheit und einer
glücklichen Ruhe zu versetzen, welcher ihr die Erhaltung desselben versichert.

Der glückliche Erfolg einer nothwendigen Reform in
dem Gouvernement am Vorgebürge der guten Hoffnung würde natürlich die holländisch-ostindische Kompagnie verpflichten, eine Reform mit allen ihren andern Gouvernements in
ihren übrigen ostindischen Besitzungen vorzunehmen, denn
hier ist sie, wie man versichert, in eben dem Grade höchst nothwendig. Vielleicht muß man die kritische Lage, in welcher sich die
Kompagnie gegenwärtig befindet, eben so sehr den Fehlern
einer schlecht eingerichteten Regierung in Indien, als dem
Unglück eines Kriegs zuschreiben, welchen die Nation mit
Aufopferung des Interesses der Kompagnie, um den Feindseligkeiten eines treulosen und grausamen Feindes Einhalt zu
thun, zu endigen sich gezwungen sah, eines Feindes, der,
vom Dämon der ungerechtesten Rache getrieben, die holländische Nation demüthigen wollte, nachdem er sie vorher auf
eine ungerechte und verrätherische Art angegriffen hatte.

―――――

Placard: *publié au Cap de Bonne-Espérance, sur le
luxe des Agens, & des Bourgeois de la
Colonie.*
Le 13 Juillet 1775.
Ryk Tulbagh, Conseiller extraordinaire de l'Inde,
Gouverneur pour la Compagnie des Indes Orientales
du

du Cap de Bonne - Espérance &c. &c. conjointement
avec le grand Confeil - de - Police favoir faifons qu' attendu, que dans le Placard qui nous a été envoye ici par
la grande Régence des Indes à Batavia contre le luxe &
la Pompe; publié ici, ce jour, pour y être obfervé, il
fe trouve plufieurs Articles qui ne peuvent regarder en
rien cet Etabliffement, ou qui étant contraires a la Con-
ftitution de cette Colonie, ne peuvent abfolument y être
mis en exécution Nous, pour ces raifons, avons jugé
néceffaire non feulement d'interprêter le dit *Placard*
mais même d'écarter par ces préfentes tout abus d'autres
explications contraires à l'intention des reglements faits
par ce *Placard* de la maniere fuivante, favoir:

Au Titre 1er Des Voitures & tout ce qui y a raport,
des cheveaux de main, &c.

I. Que, pour des raifons de convenance, les Membres du Grand Confeil de - Police pourront conferver
leurs caroffes; fans neanmoins qu'il leur foit permis d'
y faire peindre leurs Armes, au leur Chifre, & fans pouvoir y faire appliquer aucune dorure; ces divers orne-
ments étant refervés pour le feul Gouverneur.

II. Qu'attendu, que dans ce Gouvernement, les
chemins du Chef-lieu aux autres Colonies & Diftriéts
de tout l'Etabliffement, & *vice verfa*, font fi inégaux,
& fi difficiles, qu'il eft impoffible de voyager en voiture,
avec moins de fix chevaux, pour cette raifon, il fera
permis d'atteler à une voiture quelconque, comme ci-devant, quatre ou fix chevaux.

III. Pareillement, comme il n'eft pas poffible de
congédier & de renvoyer les cochers & conducteurs Eu-
ropéens dont on fe fert ici, attendu que la plus grande
partie des Colons de tout l'Etabliffement, font obligés
de les employer pour faire le transport de leurs den-
rées ici au Cheflieu, il fera permis comme ci-devant, de
s'en fervir; avec cette reftriétion cependant, que les co-

M 5 chers

chers, ou voituriers ne pourront'être vétus que d'habits ordinaires fans la plus petite refemblance à une livrée; étant refervé au Gouverneur & aux Membres du Grand Confeil, de-Police, de donner & faire porter livrée à leurs cochers.

IV. En conféquence de l'Art. 12 du fusdit *Placard*, il eft ordonné ici auffi, que toute perfonne fans exception devra faire arrêter fa voiture, & en defcendre lorsqu'elle appercevra la voiture du Gouverneur venir à la rencontre de la fienne, de même que faire une place convenable, pour laiffer paffer la voiture d'un des Membres du Grand Confeil- de - Police qui viendrait à fa rencontre.

V. Laiffant entiérement fubfifter les reftriflions et les fixations faites à l'Art. 21. touchant la dorure, la broderie & les galons de foie des harnois et caparaçons des chevaux, de façon pourtant qu'il fera libre aux Membres refpeftifs du Grand Confeil-de Police de- pouvoir faire ufage de tels harnois, equipages &c.

Au Titre 2eme. des grands Parafols &c.

VI. Perfonne, moindre en rang qu'un Sous-Marchand de la Compagnie ou dans la bourgeoifie, celui qui ne ferait pas d'un rang égal a celui-ci, de même que toute femme, ou fille, dont le mari où le pere n'aurait pas aftuellement feeance dans quelque Collége, ou bien n'en aurait pas eu ci-devant, ne pourront pas faire ufage de grands Parafols.

VII. Ne pourront auffi ceux qui font d'un rang inferieur à un Marchand de la Compagnie entrer dans le Chateau, lorsque le tems eft beau, avec un Parafol étendu.

Au Titre 3eme. Des habillements d'Homme.

VIII. Ms le Second, Ms le Fiscal indépendant & Ms le Lieutenant-Colonel, étant autorifés à conferver leurs habillements diftinflifs felon leur rang, tels qu'ils les ont eus ci-devant, il fera auffi permis aux Membres du confeil-de-Police de continuer à s'habiller de la maniere u'ils l'ont fait jufqu'ici.

Au

Au Titre 4eme. Des habillements des Femmes &
particulierement des Pierreries & Bijoux.

IX. Aucunes Femmes, que les Epoufes d'un Sous-
Marchand de la Compagnie, ou celles qui dans la bourgeoifie font du même rang, ne pourront porter des habits de foye, avec une garniture de foye ou avec une
broderie; elles ne pourront porter auffi ni Diamans, ni
mantelets, & quoique les Femmes d'un Sous-Marchand
de la Compagnie & des bourgeois d'un rang égal puiffent
en porter, cependant celles-ci ne pourront en faire porter à leurs enfans.

X. Il eft défendu, fous peine d'une amande de 25
Ryksdalders, à toutes les Femmes & Filles fans diftin-
ction, foit en deuil ou hors de deuil, de porter des ro-
bes à queue trainante.

Au Titre 6eme. Des Esclaves, ou Domeftiques
libres à livrée foit en habits, bas & fouliers.

XI. Ce qui eft ordonné par les Art. 24 et 25, à l'égard
des habits à faire porter aux Efclaves-domeftiques ne
pouvant avoir lieu ici à caufe que le climat y eft plus
frais (qu'à Batavia) pour cet effet les habits des Es-
claves-domeftiques feront qu'ant à l'etoffe et à la façon tous
unis, fans parements & fans colet d'une couleur diffe-
rentes, comme cela fe pratique actuellement.

Au Titre 11eme. Des Enterrements, etc.

XII. Excepté à la mort du Gouverneur, ou d'un Mem-
bre du Grand Confeil-de-Police perfonne, de quelque
condition qu'il puiffe être, ne pourra faire jetter et re-
pandre du fable devant la maifon mortuaire, encore moins dans les rues, fous peine de 25 Ryksdalders d'amande en cas de contrevention.

XIII. Le nombre des Bedeaux de mort, qu'il fera permis d'employer aux enterrements, fera fixé comme il fuit.

Pour le Gouverneur on pourra en employer le même nombre que ci-devant.

Pour Mr. le Second, le Fiscal independant et le Lieutenant-Colonel, on pourra en employer trois feulement.

Pour

Pour les autres Conseillers-de-Police, les Capitaines, Capitaines-Lieutenants, tant de la Marine, que des Troupes de terre, de même que pour un Miniſtre, deux ſeulement.

Mais pour toute autre pèrſonne moindre en rang, il ne ſera permis d'en employer plus d'un, ſous peine d'une amande de 100 Ryksdalders, contre ceux qui oſeraient enfreindre ce reglement; les contrevenants aux ordres ci-deſſus, tomberont dans le cas des pénalités exprimées par les Art. du ſusdit Placard principal, dont l' interpretation eſt facile.

Ce qui eſt ordonné par le 123 Art. ſera exaêtement et ponêtuellement ſuivi, ſeulement avec cette diſérence, que les ordres donnés rélativement aux habillements d' homme et de femme, n'auront force exécutrice, que ſix mois après la publication de ce Placard.

Et pour que perſonne n'en ignore, & ne prétende en ignorer, nous ordonnons, & deſirons, que ce Placard ſoit publie aux places accoutumées, & affiché par tout où beſoin ſera.

Ainſi fait et arrêté au Chateau de Bonne-Eſpérance, le 15 Juillet 1755. Publé le 31 du même mois etc.

Dieſe Verordnung, ſeßt der Hr. Verfaſſer noch hinzu, beweiſet zwey Säße auf die überzeugendſte Art. 1) Siehe man, wie ſchwer es für die Bürger des Caps iſt, ſich einem verderblichen und zügelloſen Luſ, deſſen der Hr. Fiskal Boers ſie beſchuldigt, zu ergeben, 2) Sieht man, wie wenig die Agenten der Kompagnie den Verordnungen gehorchen, welche die Kompagnie von Zeit zu Zeit für ſie giebt. Es iſt kein Einziger unter den Agenten der Kompagnie zu finden, der ſich genau nach den Verordnungen richtet, welche das angeführte Plakat enthält. Dieſe Herren, vom thörichten Wahn Geſeßgeber zu ſeyn, geleitet, ſeßen ſich höchſt unweiſe über alle Geſeße hinaus, deren Ausleger ſie nur ſind. Sie ſind äußerſt ſtreng gegen die Bürger und ſehr nachſichtsvoll gegen ſich ſelbſt. ,